JN123138

2024年度版

相続アドバイザーの実務

経済法令研究会 編

Practice of
Inheritance
Advisor

経済法令研究会

はしがき

　「世界保健統計2023」によると、わが国の平均寿命は84.3歳（男女平均）と非常に長く、20年以上前から世界でもトップクラスの長寿国であり続けています。

　高齢者の増加とともに、相続人は誰になるのか、相続の対象となる財産への対応はどうするか、事業承継はどうするかなどに悩む人も多くなっています。それに伴い、金融機関の渉外担当者や窓口担当者への相続に関する相談等に直面する機会も増えています。金融機関の行職員、特に顧客と直接相対する担当者や管理責任者は、相続に関する法令改正に伴う制度の正確な理解と、迅速かつ適切な事務手続（以下、本書において「相続手続」という）をすることが求められています。

　本書は、相続手続に必要な基礎知識を実務の流れとともに解説することで、現場において具体的なアドバイスができるように、体系的にまとめています。

　相続に関する民法および相続税法の基礎知識の習得に加え、実際の相続手続に当たり民法上・相続税法上それぞれでどのような事前対策ができるのか、また相続人間の争いを防ぐために相続財産をどのように取り扱うのかなど、お客様の幅広いニーズに対応できるように、事例を多く掲載することで、実務に即した内容となっています。

　本書を活用され、相続に関する知識・理解を深めていただき、実務の一助となることを願ってやみません。

2024年6月

経済法令研究会

目　　次

第1章　相続を取り巻く環境とニーズ

第2章 民法および相続税法等の基礎知識

第3章 相続手続と金融実務

第4章 相続税対策

第5章 相続対策アドバイス

第 1 章

相続を取り巻く環境とニーズ

第 1 節

超高齢社会と相続を取り巻く環境

1　超高齢社会の到来

　国連の世界保健機関による調査で、わが国が平均寿命世界一の地位を保ち続けていることが報道されている（世界保健統計2023年）。そして「高齢化社会」や「高齢社会」と称される社会の到来と、そこから生ずる多くの問題点について議論されているが、わが国は正確には「超高齢社会」に突入しているのである。

　世界保健機関の定めた定義によれば65歳以上を高齢者とし、かつ65～74歳を「前期高齢者」、75歳以上を「後期高齢者」としたうえで、総人口に占める65歳以上の高齢者の比率（高齢化率）によって以下の通りと定めている。

　①　高齢化率が 7 ％を超えた社会 ………… 高齢化社会
　②　高齢化率が14％を超えた社会 ………… 高齢社会
　③　高齢化率が21％を超えた社会 ………… 超高齢社会

　わが国の高齢者に係る定義も世界保健機関と同じものを適用しており、近年の高齢化率は実に29.2％を示していることから（総務省発表の人口推計（概算値）による2023年10月 1 日現在の概算値）、上記の定義に従えば「超高齢社会」となる。

2　大相続時代と金融機関の関係

　高齢者の占める割合が高い社会では当然に相続が開始される機会も増加

することとなり、近年、年間100〜140万件の相続が開始されるとされており（人口動態統計2022年度によれば、同年度の相続開始件数は156万件）、文字通り「大相続時代」を迎えている。しかも近年はさらなる高齢化率の増加と、高齢者の絶対数の増加が予想されているため、大相続時代は長期間にわたって続くものと思われる。

　相続が開始されると故人（被相続人）に帰属した財産の相続人への承継や、第三者への遺贈が発生することとなる。わが国の相続手続は、相続の基本法である民法の定めによっており、被相続人の資産は積極財産（不動産、現預貯金等のプラスの財産）、消極財産（借入債務、保証債務等のマイナスの財産、ただし保証債務のうち被相続人の一身専属的なものを除く）を問わずすべての資産を相続人が引き継ぐ「承継主義」であり、これは英米法とは異なり大陸法を採用している国の相続に係る大きな特徴である。

　したがって、すべての相続について被相続人に帰属した資産の承継手続が相続人等（相続人以外の第三者への遺贈を含む）によって行われることとなる。この点、預貯金取引や融資取引等を扱う金融機関は、相続開始後の比較的早い機会に相続人等との相続手続に直面することとなる。そして、相続手続は金融機関の取り扱う一般的な業務と比較するとやや異質のものであり、画一的に手続きを定めることができない部分が多く存在する。このため適法・適切な手続きが求められ、それを逸脱すると、相続人との間で長期間にわたって紛争が生じることがあり、金融機関に損害が生じるリスクを含んだ業務である。

　一方で、高齢者層の資産の蓄積は、若年層に比較して高いとされており、相続税制改正による課税強化の動き等から、資産家を中心に相続税節減についての関心が高まっているため、相続に関する法令改正情報に注視するとともに、実務での適切な対応が求められる。

第2節

相続相談・アドバイスニーズ

1 目白押しの贈与税非課税制度

　世間一般の相続に関する関心事は、一言でいえば「相続＝相続税（譲渡税）」とされるほど相続税に対する関心は高いものがある。そして「税金は払わなくて済むものであれば払いたくない」と思う人間が多くいる。国の政策もこれを意識した点がみられ、2018年の相続税制改正時には相続税課税を強化する一方で、贈与税を軽減し、資産蓄積の進んだ高齢者に対し積極的に生前贈与を促し、贈与を受けた者の消費や投資行動を刺激することで経済成長の一助とすることがうかがわれる。

　たとえば「相続時精算課税」を選択した贈与は、贈与金額累計2,500万円までは贈与税が課税されず、それを超える部分は一律20％の税率で課税されるのはその代表例である（相続時精算課税は贈与時に非課税とされても、相続時には贈与された財産を相続財産に加算して相続税課税の対象とされることから「こんなはずではなかった」との事態となりかねないことがある）。このほかにもこれまでに実施された主な制度として、「住宅取得等資金の贈与に係る贈与税の非課税措置」が2015年1月1日～2026年12月31日の間で利用でき（東日本大震災の被災者が住宅取得資金の贈与を受けた場合の特例あり）、「教育資金の一括贈与に係る贈与税の非課税措置」（2013年4月1日～2026年3月31日の運用）では、金融機関は専用口座の開設を受けることで深く関わりを持つ。このほかにも「結婚・子育て資金の一括贈与に係る贈与税の非課税措置」（2015年4月1日～2025年3月31日の運用）や、従前からの制度として「贈与税の配偶者控除制度」（婚姻

期間が20年以上の夫婦間で居住用不動産または居住用不動産を取得するための金銭の贈与は、贈与税基礎控除110万円のほかに最高2,000万円までの控除が可能な制度）など、文字通り目白押しの状態である。

　相続税制度は、その内容がほぼ毎年改正されており、2024年1月以降は、相続時精算課税の基礎控除（非課税枠年間110万円）が新設されるほか、暦年贈与非課税を利用した生前贈与の相続開始時における相続財産への持戻し期間が、3年から7年に延長されている（第4章第4節参照）。これらの制度利用に際しては、税制固有の諸条件が付されており、かつ、適用期間の延長や類似制度の創設が予想されることから、それらをもれなくクリアすることが非課税措置を受けるための必須条件とされる。しかし一般人でこれらの制度の存在や内容にすべて精通している者は稀であり、そこに金融機関の相続アドバイスが提供できる可能性が生まれることとなる。

2　顧客本位の業務運営

　金融機関が関与する相続アドバイスでは、上記の贈与税非課税に係る分野にとどまらず、事業承継に係るM＆A業務、不動産売買仲介業務（信託銀行に限る）、相続や成年後見制度利用に係る信託商品など、およそ一昔前の金融機関業務とは様相を一変させた多彩な内容の業務活動が実施される可能性がある。しかも、相談を寄せる顧客が、最初から具体的にこれらの機能や商品の利用・購入を求めてくることは稀である。

　このテーマについては2016年4月19日の金融審議会総会で金融担当大臣から発せられた諮問を受け、同審議会に設置された市場ワーキング・グループでの審議を経て、2017年3月30日付で金融庁から「顧客本位の業務運営に関する原則」として公開され、その後2021年1月15日付で一部改訂された。そこでは、金融事業者がとるべき行動について詳細に規定する「ルールベース・アプローチ」ではなく、金融事業者が各々の置かれた状

況に応じて、形式ではなく実質において顧客本位の業務運営（フィデュー
シャリー・デューティー）を実現することができるよう、「プリンシプル
ベース・アプローチ」を強調しており、それを実現するために、以下の7
つの原則を含んだ明確な方針策定と、当該方針に基づいた業務運営を行う
ことを求めている。

① 顧客本位の業務運営に関する方針の策定・公表等
② 顧客の最善の利益の追求
③ 利益相反の適切な管理
④ 手数料等の明確化
⑤ 重要な情報の分かりやすい提供
⑥ 顧客にふさわしいサービスの提供
⑦ 従業員に対する適切な動機づけの枠組み等

　さらに、これに関連して2023年11月20日付けで「金融商品取引の一部を
改正する法律」が成立し、企業年金を含む金融事業者に対して「顧客に対
して誠実・公正に業務を行い、顧客の最善の利益を図ること」の義務化な
どが新たに加えられている。
　これらの点は金融機関業務におしなべて期待される事項であり、相続ア
ドバイスも当然にその範疇に含まれる。そして、伝統的な金融機関業務と
異なり、顧客にとってどちらかといえば馴染みが薄く、簡単には理解でき
ないものが多く含まれることと、顧客と金融機関の間で圧倒的に保有する
情報の質・量に差があること、さらに顧客が予想・期待していたものと結
果として大きく相違する事態となった際の、顧客に及ぼす悪影響を勘案す
れば、顧客本位の業務運営の7つの原則は、相続アドバイス業務について
は他の金融機関業務と比較してもその重要性が一段と増すことを認識し、
真に顧客の利益にかなうものであるべきである。

3 相続に対する意識の変化

高齢者世帯の資産蓄積

　高齢者世帯の資産蓄積は、若年層に比べると遥かに高い印象があるが、総務省による家計調査はその結果を如実に表している。図表1-1によれば60歳以上の世帯の平均貯蓄残高が2,000万円台を示している一方、59歳以下の世帯はその金額に満たず、特に40歳未満の世帯では少ない貯蓄残高に併せて多額の負債を抱えており、貯蓄残高から負債残高を差し引いた純貯蓄残高では圧倒的に高齢者世帯が高い。

　このように資産蓄積が進んだ高齢者の大きな関心事として、自己の相続開始後に課せられる相続税の負担軽減があげられる。特に2015年度から施行された相続税制の強化により、一段とこの関心は高いものがみられるところである。

相続開始後の現実

　ところが、現実に相続を開始した後の状態は、相続人による遺産分割での紛争（いわゆる「相続争い」）が多発している現実がある。遺産分割に

● 図表1-1
世帯主の年齢階層別貯蓄・負債現在高、負債保有世帯の割合（二人以上世帯）

年齢階層	貯蓄残高	負債残高
30〜39歳	782万円	1,757万円
40〜49歳	1,208万円	1,388万円
50〜59歳	1,705万円	715万円
60〜69歳	2,432万円	201万円
70歳以上	2,503万円	78万円
平　均	1,904万円	655万円

（出所）2022年　総務省「家計調査報告書（貯蓄・負債編）」

第❶章　相続を取り巻く環境とニーズ

●図表1-2

家庭裁判所への相続関係の相談件数と遺産分割事件（家事調停・審判）

○相続関係相談件数

平成14年	平成19年	平成23年	平成24年
90,629件	154,160件	172,890件	174,494件

○遺産分割事件

2010年	2015年	2017年	2019年	2021年	2022年
10,849件	12,615件	12,166件	13,801件	13,447件	12,981件

（出所）最高裁判所「司法統計」

ついて相続人から家庭裁判所に寄せられる相談件数は年間10〜20万件といわれているが、このうち遺産分割調停・審判・訴訟によって問題解決が試みられた件数は、2022年では年間約1万2,900件であり、2010年との対比で19％増加している（図表1-2）。

　これは何を物語っているのであろうか。わが国の相続制度は、戦前の「家長制度、戸主制度」のもとで、複数の共同相続人が存在しても被相続人の遺産は原則としてすべて戸主が承継、取得していたことから、相続争いの生じる余地はなかった。しかし、戦後の法改正と、平等教育で育った現在の相続人は、遺産分割についての平等意識、権利意識が強い。加えて、現実に発生する相続事案の相続人の多くは所得の増加機会に恵まれない一方で、子や孫の教育資金や住宅取得資金等の資金需要は例外なく発生している。その結果、図表1-1に示す通り、世帯別平均貯蓄残高で高齢世帯との大きな格差を生んでいるのである。

　このような状況下で生じた親からの相続では、遺産を少しでも多く取得したいとするのが偽らざる人情であり、相続争いもこれらの事情から多発しているものと推定されるのである。

　また、年間160万件以上発生しているとされる相続事案で、家庭裁判所に寄せられる遺産分割に係る相談件数が約20万件とされており、これは決

●図表1-3
日本経済新聞社アンケート調査結果（2014年7月4日〜5日全国1,030人）

アンケート項目	回答内容と評価・解説
相続対策を考えていますか	考えている　　　16.2% 考えていない　　83.8%
相続対策を考えていないのはなぜですか	回答が多く寄せられた順に表示 （　）内は筆者の評価・解説 ①相続するような財産はない。 　争いが生じるケースの多くは、自宅 　不動産を含む遺産が2,000〜3,000万円 　程度 ②どうすればいいかわからない。 　遺言書の作成が効果的 ③家族の仲がよく、争いはない。 　仲のよい家族は揉め始めると、脆く 　崩れがちである ④財産が少なく、相続税がかからない。 　相続税課税と遺産相続争いは別次元 　ととらえる ⑤家族で話しにくい。 　「親がなぜこうした遺産分けを考えたの 　か」との思いを明確に示す遺言書があ 　れば、遺族は納得する場合が多い

（出所）2014年7月14日　日本経済新聞記事から抜粋し加工

して低いものとはいえない。つまり、相続人の間で遺産分割協議が進まず、思い余って家庭裁判所に相談が寄せられたのが上記件数であり、遺産分割を巡る相続人間の紛争は、この何倍もの件数で存在するものと推定される。

相続に関する意識の隔たり

　ところが、相続に関する一般的な意識は、この現実とはかなりの隔たりが見られる。やや古い統計であるが、日本経済新聞社が2014年7月4日〜5日に実施した相続対策に関するアンケート結果によれば（図表1-3）、「相続対策を考えている」と答えた者はわずか16.2%に過ぎず、残る83.8%は「考えていない」と回答している。そして、「考えていない」と答えた

●図表1-4

全国の裁判所で取り扱われた遺産分割事件の遺産総額別分布状況

遺産の総額	事件数の割合
1,000万円以下	35%
5,000万円以下	43%
1億円以下	11%
5億円以下	6%
5億円超	1%
不　詳	4%

（出所）2020年実績　司法統計年報家事事件編（第52表）

者についてその理由を尋ねると「相続するような財産はない」が最も多く、類似のものとして「財産が少なく、相続税がかからない」との回答が上位に位置している。しかしながら、現実に家庭裁判所で取り扱われた遺産分割事件において、対象とされた遺産の総額をみると実に約78％が5,000万円以下なのである（図表1-4）。つまり、一般的な家庭における相続では、自宅不動産と若干の預貯金が遺産となることが多く、遺産総額5,000万円以下の大半がこのケースであると推定される。したがって、アンケートで相続対策を考えない理由の首位を占めた「相続するような財産はない」は、大きな認識相違であるといえる。また「財産が少なく、相続税がかからない」との理由についても、相続人3名の平均的な共同相続事案では、相続税課税の基礎控除額が4,800万円（3,000万円＋600万円×法定相続人数）となることから、家庭裁判所で取り扱われた遺産分割事件の約78％は相続税が課税されない事案の可能性が高く、この点からしても相続対策を考えない理由としては不当である。逆に多額の相続税課税対象とされる1億円を超える遺産の事案では、家庭裁判所で遺産分割事件として取り扱われたものはわずかであり、この点からしても「相続争い」と「相続税課税」は全く異次元のものであることが理解できるのである。

　次に、「家族の仲がよく、争いはない」との理由については、現実にその通りであれば幸せなことであるが、一旦相続争いが生じると、かえって赤の他人よりも身近な者のほうが深刻な関係となり、「顔を見るのもイヤ」となった事案を実務では多数経験しているところである。仲のよい家族ほど、揉め始めると脆く崩れがちであることを認識する必要がある。

　最後に「どうすればいいか分からない」と「家族で話しにくい」との理由については、最も対策を講じやすい。あらかじめ遺言書によって具体的な遺産の承継内容を明示し、かつ「なぜそうするのか」との思いを遺言書に示しておくのである。遺言書が残された相続でも、その内容が極端に特定の相続人を優遇する場合は、他の相続人による遺留分侵害額請求権行使等で争いが生じる余地はある。しかし、バランスのとれた遺産配分内容であれば、遺言書がないケースと比べると遥かに争いの深刻さは軽く、特に「親がなぜこうした遺産分けを考えたか」との思いを明確に示すことによって、誤解や一方的な思い込みによる相続人間の争いを回避することが可能なのである。

4　民法等改正

　相続に関する法改正は、民法・家事事件手続法の大半が2019年7月1日に施行され、その後、配偶者居住権（2020年4月1日施行）、法務局における遺言書の保管等に関する法律（2020年7月10日施行）、特別養子年齢の上限引上げ（2020年4月1日施行）、成年年齢の18歳への引き上げ（2022年4月1日施行）がされた。なお、2021年の相続法の改正では、長期間経過した場合の遺産分割や共有物の分割手続等が見直された（2023年4月施行）。加えて、相続した土地・建物の登記が義務化されている。これらの中には新たな制度が数多く含まれており、相続アドバイスに従事する際にはこれらの新制度についての正確な知識が求められる。

5 相続に関する相談ニーズの発掘

相続税制改正の影響

　2015年1月1日から施行された相続税制の改正は多岐にわたるが、最も関心を集めたのは相続税課税に係る基礎控除額の変更（「5,000万円＋1,000万円×法定相続人数」→「3,000万円＋600万円×法定相続人数」）である。これにより、従前は相続税申告を行うのは全相続開始事案のうち、わずかに4～5％程度であったものが、法改正後は7～8％程度に増加すると予想され、特に都心部の不動産が遺産に含まれる場合は課税される可能性が高いといわれている。また、相続人中に被相続人の配偶者が含まれる場合は、配偶者に対する非課税措置が手厚く（現在の税法では、配偶者が相続や遺贈によって取得した財産の価値が1億6,000万円以下であるか、または配偶者の法定相続分相当額までであれば課税されない）、遺産分割内容を工夫すれば課税されないこととなるが、配偶者を含まない相続の場合は相続税制改正の影響を強く受けることとなる。このほかに、相続税の最高税率の引き上げ、小規模宅地等の特例の内容改正、贈与税の引き下げなどが主な改正項目とされている。

　この結果、従前の税制では非課税とされていた中規模の資産保有者にとって、相続税課税問題が現実味を帯び、また大規模資産家にとっては従前以上に相続税軽減に係る関心とニーズがある。したがって、資産家を中心に相続税負担軽減を実現するための相談ニーズは極めて高い。

相続問題と事業承継

　中小企業経営者や個人事業主にとって、事業の承継問題は切実なテーマである。特に株式は非公開で創業経営者がその大半を握っており、業績と財務内容が良好な企業の場合、創業者について相続開始し、会社株式が相続財産に含まれると、株式自体は換金性に乏しいにもかかわらず相続税評

価額が高いことから、相続人の納税負担は大変なものとなる。その結果事業の継続を断念せざるを得ない事態となると、その影響は大きいものとなる。つまり、企業がその事業を運営することにより、従業員の雇用を確保し、商品やサービスを世の中に提供し、仕入先・販売先との間で物と金の大きな流れが発生することから、企業は一種の社会的公器といえる。そしてそれを存続させること自体に大きな意義があることから、税制上も種々の優遇措置を設けているが、それを円滑に利用するにはある程度長期的ビジョンを持って取り組む必要があろう。その他、後継者不足や、相続開始に伴う株式の分散で安定した企業経営に支障が生ずることの防止策など、事業承継に係る相続の相談ニーズも多種多様である。

　また、農業従事者について相続開始した場合、主要な遺産である農地の相続による承継問題がある。安定した農業経営のためにはある程度まとまった規模の農地を必要とするが、複数名の共同相続によってそれが小さな規模に分割承継されたり、分割承継そのものが実現できず、結果として事業継続を断念せざるを得なくなるような不幸な事態を防ぐための対策が必要である。

　これらの非公開株式や農地の相続による承継の過程で、それらの資産が多数の相続人へ分散されることを防ぐ手段として活用できるのが、遺言によって特定の相続人に相続させることを指定することである。そして、この方法によっても従前の相続法の定めによれば他の共同相続人は一定限度内で遺留分減殺請求権の行使が可能であり、それがなされると物権的効果を有することから当該請求権行使対象部分については分散承継されることとなっていた。しかしながら相続法の改正（平成30年法律第72号）により、債権としての「遺留分侵害損害額請求権」に改められ、遺留分権利者は受遺者または受贈者に対し、遺留分侵害額に相当する金員の支払請求ができることとなったため（民法1046条1項）、遺言による承継指定の効果は増すこととなった。

相続争いの回避が重要課題

　しかしながら、事業承継が全体の相続事案中に占める件数は微々たるものであり、その他の多数を占める相続にほぼ共通するテーマは、本節3で述べた相続争いの回避なのである。相続問題を論じる場合、実はこのテーマが最も深刻で、かつ最も重要といえる。そして、相続税に係るテーマは、現在の相続税制を前提としたものとなるが、相続が実現する時期は不定期であり、かつ税制は将来変更される可能性があるため、生前に準備した対策が効果軽減されたり、全く効果を生まないリスクを伴うこととなる。しかし相続争いの回避はこれとは全く別次元のもので、税制改正の影響を直接的に受けることもなく、かつその対策は比較的簡単な内容（「遺言書」の作成が中心）である。ただし、このテーマは図表1−3のアンケート調査結果が物語るように、どちらかといえば被相続人予定者の関心が低いため、相続に関する相談ニーズの発掘のためには、金融機関側から積極的に案内すべきものである。

6 　相続対策に対するアドバイス

相続対策アドバイスの基本姿勢

　金融機関が行う相続対策に対するアドバイスは、それが業務に直結し、金融機関自身の業績に寄与するものであることが必要であり、それは営利企業として当然のことである。そのため、金融機関の本業である預貯金や融資取引、さらには多種多様な金融商品の販売や、Ｍ＆Ａ業務等が相続アドバイスの延長線上に実現することが期待されることとなるが、総じてアドバイスを求める側は受け身の姿勢であり、かつ真に相続対策として必要なものかどうかを正確に認識していないこともあり得る。したがって、アドバイスの提供に際しては、何よりもまず相談を寄せてきた者の正確な実態を把握する必要がある。たとえば、保有資産の内容と、それが相続の対

象とされた場合の評価額、推定相続人の数と各相続人個々の相続問題に係る事情を正確に把握することによって、最適の相続対策の提案が可能となるのであり、これらの事情把握が不正確なままで行ったアドバイスは的外れとなる可能性がある。

　相続税課税強化がマスコミの多くの媒体を通じて報道、紹介されたことから、何となく自己の相続について「何かやらねばならない」と不安を感じ、事実上不要と思われる対策に走ることが想定される（必要性に乏しい不動産投資を行ったり、生前贈与を急いだ結果、預貯金等の流動性資産を極端に減少させる行動があげられる）。しかしながら、先に述べた遺産総額が5,000万円以下の平均的な世帯については、相続税が課税される可能性は低いため、相続開始までの残された時間の安定した生計費の確保を優先すべきである。取引先から相続対策についてのアドバイスを求められた際には、まずその必要性について検証することを勧めるべきである。また、相続の開始時期は事実上特定不能であり、それが相続対策を実施した直後であることも、あるいは何十年も先となることもあり得る。場合によっては対策実施前に相続開始するケースもあり得る。したがって、相続対策として時間を要するものとそうでないもの、急ぐべきものとそうでないものの使い分けが必要であるが、結果としてそれがミスマッチとなる可能性についても、アドバイスを求める側に認識してもらうことが必要である。

具体的な相続対策事例

　遺産総額が5,000万円を超える世帯で、相続開始時に相続税課税が予想されるケースでは、「節税」と「相続税支払原資の確保」を念頭に置いた対策が必要である。この部分が相続対策に係るアドバイスとしては最も多彩なものがあり、アドバイスする者の腕の見せどころである。具体的な対策の内容についてはそれぞれの章での解説に譲るとして、その概括を紹介すれば以下の通りである。

（1）不動産の活用

　不動産を活用した相続税節税対策は最も伝統的な手法である。そのスキームはシンプルであり、不動産（土地）時価に近いとされる公示価格に比較し、相続税評価時に使用される路線価は80％程度とされることから、資産内容を現預貯金から不動産に変換するだけで20％程度の資産圧縮を図ることが可能となる（ただし、不動産鑑定評価額と路線価による評価の間に極端な差がある場合には、路線価による相続税課税が否定されることがある（国税庁財産評価基本通達総則6項。最判令和4・4・19民集76巻4号411頁の事件はその立場を支持）ので注意が必要である）。さらに土地の上に賃貸アパート・マンションを建設して賃貸とすれば、土地部分は貸家建付地として「路線価評価×（1－借地権割合×借家権割合0.3）」と評価されることで、大幅な評価減が実現するほか、建物部分についても固定資産税評価額（時価の50〜70％程度の評価額）×（1－借家権割合0.3）とされ、これらの相乗効果から資産の圧縮はかなりの金額が期待されることとなる。

　現預貯金を不動産取得資金に充当すると資金が固定化することから、金融機関借入によって調達し、相続開始時に残った借入債務は消極財産として額面額がそのまま資産圧縮されることから、遊休土地を保有する資産家を対象に、この種の融資（いわゆるアパート・マンションローン）が、2015年度の相続税制改正後盛んに取り組まれている。

　このスキームの問題点は、前述の通り資産の流動性が低下することがあるほか、確かにその時点では現預貯金（または借入債務）と不動産の相続財産評価額との差額が課税資産圧縮効果を生むものの、不動産価格は流動的であり、将来の値下がりリスクを伴うものである。さらに賃貸住宅の場合、長期的な総人口減少傾向と持家の普及、賃貸住宅の立地条件等の不確定要素が多く、賃貸事業として採算確保が可能かどうかの検討を忘れてはならない。特に金融機関借入によって賃貸住宅を取得する場合は、借入債

務の返済能力と併せて検討する必要がある。

（2）生命保険の活用

　生命保険による相続税非課税控除枠（500万円×法定相続人数）を活用し、保険契約者（保険料払込人）兼被保険者を被相続人予定者、保険金受取人を特定の相続人とする終身保険が人気を呼んでいる。この商品のメリットは、非課税枠の活用に加え、相続開始後直ちに保険金を受け取ることができ、複数人の相続人による共同相続事案であっても相続人間の遺産分割協議成立を保険金受取の要件としなくてもよい特徴がある。そして差し迫った相続税支払の原資とすることも可能である。

　また、保険商品では保険料の払込方法が分割払いであるのが一般的であるが、多額の預貯金を保有する高齢者については、保険料の一時払によって相続開始時の資産を預貯金から保険金に替え、相続税非課税枠を活用する動きがみられる。一部の保険会社では「余資に相続人の名前を付ける商品」と称して勧誘しており、一般的な保険商品は払込保険料と、保険事故が生じて受け取る保険金の両者間にはかなりの金額差が設けられているが、この種の商品では被保険者が高齢まで加入可能とする一方で、払込保険料と支払保険金の金額差を小さく設計した商品もみられる。

（3）その他の対策

　被相続人予定者を養父母とする養子縁組により、法定相続人数を増やすことや、生前贈与による遺産の圧縮が考えられる。

相続争いを防ぐための対策

　先に本節3で述べたように、「相続争い」に関する意識は被相続人予定者に総じて低いため、現実に相続が開始された場合、程度の差はあるものの、すべての相続で争いが生じる事態の回避は、ある意味相続対策で最も求められるものといえる。この部分の対策は遺言書の作成に尽き（遺言書作成に先立ってエンディング・ノートを作成し、自身で資産の洗い出し、相続についての希望等をまとめることも有効である）、アドバイスを実施

する際に被相続人予定者の事情を積極的に事細かく把握することは必ずしも必要ではない。欧米諸国では遺言書の作成がごく一般的に行われていると聞くが、日本ではその重要性が認識されつつあるものの、まだまだ低調である。そして推定相続人（相続人予定者）の内心では、遺産の分割承継について明確な方針を出してほしいとの希望を持っていることが多いが、それを面と向かって被相続人予定者に依頼するのも憚られることから、言い出せないままに時間が経過し、相続開始する事態も少なくないであろう。したがって、遺言書が持つ効果を認識し、被相続人予定者が作成について前向きの気持ちを持つよう誘導することが大切である。

第３節

相続アドバイスをする際のコンプライアンス

1　金融機関が取扱可能な業務

　金融機関は業法（銀行の場合は「銀行法」、信用金庫等の他業態ではそれぞれの業法で銀行法を準用）で定められた業務以外は行ってはならないとされている。具体的には、銀行法10条１項に表示された固有業務である預金、貸付け・手形割引、為替取引と、同条２項に列挙された付随業務、11条で定められた金融機関の証券業務や信託業務、12条の担保付社債信託法その他の法律で認められた業務が行える業務であり、さらに「その他の付随業務」としてコンサルティング業務、ビジネスマッチング業務、Ｍ＆Ａ業務、事務受託業務等も行える業務との位置付けである。

　取引先からの相続に係る相談業務を実施する際には、具体的な相続対策としてこれらの金融機関の取扱可能な業務に係る契約を締結し、実施することが想定される。相続対策は既に述べたように広範囲にわたる事項が登場するが、金融機関として取扱可能な業務なのかどうかの点について常に認識しておく必要がある。たとえば、相続対策として事業承継を実施する過程で、Ｍ＆Ａ業務を手掛けることがあるが、同業務は対象企業の紹介、同企業の営業や財務に関する情報の提供、Ｍ＆Ａの具体的手法についてのアドバイス等が行い得る業務内容とされているが、Ｍ＆Ａは被買収企業の株式を買収企業が買い取ることによって完了する点につき、金融機関は株式売買を媒介して手数料を収受することはできない点に注意を要する。また、時には企業が保有する不動産の売買取引に変形することがあるが、この売買仲介業務も信託銀行を除き取り扱うことはできず、それを行った場

合は宅地建物取引業法に抵触することとなる。

2 融資契約の内容説明義務

　固有業務である融資取引が相続対策として登場することがある。かつて
バブル経済が華やかなりし頃に、資産家向けの相続対策と称して終身変額
保険契約の一時払保険料を借入で調達し、さらに借入利息についても極度
額を設定した当座貸越方式に類似した融資商品で賄ったところが、時間の
経過とともに借入残高が急増して担保不足現象が生じる一方で、払込保険
料の運用不振から契約を中途解約した場合に多額の債務超過が発生し、契
約者から「契約時に十分な説明を受けていなかった」として訴訟で争われ
る、いわゆる「変額保険訴訟の嵐」が金融業界に吹き荒れた時期があった。
しかしながら、預貯金や他の金融商品と異なり、融資は金融機関が債権者
の立場であり、債務者から元利金の返済を受けて初めて取引が完結すると
の性質があるため、債権回収過程で予期せぬ事態が生ずることもある。そ
のため、融資取引時に払うべき与信判断に加え、融資商品の持つ特徴（借
入れ利率の設定と将来の変動、元利金の返済方法、債務不履行時の想定さ
れる事態、保証人の責任、担保処分等）を十分に説明し、理解を得ること
が必要である。

3 保険業法の遵守

　また、相続対策として保険商品を取り扱う際には、銀行と保険の垣根が
撤廃されたことにより、原則としてすべての保険商品が銀行の窓口販売対
象となったが、銀行が保有する顧客との取引情報に係る取扱規制は存続し
ており、さらに2016年5月29日に施行された改正保険業法では、「保険の
信頼性確保」のため、保険募集人に対し多くの義務が課せられるように

なった点で注意が必要である。その主要な内容は以下の通りである。

（1） 意向確認義務の導入

　保険募集の際に、顧客ニーズの把握および当該ニーズに合った保険プランの提供が求められる。

（2） 情報提供義務の導入

　保険募集の際に、商品情報など顧客が保険加入の適否を判断するのに必要な情報の提供が求められる。

　具体的には保険金の支払条件（どのような場合に保険金が支払われるのか）、保険期間、保険金額等、その他顧客に参考となるべき情報等である。

（3） 保険募集人に対する体制整備義務の導入

　複数保険会社の商品の取扱いの有無など、保険募集人の業務の特性や規模に応じて、保険募集人に対して体制整備を求める。

4　金融サービス提供法・金融商品取引法の遵守

　相続税対策の1つとして金融商品の運用が考えられる。たとえば投資信託等の価格変動商品の取扱いに際しては、金融サービスの提供及び利用環境の整備等に関する法律（金融商品販売法の改称）、金融商品取引法に定める各種規制の遵守が求められるが、この分野で最も注意すべき事項は「適合性の原則遵守」である。価格変動商品であることからして、商品内容の特徴と、そこに含まれるメリット、リスクについて正しく説明することは他の業務分野での留意事項と共通のものであるが、加えて顧客と勧誘提供する金融商品の組み合わせが最適のものであることを求められるのが大きな特徴である。しかも、そこには「狭義の適合性原則遵守」と「広義の適合性原則遵守」が存在し、前者は「どれだけ詳しく商品内容を説明しても理解が困難な顧客には勧誘・販売を行わない」とする極めて厳しい内容である。相続対策の特質上、アドバイスを求める当事者はある程度高齢

の顧客が多いが、加齢とともに肉体面、精神面の双方に衰えが生じること
は避けられない。そのような顧客については、金融商品取引の内容を正し
く理解できるだけの能力を有していることの確認が不可欠であり、その点
に疑念が生じた場合は直ちに勧誘・販売活動を自粛・停止する必要がある。
一方、広義の適合性原則遵守については、商品内容等について正しく理解
できるだけの能力を有する顧客の場合、勧誘しようとする金融商品が「顧
客の知識・経験、財産の状況、金融商品購入目的」の各要素に鑑み当該顧
客にとって最適の組み合わせと判断されることが求められるのである。と
ころが現実には価格変動金融商品の取引を巡る顧客と販売業者間の紛争が
頻発し、銀行界や証券業界が設立した金融ＡＤＲ機関での調停あっせん事
件が多く取り扱われている。そしてそれらの事件に最も多く共通する事項
は「高齢顧客に対する適合性原則遵守に違反した販売活動」であることが
知られている。そのため日本証券業協会では「高齢顧客への勧誘による販
売に係るガイドライン」を2013年12月16日に制定・施行（その後2021年3
月16日に一部改正し、同年8月1日から施行）し、「協会員の投資勧誘、
顧客管理等に関する規則第5条の3」に規定する「社内規則」の制定を求
めている。そこには高齢顧客の定義付けと、取扱商品を「勧誘可能商品と
勧誘留意商品」に区分し、特に勧誘留意商品の勧誘・販売活動について
種々の規制を設けている。銀行等の金融機関はこれらの金融商品を窓口販
売対象として取り扱う場合は「登録金融機関」として日本証券業協会の制
定する規則の遵守が求められることから、本ガイドラインもその対象とさ
れる。ガイドラインの具体的内容は図表1-5に示した通りであり、各金
融機関はこのガイドラインを尊重した内容の社内規則を制定し遵守しなけ
ればならないのである。

●図表1-5

日本証券業協会による高齢顧客への勧誘による販売に係るガイドラインの概要

協会員の投資勧誘、顧客管理等に関する規則第5条の3に規定する社内規則の制定

(2021年3月16日改正)

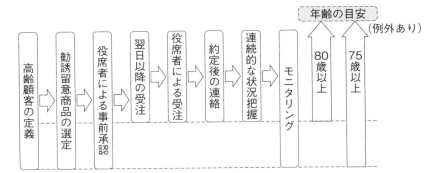

(注)「勧誘可能商品」と「勧誘留意商品」の範囲の選定
　○勧誘可能商品
　　①比較的価格変動が小さく、仕組みが複雑でなく、換金性が高い商品
　　・国債、地方債、政府保証債
　　・普通社債
　　・「公社債を中心に投資し、比較的安定的な運用を指向する」投資信託
　　・米ドル、ユーロ、豪ドル建てを例示するほか、判断要素を勘案し、協会
　　　員が社内規則で定める通貨建てで上記3項目に相当する債券・投資信託
　　②周知性の高い商品、時々刻々価格が変動する商品
　　・取引所金融商品市場、外国金融商品市場に上場されている株式、ETF・
　　　ETN、REIT、新株予約権証券および有価証券関連市場デリバテイブ取引等
　　・日経225やTOPIXの変動率に一致するよう設計された投資信託
　○勧誘留意商品
　　勧誘可能商品以外の商品

5 法的資格による規制

　相続アドバイスを行う際には、民法、税法、不動産登記法等の多くの法令の定めに準拠した内容であることが求められる。そして、これらの分野はかなり高度な専門的・技術的知識、技能が求められ、それを業として

サービス提供するには、弁護士法、税理士法、司法書士法等で定める有資格者で、かつ弁護士会、司法書士会等に入会していることを要し、無資格者が行うことを禁止している。相続アドバイスに従事する金融機関行職員がこれらの資格を有しているならばまだしも、そうでない場合は、これらの業法に抵触することを避けなければならない。この点については「顧客の個別事案について相談に応じるのではなく、一般的な知識の範囲に留める」といわれているが、顧客と金融機関行職員の間にはかなりの温度差が見られるところである。すなわち、金融機関行職員は業法への抵触を意識して一般的な範囲のアドバイスに留めようとするが、顧客にとっては「自分の場合は具体的にどうなのか、どうすべきなのか」が究極の目的であり、そうでなければ満足しないのである。そこで、金融機関行職員が守るべき一線を越えて、より個別・具体的なアドバイスやサービス提供を行ったとしよう。その内容が適切であればまだしも、民法や税法の適用には多くの前提条件を踏まえねばならないことが多く、それが1つでも欠けた場合に結論や効果が全く異なることも有り得るのである。

　身近な事例では、贈与税の年間非課税枠が1人当たり110万円であることはよく知られている。そのため資産家の常套手段として金融機関に家族名義の預貯金口座を開設し、年間非課税枠の範囲内で入金を続けるが、預貯金通帳や取引印章は口座名義人でなく預貯金入金資金の負担者が保管し続けることがある。この状態で相続が開始されると、税務署の調査でこの種の預貯金口座の存在が知られればほぼ間違いなく「名義預貯金」として贈与が否認され、相続財産と認定されるであろう。したがって、贈与非課税枠の利用をアドバイスするのであれば、文字通り贈与する者とされる者の間で贈与についての意思が通じており、「贈与する」と「贈与を受ける」との意思の一致を必要とするのである。そのためには、両者間で金銭の贈与に係る契約を書面で締結し、預貯金通帳等は贈与を受ける口座名義人が支配・管理するとの念押しが必要である。また、めでたく非課税の贈与が

成立したとしても、贈与者について相続開始すると、その直前7年分（2024年以降、漸次3年から7年に延長）の贈与資産は相続税課税対象資産に加えられることとなる。

　また、資産家が好んで活用する養子縁組による法定相続人数の増加策については、民法上は養子の数に制限なく、何人と養子縁組してもすべての者が相続に係る実子と同じ権利・義務を取得することとなるが、税法では法定相続人の数に含める養子の数を「実子ある場合は1人、実子なき場合は2人」と制限していることも重要なポイントである（相続税法15条2項）。そして一旦成立した養子縁組が戸籍に表示されると、その関係解消には協議離縁の手続きを必要とする。ところが、実子の配偶者との養子縁組によって将来の相続対策としたところ、実子が離婚し夫婦関係を解消したにもかかわらず養父母との養子関係を清算しないで放置し、その状態で養父母について相続開始すると、離婚した元配偶者も戸籍上は第1順位相続人の1人とされるため、その後の相続手続が困難となる事例が現実に発生している。

　さらに養子縁組に係るもっと根源的な問題として、認知症のある高齢者を養親とする養子縁組を有効とした原判決を取り消して、養子縁組を無効とした判決例（名古屋高裁金沢支判平成28・9・14判時2327号39頁）にみられるように、超高齢社会を迎えた今日では、相続対策の当事者である高齢者の判断能力等についても重要な要素として認識しておく必要がある。

　このように、いかにその分野の研究や経験を積んだとしても、金融機関行職員が有資格者である専門家の域に達するのは容易なことではなく、顧客が金融機関行職員のアドバイスを盲目的に信用し、その通りに行動した結果損害を被る事態となった場合は、損害賠償請求を受ける事態となりかねない。したがって、顧客との間で相続アドバイスについて一定の方向感が見られた後は、必ず専門家に相談し、委任すべきことは専門家に委任するよう念押しすることが重要である。

第2章

民法および相続税法等の基礎知識

第1節

相続に係る民法上の規定

1 相 続

相続の意義

　相続は、個人が死亡した場合に、その者の有していた財産上の権利義務をその者の配偶者や子など一定の身分関係にある者に承継させる制度である。財産上の権利義務を承継される者のことを被相続人といい、承継する者のことを相続人という。すなわち、相続は、被相続人から相続人に対する財産上の権利義務の承継といえる。

相続の開始

　相続は、死亡によって開始する（民法882条）。被相続人の死亡という事実があれば当然に開始し、被相続人の死亡を相続人が知っていたかどうかを問わず、相続人は、原則として、被相続人の財産上の権利義務を当然に承継する。この死亡には、自然の死亡だけでなく、失踪宣告や認定死亡の制度による擬制死亡も含まれる。

　失踪宣告は、生死不明の者に対して法律上死亡したものとみなす効果を生じさせる制度である。失踪には、普通失踪と危難失踪（特別失踪）の2種類がある。普通失踪の場合には不在者の生死が7年間不明のときに、危難失踪（特別失踪）の場合には戦争、船舶の沈没、震災などの死亡の原因となる危難に遭遇した者の生死がその危難が去った後1年間不明のときに、家庭裁判所は、利害関係人の請求により失踪の宣告をすることができる（同法30条）。失踪の宣告を受けた者は、普通失踪の場合には失踪期間満了時に、危難失踪（特別失踪）の場合には危難が去った時に、死亡したもの

●図表2-1 普通失踪と危難失踪（特別失踪）

失踪の種類	失踪期間	死亡の時期
普通失踪	不在者の生死が7年間不明であること	7年間が満了した時
危難失踪（特別失踪）	戦争、船舶の沈没、震災などの死亡の原因となる危難に遭遇した者の生死が、その危難が去った後1年間不明であること	危難が去った時

とみなされる（同法31条）。なお、失踪宣告を受けた者の生存が判明した場合には、家庭裁判所は、失踪者本人または利害関係人の請求により失踪宣告を取り消すことになる（同法32条）。

認定死亡は、水難、火災その他の事変によって死亡したことが確実とみられる場合において、官公署が被災した者の死亡を認定する制度である（戸籍法89条）。認定死亡によっても相続が開始する。

相続の効果

相続の開始により、相続人は、相続開始の時から、被相続人の一身に専属したものを除き、被相続人の財産に属した一切の権利義務を承継する（民法896条）。権利義務の権利は財産、義務は債務と考えられる。相続によって被相続人から相続人に承継されるものには、積極的な財産（財産）のみならず、消極的な財産（債務）も含まれる。また、一身に専属したもの（被相続人の一身専属権）は、その権利が専ら特定の者の一身に属し、他人が取得することや他人に移転できないものをいう。たとえば、相続による譲渡禁止特約のあるゴルフ会員権、身元保証人の義務、特定の資格、年金受給権等が考えられる。

相続開始の場所

相続は、被相続人の住所において開始する（民法883条）。相続に関する訴訟や審判事件等の管轄は被相続人の住所により決まる。なお、相続税法

では、相続税の申告書の提出先は、納税地の所轄税務署長とされている（相続税法27条）。この場合の納税地は、相続または遺贈によって財産を取得した者の住所地であるが（同法62条1項）、当分の間、被相続人の死亡の時における住所地とされている。たとえば、相続人の住所地が北海道や大阪等に分かれていても、被相続人の死亡時の住所地が東京であれば、相続人全員が東京の被相続人のその住所地を所轄する税務署に対して相続税の申告をすることになる。

2 相続人

相続人の種類と順位

　相続人となり得る者は、被相続人の①子（またはその代襲者）、②直系尊属（父母、祖父母等）、③兄弟姉妹（またはその代襲者）並びに④配偶者（法律上の婚姻関係にある者で内縁関係の者は含まない）である。これらの者のうち、相続開始時において生存していた者が複数ある場合には一定の順位により相続人となり、同順位の相続人が複数ある場合にはそれらの複数の相続人が共同して相続することになる。なお、相続の放棄をした者、相続の欠格に該当する者および推定相続人の廃除となる者は除かれる。相続人の順位は、図表2−2の通りである（民法887条・889条・890条）。被相続人の配偶者は常に相続人となる。被相続人に子がいる場合には、子が第1順位で相続人となる。被相続人に直系卑属（子や孫）がいない場合において直系尊属がいる場合には、直系尊属が第2順位で相続人となる。被相続人に直系卑属も直系尊属もいない場合には、兄弟姉妹が第3順位で相続人となる。

（1）養子

　養子は、養子縁組の届出をした日から養親の嫡出子としての身分を取得する（同法809条）。養親に相続が開始すると、養子は、第1順位の相続人

●図表2-2 相続人の順位

順 位	相続人	相続人・代襲相続人の範囲等
第1順位	子、または、子と配偶者	・子は実子であるか養子であるか、また、嫡出子であるか非嫡出子であるかを問わない。 ・子が相続開始以前に死亡しているとき、相続欠格または廃除により相続権を失っているときは、その者の子・孫等が代襲して相続人となる。 ・配偶者の連れ子を相続人とするには養子縁組が必要である。
第2順位	直系尊属、または、直系尊属と配偶者	・直系尊属(父母、祖父母、曽祖父母等であるが、姻族を含まない)の中に親等の異なる者がいるときは、その親等の近い者が相続人となる(たとえば、父母と祖父母がいる場合には、父母が優先して相続人となる)。 ・実父母と養父母とは同順位で相続人となる。
第3順位	兄弟姉妹、または、兄弟姉妹と配偶者	・兄弟姉妹は、親の実子であるか養子であるか、半血であるか全血であるかを問わない。 ・兄弟姉妹が相続開始以前に死亡しているときや相続の欠格または廃除により相続権を失っているときは、その兄弟姉妹の子が代襲して相続人となる(再代襲はない)。

となる。

　養子には、普通養子と特別養子がある。普通養子縁組は、養親と養子との合意に基づき、養子縁組の届出をすることで成立する(同法802条)。普通養子となっても、実親との親族関係は維持される。特別養子縁組は、養親となる者等の請求により、父母による養子となる者の監護が著しく困難または不適当であることその他特別な事情がある場合において、子の利益のため特に必要があると認めるときに家庭裁判所が成立させるものである(同法817条の7・817条の2)。特別養子縁組が成立することにより、特別養子とその実親およびその血族との親族関係は終了する。ただし、夫婦の一方が相手方配偶者の嫡出子(連れ子)を特別養子とする場合は、特別養子とその実親およびその血族との親族関係は終了しない(同法817条の9)。

●図表 2 - 3 　普通養子と特別養子

区　分	普通養子	特別養子
養親の制限	成人である者	満25歳以上の夫婦（一方が25歳以上であれば、他方は20歳以上であればよい）でともに養親
養子の制限	養親より年少者	原則として15歳未満
縁組の手続き	養子が未成年でなければ当事者の届出のみ	家庭裁判所の審判が必要
実親等の同意	養子が満15歳未満のときは、法定代理人が承諾	実父母の同意が必要
親子関係等	実方との親族関係は存続	実方との親族関係は終了
戸籍の記載	養子と明記される	「養子」ではなく「長男、長女」等と記載される。身分事項欄には「○年○月○日民法817条の2による裁判確定」と記載される
離縁	当事者の協議で可能。養子、養親のいずれでも訴えの提起可能	家庭裁判所の審判が必要。養親からの請求は不可

　なお、特別養子制度の利用を促進するために、特別養子縁組における養子となる者の年齢の上限を従前の原則6歳未満から原則15歳未満に引き上げるとともに、特別養子縁組の成立の手続きを二段階に分けて養親となる者の負担を軽減するなどの法改正がなされ、2020年4月から施行されている。

　相続税法では、法定相続人の数の計算において、養子の数に一定の制限を設けている（相続税法15条2項）。被相続人に実子（実の子ども）がいる場合には1人まで、被相続人に実子がいない場合には2人までとされている。これは、たとえば、息子の妻、孫、孫の妻等を被相続人の養子として相続人の数を増やすことにより、基礎控除額や非課税限度額（生命保険金、退職手当金）を大きくし、相続税の税負担を回避する事例が見受けら

れるに至ったことから、1988年の税制改正で措置されたものである。ただし、被相続人との特別養子縁組により被相続人の養子となっている者、被相続人の配偶者の実子で被相続人の養子となっている者、被相続人と配偶者の結婚前に特別養子縁組によりその配偶者の養子となっていた者で被相続人と配偶者の結婚後に被相続人の養子となった者、被相続人の実子・養子・直系卑属が既に死亡しているか、相続権を失ったため、その子等に代わって相続人となった直系卑属は、いずれも、この制限において実子と取り扱われ、法定相続人に含まれることとされている（相続税法15条3項）。

（2）嫡出子と嫡出でない子

　嫡出子は、嫡出である子、すなわち、法律上の婚姻関係にある男女間に生まれた子（婚内子）である（民法772条）。養子は、養子縁組により養親の嫡出子となる（同法809条）。嫡出でない子はすなわち、法律上の婚姻関係にない男女間に生まれた子（婚外子）である。母子関係は分娩の事実があれば認められ、父子関係は認知によって生じ、相続権が発生する（同法779条）。

（3）胎児

　胎児は、相続について既に生まれたものとみなされる。ただし、死体で生まれたときは、相続についてはじめからいなかったものと取り扱われる（同法886条）。

（4）全血の兄弟姉妹と半血の兄弟姉妹

　父母の双方を同じくする兄弟姉妹を全血の兄弟姉妹といい、父母の一方のみを同じくする兄弟姉妹を半血の兄弟姉妹という。法定相続分については、後述の通り、半血の兄弟姉妹は全血の兄弟姉妹の2分の1とされている（同法900条4号）。

相続の欠格

　相続の欠格は、欠格事由に該当する相続人の相続権を何らの手続きを経ることなく当然に剥奪する制度である（同法891条）。なお、相続の欠格は、

家庭裁判所等の手続きを経るものではなく、また、これらの事情は戸籍に記載されない。そのため、金融機関において戸籍謄本等の相続関係資料から確認することが難しい事象である。金融機関としては、戸籍謄本等の相続関係資料から遺産相続の内容のすべてを把握することができるとは言い切れないことに留意しなければならない。金融機関は、相続人等からの申し出の内容と戸籍謄本等の相続関係資料を照らし合わせて遺産相続の内容を確認する必要があり、資料の読み取りに専念するのではなく、相続人等の関係者から事情を収集することを心掛けなければならない。

欠格事由（民法891条）

① 故意に被相続人または相続について先順位もしくは同順位にある者を死亡するに至らせ、または至らせようとしたため、刑に処せられた者
② 被相続人の殺害されたことを知って、これを告発せず、または告訴しなかった者
③ 詐欺または強迫によって、被相続人が相続に関する遺言をし、撤回し、取消し、または変更することを妨げた者
④ 詐欺または強迫によって、被相続人に相続に関する遺言をさせ、撤回をさせ、取り消させ、または変更させた者
⑤ 相続に関する被相続人の遺言書を偽造し、変造し、破棄し、または隠匿した者

推定相続人の廃除

推定相続人の廃除は、廃除事由がある場合において、被相続人からの請求（遺言による意思表示も可能）に基づいて、家庭裁判所が推定相続人（相続が開始した場合に相続人となるべき者）の相続権を剥奪する制度である（民法892条・893条）。廃除の対象者は、遺留分を有する推定相続人（被相続人の子およびその代襲者、直系尊属、配偶者）に限られる。なお、推定相続人の廃除は、戸籍に記載される。金融機関としては、戸籍謄本等の相続関係資料から相続人の廃除を確認することができ、廃除された相続人の子等が代襲相続人となることに留意しなければならない。

廃除事由（民法892条）

① 推定相続人が、被相続人に対して虐待をし、またはこれに重大な侮辱を加えたとき
② 推定相続人にその他の著しい非行があったとき

同時死亡の推定

　海難事故や飛行機事故等で家族数人が死亡した場合において、死亡時期が定かではない場合には、同時に死亡したものと推定される（民法32条の2）。ある一人が死亡（相続開始）したときに、他の者も同時に死亡したものと推定されるため、両者の間に相続関係は発生しないことになる。

代襲相続

　代襲相続とは、相続人となるべき者（被代襲者）が、相続開始以前に死亡しているとき、相続欠格または廃除により相続権を失ったときにおいて、被代襲者の直系卑属（代襲者）が被代襲者に代わってその受けるはずであった相続分を相続することをいう（民法887条2項・889条2項）。

（1）代襲相続の要件

　代襲相続の要件は、図表2-4の通りである。なお、相続の放棄をした

●図表2-4　代襲相続の要件

代襲原因	被代襲者の相続開始以前の死亡（同時死亡を含む）
	被代襲者の相続欠格
	被代襲者の廃除
代襲者が被代襲者の子（被相続人の直系卑属に限る）であること。被代襲者の子であれば、実子・養子、嫡出子・嫡出でない子を問わないが、被代襲者が被相続人と養子縁組した際に既に生まれていた被代襲者の子は、被相続人の直系卑属とはならないため、代襲相続できない	
代襲者は被代襲者に対する関係でも相続権を失った者でないこと	
代襲者は相続開始時に存在すること	

者を被代襲者としてその者の子に代襲相続は生じない（相続の放棄は代襲相続の代襲原因ではない）。

（2）再代襲

代襲者が被相続人の直系卑属である場合には、さらにその子に代襲（再代襲）される（同法887条3項）。他方で、代襲者が被相続人の兄弟姉妹の子である場合には、さらにその子（兄弟姉妹の孫）には代襲（再代襲）されない（同法889条2項）。兄弟姉妹に再代襲相続が認められていない理由としては、一般に、核家族化の進行に伴い、甥姪の子となると、通常は親戚付き合いもなく相続制度の根拠である生活保障の観点から問題があること、また、相続関係者が広範囲になると代襲相続人の存否や所在を把握するのが容易ではなく、その結果、遺産分割が長期化し相続人に不利益が及ぶとともに、遺産活用の妨げにもなること等が指摘されている（図表2－5）。

相続人ではない者の貢献（特別の寄与）

2018年7月6日、民法及び家事事件手続法の一部を改正する法律（平成30年法律第72号）が成立した（同年7月13日公布）。この相続法の改正（以下「2018年相続法改正」という）により、相続人以外の被相続人の親族が無償で被相続人の療養看護等を行った場合には、一定の要件の下で、相続人に対して金銭請求をすることができることとされた（民法1050条）。

●図表2－5　再代襲

被代襲者	代襲者	再代襲の可否
被相続人の子	被相続人の孫（直系卑属）	可（被相続人の曾孫等）
被相続人の兄弟姉妹	被相続人の兄弟姉妹の子（直系卑属ではない）	否（兄弟姉妹の孫）

3 相続分

相続分の意義と種類

　相続人が数人あるときは、相続財産は相続人の共有に属し、各相続人はその相続分に応じて被相続人の権利義務を承継する（民法898条・899条）。相続財産は、最終的には相続人間の遺産分割協議等によって分割されることになるが、分割されるまで、相続人は、相続財産に対してそれぞれの相続分に応じた権利義務を有していることになる。この相続分は民法の規定によって定められており（同法900条）、これを法定相続分という。

　また、被相続人は遺言により共同相続人の相続分を定めることができ（同法902条）、これを指定相続分という。遺言による相続分の指定がある場合には、遺留分の規定に違反しない限り、その指定が優先される。

法定相続分

　法定相続分は、被相続人が遺言により相続分を指定していない場合において遺産分配の基準となるものである。法定相続分は、相続人の身分によって異なり、図表2-6の通りである（同法900条）。

代襲相続分

　代襲相続人の相続分は、相続人となるべきであった者（被代襲者）の相続分をそのまま受け継ぐ。同一の被代襲者について複数の代襲相続人がいる場合には、各代襲相続人の相続分は被代襲者の相続分を均等に分けるものとする（同法901条）。

指定相続分

　相続人が複数いる場合、被相続人は、遺言により相続人の一部または全部について相続分を指定することができる（同法902条1項）。たとえば、甲、乙、丙の3人の子が相続人である場合に、甲に6分の1、乙に2分の1、丙に3分の1というように指定することができる。また、甲に5分の

●図表2-6　法定相続分

相続人	法定相続分	留意事項
子と配偶者	子　　　2分の1 配偶者　2分の1	子が数人あるときは、子の法定相続分は均等となる。なお、嫡出でない子の相続分については、かつて、嫡出子の相続分の2分の1とされていたが、2013年9月4日付の最高裁判所の決定によって違憲と判断され、2013年12月11日、嫡出子と同じ相続分となるように民法が改正された。改正後の民法は、2013年9月5日以後に開始した相続について適用されている。
直系尊属と配偶者	直系尊属3分の1 配偶者　　3分の2	同じ親等の直系尊属が数人あるときは、直系尊属の法定相続分は均等となる。
兄弟姉妹と配偶者	兄弟姉妹4分の1 配偶者　　4分の3	兄弟姉妹が数人あるときは、兄弟姉妹の法定相続分は均等となる。ただし、父母の一方を同じくする兄弟姉妹（半血の兄弟姉妹）の相続分は、父母の双方を同じくする兄弟姉妹（全血の兄弟姉妹）の相続分の2分の1となる。

2と指定して他の2人は指定されなかった場合は、乙と丙は法定相続分に従うことになる（この場合、5分の3を乙と丙で均等に分けることになる）。

身分が重複する場合の相続分

（1）双方の相続分を取得する場合

　被相続人の子が既に亡くなっている場合において、被相続人の孫（既に亡くなっている子の子）が被相続人の養子となっている場合、この孫は、子の代襲相続人であり、かつ、被相続人の子である。このようなとき、行政先例によれば、この孫は、代襲相続人としての相続分と子としての相続分の双方の相続分を取得するものとされている。

（2）一方のみの相続分を取得する場合

　被相続人が被相続人の配偶者の父母と養子縁組をしている場合において、被相続人に子や直系尊属がない場合、この配偶者は、被相続人の配偶者であり、かつ、被相続人の兄弟姉妹である。このようなとき、行政先例によ

れば、この配偶者は、配偶者としての相続分のみを取得し、兄弟姉妹としての相続分は取得しないものとされている。

特別受益者の相続分

共同相続人の中に、被相続人から遺贈を受け、または婚姻もしくは養子縁組のためもしくは生計の資本として贈与を受けた者（特別受益者）があるときは、これらの遺贈、贈与を考慮して相続分を修正する（同法903条）。遺贈や生前贈与による特別受益があった場合には、被相続人が相続開始の時において有した財産の価額にその贈与の価額を加えたものを相続財産とみなすものとされており、このように贈与分を相続財産に戻すことを「持戻し」と呼んでいる。

寄与分がある者の相続分

共同相続人中に、被相続人の財産の維持または増加につき特別の寄与をした者があるときは、その者の寄与分を考慮して相続分を修正する（同法904条の2）。この特別の寄与とは、被相続人の事業に関する労務の提供または財産上の給付、被相続人の療養看護その他の方法により被相続人の財産の維持または増加に係る特別の寄与をいう。

配偶者の居住権

2018年相続法改正により、配偶者の居住権を保護するための方策として、配偶者短期居住権と配偶者居住権が定められた（2020年4月1日施行）。

配偶者短期居住権は、被相続人の建物に無償で居住していた被相続人の配偶者について、最低でも相続開始の時から6ヵ月間、その居住建物に係るその配偶者の居住権を認めるものである。配偶者が相続開始の時に被相続人所有の建物に無償で居住していた場合において、その居住建物について配偶者を含む共同相続人間で遺産の分割をする場合、配偶者は、遺産分割によりその建物の帰属が確定するまでの間または相続開始の時から6ヵ月を経過する日のいずれか遅い日までの間、引き続き無償でその建物を使用することができることとされた。また、遺贈等により配偶者以外の第三

者がその居住建物の所有権を取得する場合や配偶者が相続の放棄をした場合等にあっては、その居住建物の所有権を取得した者はいつでも配偶者に対して配偶者短期居住権の消滅の申入れをすることができるが、配偶者は、その申入れを受けた日から6ヵ月を経過するまでの間、引き続き無償でその建物を使用することができることとされた（同法1037条）。

　配偶者居住権は、2018年相続法改正により新設された法定の権利である。被相続人の配偶者が相続開始時に居住していた被相続人の所有建物を対象として、終身または一定期間、その配偶者にその使用または収益を認めることを内容とする。遺産分割における選択肢の１つとして配偶者に配偶者居住権を取得させることができることとするほか、被相続人が遺贈等によって配偶者に配偶者居住権を取得させることができることとするものである（同法1028条）。

4　相続の承認と放棄

相続の承認の種類

　相続の開始により、相続人は、相続開始の時から、被相続人の一身に専属したものを除き、被相続人の財産に属した一切の権利義務を承継する。他方で、民法は、相続人に対して、相続財産を承継するかどうかについて選択権を与えている。

（1）単純承認

　単純承認は、債務を含めた相続財産のすべてを承継することである。相続人は、単純承認をしたときは、無限に被相続人の権利義務を承継する（民法920条）。また、相続人が相続財産の全部または一部を処分したときや、相続の放棄または限定承認をしなかったときは、単純承認したものとみなされる（同法921条）。

（2） 限定承認

　限定承認は、相続によって得た財産の限度においてのみ被相続人の債務および遺贈を弁済すべきことを留保して行う相続の承認である（同法922条）。限定承認は、相続の開始を知った日から3ヵ月以内に家庭裁判所に相続財産の目録を作成して提出し、限定承認する旨の申述をして行う。相続人が数人あるときは、共同相続人の全員が共同してのみ行うことができる（同法915条・923条・924条）。限定承認すると、被相続人の財産は直ちに相続人に承継されるのではなく、一旦清算されることになる（同法927条～937条）。

相続の放棄

　相続の放棄は、債務を含めた相続財産のすべての承継を拒むことをいう。相続の放棄は、相続の開始を知った日から3ヵ月以内に家庭裁判所に相続の放棄をする旨の申述をして行う（民法915条・938条）。相続の放棄をした者は、その相続に関しては初めから相続人とならなかったものとみなされる（同法939条）。そのため、相続の放棄があったことにより、相続人や相続分に変更が生じることがある。また、相続の放棄は撤回することができない（同法919条）。ただし、民法の一般規定に基づいて無効とされる場合（虚偽表示）や、取り消すことができると考えられる場合（錯誤・詐欺・強迫等）はあり得る（同法919条2項）。

　ところで、共同相続人間の遺産分割協議において相続財産を取得しなかったことは「法的な」相続の放棄とは異なるが、このような事実をもって「自分は相続の放棄をした」と述べられることが少なくない。金融機関としては、「相続の放棄をした」と述べる相続人等があらわれた場合には、家庭裁判所において手続きがなされている「法的な」相続の放棄がなされたのか、遺産分割協議において相続財産を取得しなかったことを表現しているのか（これを「事実上の」相続の放棄と呼ぶことがある）、相続人等の関係者から事情を収集することを心掛けなければならない。家庭裁判所

において手続きがなされている「法的な」相続の放棄がなされたのであれば、これまで相続人ではなかった者が新たに相続人となる可能性があり注意を要する。

　また、相続税法では、法定相続人の数の計算において、相続の放棄をした者がいたとしてもその相続の放棄はなかったものとした場合の相続人の数を用いることとされている（相続税法15条2項）。たとえば、被相続人の子が唯一の相続人と想定されていた場合に、この子が相続の放棄をすると、直系尊属（第2順位）または兄弟姉妹およびその代襲者（第3順位）が相続人となる可能性がある。すなわち、親族関係によっては、誰かが相続の放棄をすることにより新たに多くの者が相続人となる可能性がある。相続の放棄という人為的な要因により相続人の数が変わり相続税の負担が増減することは適切ではなく、上記のように制限が設けられていると考えられている。

5　資産承継と遺産分割

資産承継の主導権

　本人（被相続人となる者）が築いた財産を誰に対してどのように承継させるかは本人の自由であることは、改めていうまでもない。本人は（生前に費消することも含めて）贈与を行うことも、死因贈与契約により自らの死後に贈与を実行することも自由に行うことができる。また、遺言がある場合、遺言の内容は相続人間の遺産分割協議に優先される。すなわち、贈与、遺言、遺産分割は、資産承継における一連の流れの中に所在しており、資産承継においては本人の意思が最も優先され、次に相続人間の合意が優先されるといえる。他方で、本人の意思が示されず、相続人間において合意形成を行うことができないときに、家庭裁判所の調停や審判により遺産分割が行われる。本人の意思や相続人間の合意においては法定相続分に拘

束されないが、家庭裁判所の調停や審判による遺産分割においては法定相続分をもとに特別受益や寄与分等により調整される。このように、資産承継の主導権は本人にある。それだけに、円滑な資産承継のためには本人の意思を尊重することが重要であり、また、本人には適切に主導的役割を果たすことが期待される。

　なお、2021年の民法改正により、2023年4月から遺産分割に関する新たなルールが導入され、被相続人の死亡から10年を経過した後に行う遺産分割は、原則として、具体的相続分（生前の事情等に基づく個別的な調整）を考慮せず、法定相続分または指定相続分（遺言による指定）によって画一的に行うこととされた（民法904条の3）。この法改正は、2023年3月以前に開始した相続についても適用されるが、2023年4月から5年間は猶予期間とされており、この新たなルールが適用されるのは2028年4月以降とされている。

遺産分割

　相続人が数人あるときは、相続財産は相続人の共有に属し、各相続人はその相続分に応じて被相続人の権利義務を承継する。その後、相続財産は、相続人間の協議等によって分割されることになる。これが遺産分割である（図表2-7）。

（1）遺産分割の基準

　遺産分割は、遺産に属する物または権利の種類および性質、各相続人の年齢、職業、心身の状態および生活の状況その他一切の事情を考慮して行う（民法906条）。また、相続人間の合意があれば、法定相続分や指定相続分と異なった分割を行ったとしても、これらに優先する。

（2）遺産分割の実行

　被相続人が遺言で遺産の分割を禁じた場合を除き、共同相続人はいつでも遺産の分割をすることができる（同法907条）。

●図表2-7　分割の方法と内容

分割の方法	分割の内容
現物分割	遺産を現物のまま分割する方法で、分割の原則的な方法。
代償分割 （家事事件手続法195条）	共同相続人または包括受遺者のうちの1人または数人が相続または包括遺贈により取得した財産の現物を取得し、その現物を取得した者が他の共同相続人または包括受遺者に対して債務を負担する分割の方法。ここで、債務を負担するとは、たとえば、相続人固有の財産である預金を取り崩して代償金として現金を交付したり、借入金により代償金を支払ったりする行為をいう。
換価分割 （家事事件手続法194条）	共同相続人または包括受遺者のうちの一人または数人が相続または包括遺贈により取得した財産の全部または一部を金銭に換価し、その換価代金を分割する方法。

（3）遺産分割協議書

　相続人間（受遺者を含む）で遺産分割協議が成立した場合には、その意思を確認するために、一般に、遺産分割協議書を作成する。遺産分割協議書の作成方法について民法等の法律には規定はないが、相続人全員の合意に基づいて作成し、署名かつ実印で押印した遺産分割協議書は、相続の内容を証明する書面となることから、不動産の登記（相続登記）や動産の名義書換手続（預貯金の名義変更）等の際に必要となる。また、相続税法では、配偶者の税額軽減（相続税法19条の2）等の特例の適用を受ける場合には、相続税の申告書に遺産分割協議書の写しを添付しなければならないとされている。

（4）遺産分割の効力

　遺産分割は、相続開始の時に遡ってその効力を生じる。ただし、第三者の権利を害することはできない（民法909条）。また、遺産分割が瑕疵なく成立すると、原則として、相続人全員の合意がなければやり直すことはできない（合意なくしてやり直しができるのは、当初の遺産分割に瑕疵が

あって協議そのものが無効である場合等に限られる）。なお、相続税法では、課税の公平の見地から、たとえ遺産が未分割であっても民法の規定による相続分で遺産を取得したものとして課税価格を計算し、相続税を申告するように規定している（相続税法55条）。

（5）遺産分割に関する2018年相続法改正

2018年相続法改正により、遺産分割に関する見直しの１つとして、配偶者保護のための方策（持戻し免除の意思表示の推定規定）が定められた。具体的には、婚姻期間が20年以上である夫婦の一方配偶者が、他方配偶者に対し、その居住用建物またはその敷地（居住用不動産）を遺贈または贈与した場合については、民法903条３項の持戻しの免除の意思表示があったものと推定することとし、遺産分割においては、原則として、当該居住用不動産の「持戻し」計算は不要とされた（民法903条４項。当該居住用不動産の価額を特別受益として扱わずに計算することとされた）。

次に、遺産分割に関する見直しの１つとして、仮払い制度等の創設およびその要件の明確化が図られた。仮払い制度等の創設およびその要件明確化については、大別すると、家事事件手続法の保全処分の要件を緩和する方策（前者の方策）と、家庭裁判所の判断を経ないで預貯金の払戻しを認める方策（後者の方策）に分けられる。前者の方策は、具体的には、預貯金債権の仮分割の仮処分について、家事事件手続法200条２項の要件（事件の関係人の急迫の危険の防止の必要があること）を緩和することとし、家庭裁判所は、遺産の分割の審判または調停の申立てがあった場合において、相続財産に属する債務の弁済、相続人の生活費の支弁その他の事情により遺産に属する預貯金債権を行使する必要があると認めるときは、他の共同相続人の利益を害しない限り、申立てにより、遺産に属する特定の預貯金債権の全部または一部を仮に取得させることができることとされた。後者の方策は、具体的には、各共同相続人は、遺産に属する預貯金債権のうち口座ごとに所定の計算式で求められる額（「相続開始時の預貯金債権

の額」×「3分の1」×「当該払戻しを求める共同相続人の法定相続分」、た
だし、同一の金融機関に対する権利行使は150万円を限度とする）までに
ついては、他の共同相続人の同意がなくても単独で払戻しをすることがで
きることとされた（民法909条の2）。

　続いて、遺産分割に関する見直しの1つとして、遺産の分割前に遺産に
属する財産が処分された場合の遺産の範囲に関する規律が創設された。具
体的には、遺産の分割前に遺産に属する財産が処分された場合であっても、
共同相続人全員の同意により、当該処分された財産を遺産分割の対象に含
めることができることとされた。また、共同相続人の1人または数人が遺
産の分割前に遺産に属する財産の処分をした場合には、当該処分をした共
同相続人については、上記の同意を得ることを要しないこととされた（同
法906条の2）。

6 遺 贈

遺 言

　遺言は、被相続人の生前における最終的な意思を死後に実現させるため
の制度であるが、遺言で行うことができること（財産の処分に関すること、
相続に関すること、身分に関すること）は民法等に規定されている（図表
2-8）。遺言は、一定の方式に従ってなされる相手方のない単独行為であ
り、遺言者の死亡の時から効力が発生する（民法985条）。遺言を行った者
を遺言者（遺贈者）、遺言により財産を取得する者を受遺者という。遺言
者（遺贈者）は、自由に受遺者を決められることから、相続人でも相続人
ではない者でも、個人でも法人でも受遺者とすることができる。

（1）遺言の方式

　遺言は、民法に規定された方式に従って行わなければならず（同法960
条）、その方式に反した遺言（要件を具備していない遺言）は無効となる。

●図表2-8 遺言の方式

遺言の方式		概　要
普通方式	自筆証書遺言 (民法968条)	遺言者がその全文、日付および氏名を自書し、押印したもの（方式の緩和について本文参照）
	公正証書遺言 (同法969条)	遺言者が遺言の趣旨を公証人に口授する等、一定の要件を備えた公正証書により行ったもの
	秘密証書遺言 (同法970条)	遺言者が署名押印して封印した遺言書を公証人および証人の前に提出し、遺言者の遺言書であることの証明を受けたもの
特別方式 ※この遺言は、遺言者が普通方式による遺言をすることができるようになった時から6ヵ月生存するときは効力を失う（民法983条）。	死亡危急者遺言 (同法976条)	疾病等により死亡の危急が迫った者が、証人3人以上の前で遺言の趣旨を口授、証人が筆記する等、一定の要件を備えたもの。遺言の日から20日以内に家庭裁判所に請求しその確認を得なければ効力を失う（同法976条4項）
	伝染病隔離者遺言 (同法977条)	伝染病のため行政処分によって交通を断たれた場所に在る者が、警察官1人および証人1人以上の立会いをもって作成したもの
	在船者遺言 (同法978条)	船舶中にある者が、船長または事務員1人および証人2人以上の立会いをもって作成したもの
	船舶遭難者遺言 (同法979条)	遭難した船舶中にあって死亡の危急に迫った者が、証人2人以上の立会いをもって口頭で行ったもの。遅滞なく家庭裁判所に請求しその確認を得なければ効力を失う（同法979条3項）

公正証書遺言ではない遺言については、原則として、遺言書の保管者または発見者は、遺言書を家庭裁判所に提出して検認を受けなければならない（同法1004条）。遺言の検認とは、遺言書の偽造や変造を防止し、その保存を確実にするために行われる証拠保全のための手続きであり、遺言の内容の真偽、遺言の有効や無効を判断するための手続きではない。

（2） 自筆証書遺言

　自筆証書遺言の作成においては、民法の規定する方式に従わなければならず、遺言者が、その全文、日付および氏名を自書し、これに印を押さなければならないとされており（同法968条1項）、また、自筆証書中の加除その他の変更は、遺言者が、その場所を指示し、これを変更した旨を付記して特にこれに署名し、かつ、その変更の場所に印を押さなければ、その効力を生じないとされている（同法968条2項）。自筆証書遺言は、遺言者が単独で作成することができ、また、公正証書遺言等とは異なり費用をかけずに作成することができるといえる。

　2018年相続法改正により、遺言制度に関する見直しの1つとして、自筆証書遺言の方式の緩和が図られた。具体的には、全文の自書を要求している現行の自筆証書遺言の方式を緩和し、自筆証書遺言に添付する財産目録については自書でなくてもよいこととされた。ただし、財産目録の各頁に署名押印することを要する。

　併せて、法務局において自筆証書遺言に係る遺言書を保管する制度が新たに設けられた（本章第2節3参照）。法務局における保管制度を利用する場合、相続開始後の検認を要しない。

（3） 公正証書遺言

　公正証書遺言は、原則として、証人2人以上の立会いがあること（未成年者、推定相続人および受遺者並びにこれらの配偶者および直系血族、公証人の配偶者・四親等内の親族・書記および使用人は、遺言の証人となることができない）、遺言者が遺言の趣旨を公証人に口授すること、公証人が遺言者の口述を筆記しこれを遺言者および証人に読み聞かせまたは閲覧させること、遺言者および証人が筆記の正確なことを承認した後各自これに署名し印を押すこと、公証人がその証書は民法所定の方式に従って作ったものである旨を付記してこれに署名し印を押すことによって作成される（同法969条）。公正証書遺言は、公証人という法律の専門家が関与して作

成される遺言であるため形式の不備を懸念する必要がない。また、遺言の存在が明確であり、遺言に従った処理を確実に期待することができるといえる。他方で、公正証書遺言の作成に際しては、公証人により、遺言能力の確認が行われていると考えられるものの、公証人は、高齢者施設や医療機関等に出張して公正証書を作成することもあり、相続開始後、事後的に、公正証書遺言の効力について争われることも皆無ではない。また、公正証書遺言の作成には相応の費用を要することに留意しなければならない。

（4）秘密証書遺言

秘密証書遺言は、原則として、遺言者がその証書に署名し印を押すこと、遺言者がその証書を封じ証書に用いた印章をもってこれに封印すること、遺言者が公証人1人および証人2人以上の前に封書を提出して自己の遺言書である旨並びにその筆者の氏名および住所を申述すること、公証人がその証書を提出した日付および遺言者の申述を封紙に記載した後、遺言者および証人とともにこれに署名し印を押すことによって作成される（同法970条1項）。秘密証書遺言は、遺言の内容は秘密にしておきながら、公証人によって遺言の存在を明らかにすることができる遺言であるといえる。

（5）遺言の撤回

遺言者は、いつでも、遺言の方式に従って、その遺言の全部または一部を撤回することができる（同法1022条）。前の遺言の内容と後の遺言の内容が抵触するときは、その抵触する部分については、後の遺言で前の遺言を撤回したものとみなされる（同法1023条）。また、遺言者が故意に遺言書を破棄したときは、破棄した部分について撤回したものとみなされる（同法1024条）。

（6）遺言執行者の権限

2018年相続法改正により、遺言制度に関する見直しの1つとして、遺言執行者の権限の明確化が図られた。具体的には、遺言執行者の一般的な権限として、遺言執行者がその権限内において遺言執行者であることを示し

てした行為は相続人に対して直接にその効力を生ずることが明文化された（同法1015条）。また、特定遺贈または特定財産承継遺言（いわゆる相続させる旨の遺言のうち遺産分割方法の指定として特定の財産の承継が定められたもの）がされた場合における遺言執行者の権限等が明確化された（同法1014条）。

遺　贈

遺贈とは、遺言者が、死後に財産を他の者（相続人に限らない）に無償で譲与することである。遺贈には、包括遺贈と特定遺贈がある（民法964条、図表 2 - 9 ）。なお、被相続人が相続人に対して行う遺贈は、一般に、特定遺贈である。

（ 1 ）　遺贈の効果

遺贈は、遺言者の死亡の時（遺言の効力発生の時）から効力を生じる（同法985条）。なお、相続税法では、遺贈は、遺言者の死亡による財産の移転という点において相続と同一の経済的効果があるものとして、相続税の課税対象としている（相続税法 1 条の 3 ）。

●図表 2 - 9　　遺贈

包括遺贈	財産の全部または一部を包括的に遺贈するもので、財産に対する一定の割合を示してする遺贈をいう。包括受遺者は、相続人と同一の権利義務を有する（民法990条）。包括受遺者は、被相続人の権利義務を包括的に承継することになるため、相続財産に対して、相続人とともに共有することとなり、債務も承継し、遺産分割に参加することになる。なお、相続人と包括受遺者とでは、包括受遺者には遺留分はない、法人も包括受遺者となりうる、包括受遺者には代襲相続は生じない、相続の放棄があったとしても包括受遺者の相続分は変化しない、という相違点がある。
特定遺贈	特定の物、権利、一定額の金銭を与えるというように、財産を特定してする遺贈（割合で示されていない遺贈）をいう。受遺者は、その特定された財産を取得することができるが、それ以外の財産を取得するものではなく、また、遺言にない債務を承継することもない。

(2) 遺贈の放棄

　包括遺贈における受遺者は、相続人と同一の権利義務を有するため、相続の放棄と同様の方法により遺贈の放棄をすることができる。これに対して、特定遺贈における受遺者は、遺言者の死亡後いつでも遺贈の放棄をすることができる。遺贈の放棄は、遺言者の死亡の時に遡ってその効力を生じる（民法986条）。また、遺贈の放棄は撤回することができない（同法989条）。

7　遺留分

遺留分の意義

　被相続人は、その死後においても自らの財産を主導的に処分することができると考えられている。民法では、被相続人の意思を尊重して、遺贈や遺言による相続分の指定を認めている。しかし、相続においては遺族の生活保障も考慮されなければならない。そこで、民法は、相続財産の一定割合を一定の範囲の相続人に留保する制度を設けている。これが遺留分である。

遺留分権利者と遺留分の割合

　遺留分により、相続人のうちの一定の者は、一定の割合の相続分を確保することができる。遺留分を有する相続人を遺留分権利者、確保することができる割合を遺留分という。遺留分権利者および遺留分は、図表2-10

●図表2-10　遺留分権利者と遺留分の割合

遺留分権利者	遺留分の割合
相続人が直系尊属（父母等）のみの場合	遺留分算定の基礎となる財産の3分の1
上記以外の場合 （相続人が配偶者や子等）	遺留分算定の基礎となる財産の2分の1

の通りである（民法1042条）。なお、相続人のうち、兄弟姉妹には遺留分はない。たとえば、相続人が被相続人の配偶者と兄弟姉妹の場合において、「配偶者にすべての財産を相続させる」旨の遺言があった場合には、すべての財産を配偶者が取得することができる。

　民法1042条に規定されている遺留分（図表2-10）は、遺留分権利者の全員に帰属する遺留分算定の基礎となる財産全体に対する割合（総体的遺留分）である。遺留分権利者が複数いる場合には、各遺留分権利者の個別の遺留分は、総体的遺留分を法定相続分の割合に従って配分して算定される。これを個別的遺留分という。たとえば、配偶者と子2人が相続人である場合、総体的遺留分は2分の1であり、配偶者の個別的遺留分は4分の1、それぞれの子の個別的遺留分は8分の1ずつとなる。

（1）遺留分の算定の基礎となる財産

　遺留分の算定の基礎となる財産の価額は、「相続時の財産の価額（遺贈を含む）＋被相続人が生前に贈与した価額＋特別受益額−相続債務」により算定される（同法1043条）。「被相続人が生前に贈与した価額」に算入される贈与の範囲は、相続人に対する贈与については、原則として、相続開始前の10年間にされたもの（婚姻もしくは養子縁組のためまたは生計の資本としてされた贈与の価額に限る）、相続人ではない者に対する贈与については、原則として、相続開始前の1年間にされたものとされている（同法1044条）。

（2）遺留分の額の算定

　各人の遺留分の額は、「遺留分算定の基礎となる財産の価額×個別的遺留分の割合」により算定される。なお、被相続人の財産が新たに発見されたり、相続の放棄によって相続分が変わったりした場合等には、遺留分額を算定し直すことになる。

（3）遺留分の侵害額

　各人の遺留分の額からその者が受けた贈与および遺贈の額を控除し、さ

らにその者が得た相続額（相続債務額を差し引いた正味の相続額）を控除した額が具体的な遺留分侵害額となる。

遺留分侵害額の請求

遺留分権利者およびその承継人は、受遺者または受贈者に対し、遺留分侵害額に相当する金銭の支払いを請求することができる（同法1046条）。遺留分侵害額の請求権は、遺留分権利者が、相続の開始および遺留分を侵害する贈与または遺贈があったことを知った時から1年間行使しないときは、時効によって消滅する。また、相続開始の時から10年を経過したときも、時効によって消滅する（同法1048条）。

遺留分の放棄

既に生前の贈与において十分な財産の承継を得ている場合などにおいては、当事者の自由な意思に基づき、遺留分を放棄することができる。相続の開始前における遺留分の放棄は、家庭裁判所の許可を受けたときに限り、その効力を生じるものとされている（同法1049条1項）。家庭裁判所が遺留分の放棄を許可するためには、遺留分の放棄が本人の自由な意思に基づくこと、遺留分の放棄に合理的な理由があることが必要とされている。家庭裁判所は常に許可するのではなく、たとえば、遺留分の放棄の申立てが自由な意思によるものではなく、遺留分権利者の利益が不当に害されていると認められる事案については、遺留分の放棄を許可しないことがある。生前に遺留分の放棄がなされることにより、相続開始後における遺留分侵害額請求（同法1046条1項）を懸念することなく、遺言を準備することができるといえる。遺留分の放棄は、遺留分侵害額請求権を行使しないことを意味するのみであり、相続の放棄とは異なる。遺留分の放棄をしても相続に関する権利は失わないため、遺言がない場合には、遺留分の放棄をした相続人も遺産分割協議に加わらなければならない。遺留分を放棄した相続人に対して相続における資産の承継を望まない場合には、そのような内容を記載した遺言を用意しなければならないといえる。なお、相続人の1

人のした遺留分の放棄は他の相続人の遺留分に影響を及ぼさないものとされている（同法1049条2項）。

8 贈　与

　贈与は、当事者の一方（贈与者）が自己の財産を無償にて相手方（受贈者）に与える意思表示をし、相手方（受贈者）がこれを受諾することによって成立する契約である（民法549条、図表2-11）。贈与は財産を無償で移転するという点で相続や遺贈に類似している。しかし、相続や遺贈が被相続人（遺言者）の死亡によって効力が生じるのに対し、贈与が当事者間の契約により効力が生じる点で、両者は異なっている。ところで、贈与契約は必ずしも書面によることを要しないが、書面によらない贈与は、既に履行した部分を除いて各当事者がいつでも解除することができることとされている（同法550条）。書面による贈与と書面によらない贈与とではその法的な拘束力の強さに違いがあるといえる。また、夫婦間の契約（贈与契約に限らない）は、第三者の権利を害さない限り、婚姻中は夫婦の一方からいつでも取り消すことができるとされている（同法754条）。

●図表2-11 贈与の種類と形態

贈与の種類	贈与の形態
定期贈与 （民法552条）	たとえば、「毎年100万円ずつ10年間贈与する」というように、定期の給付を目的とする贈与。贈与者または受贈者の死亡により終了する。
負担付贈与 （同法553条）	たとえば、「不動産の贈与に当たり、その取得時の借入金の一部を負担させる」というように、受贈者に一定の給付をなすべき義務も負わせる贈与。その性質に反しない限り、双務契約に関する規定が準用される。
死因贈与 （同法554条）	たとえば、「自分が死んだら、この家を贈与する」というように、贈与者が死亡したときに効力が生じる贈与（不確定期限付の贈与）。その性質に反しない限り、遺贈に関する規定が準用される。なお、相続税法では、死因贈与を遺贈に含め、相続税の課税対象としている（相続税法1条の3）。

第❷章 民法および相続税法等の基礎知識

第2節

戸籍と不動産登記

1 戸 籍

戸籍の意義

　戸籍は、人の出生から死亡に至るまでの親族関係を登録公証する制度である。日本国民について編製され、日本国籍をも公証する唯一の制度であるともいえる。戸籍事務は、市区町村において処理されているが、戸籍事務が全国統一的に適正かつ円滑に処理されるよう、国（法務局長・地方法務局長）が助言・勧告・指示等を行っている。

戸籍謄本等の必要性と留意点

　金融機関において相続に係る諸手続きを行うに際して、相続人等は、誰がどのように相続財産を承継したのか（相続人、受遺者、遺産相続の内容等）申し出る必要がある。また、金融機関は、相続開始の事実および誰がどのように相続財産を承継したのかを確認する必要がある。戸籍謄本等は、相続開始の事実および相続人を確認するための資料として用いられる。しかし、相続人が相続欠格事由（民法891条）に該当している場合には戸籍謄本等からすべての相続人を確認できない場合がある。また、遺言により相続人ではない者に対して相続財産が遺贈されている場合がある。したがって、金融機関としては、戸籍謄本等の資料から遺産相続の内容のすべてを把握することができるとは言い切れないことに留意しなければならない。金融機関は、相続人等からの申し出の内容と戸籍謄本等の資料を照らし合わせて、遺産相続の内容を確認する必要があり、資料の読み取りに専念するのではなく、相続人等の関係者から事情を収集することを心掛けな

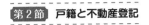

ければならない。

戸籍謄本等の種類と留意点

　戸籍に係る証明資料としては、戸籍事務がコンピュータ化されたこともあいまって、図表2-12のような種類がある。金融機関等が相続手続において必要とする戸籍謄本等の資料について、正確を期するならば、戸籍の全部事項証明者、除籍謄本（改製原戸籍）等、複数の種類の証明資料が必要となる。しかし、金融機関が相続人等に対してこれらを正確な用語を用いて伝えることは難しく、また、その必要性も乏しい。金融機関としては、相続人等において余計な手間や費用がかからないように配慮しつつ、必要とされる戸籍に係る証明資料を収集してもらえるよう、的確に伝えることこそが肝要である。そこで、金融機関としては、相続人等に対して、市区町村役場において「相続手続のために必要となる戸籍謄本等一式」の交付を申請・受領のうえ、金融機関に持参していただきたい旨を伝えることが望ましい。相続人等が市区町村役場に出向いた際、戸籍の担当者に対してどのように申し出れば必要とされる戸籍に係る証明資料を入手することができるかを考えれば、「証明書」「謄本」「除籍」等という用語にはとらわれずに、上記のように伝えることが適切ではなかろうか。一般に、市区町村役場において「相続手続のために必要となる戸籍謄本等一式」を申請した場合、被相続人の出生から死亡に至るまでの戸籍謄本等（改製原戸籍を

●図表2-12　戸籍に係る証明資料

コンピュータ化される前の呼称	コンピュータ化された後の呼称
戸籍謄本	戸籍の全部事項証明書
戸籍抄本	戸籍の個人事項証明書
戸籍の記載事項証明書	戸籍の一部事項証明書
除籍謄本	除かれた戸籍の全部事項証明書
除籍抄本	除かれた戸籍の個人事項証明書

含む）を交付してもらうことができる。なお、直系尊属が相続人となる場合、兄弟姉妹が相続人となる場合、代襲相続人が相続人となる場合等においては、当該相続人を確認する必要性から、必要とされる戸籍謄本等の範囲は広がることになる。金融機関が相続人等に対して戸籍謄本等の必要性を伝えるに当たっても、画一的な対応ではなく、相続人等の関係者から事情を収集しつつ対応することを心掛けなければならない。

　相続手続のために必要な戸籍謄本等の収集は、相続人において負担となっていることが少なくない。被相続人が、出生から死亡まで本籍地に変動がなければ、その本籍地の市町村役場で戸籍謄本等を収集することができるが、被相続人が本籍地を移動（転籍）していたり、そもそも被相続人の本籍地が相続人にとって遠方であったりすると、相続人は、遠方の市町村役場に対して郵送等により戸籍謄本等を請求しなければならない。

　2024年3月に施行された戸籍法の改正により、本籍地ではない市町村役場においても戸籍謄本等の交付を受けることができるようになった（広域交付）。しかし、コンピュータ化されていない戸籍は、原則として、広域交付の対象となっていないため、相続手続のために必要な戸籍謄本等の収集方法に大きな変化はない。金融機関は、相続人における戸籍謄本等の収集には、手間、時間、費用が費やされていることを理解しなければならない。

戸籍謄本等の確認

　金融機関が確認すべき戸籍謄本等の記載事項としては、本籍地、筆頭者、戸籍事項欄（当該戸籍がいつ編製されていつ消除されたか）、氏名、生年月日、父母、続柄、身分事項欄（出生・婚姻・養子縁組・死亡等の身分の変動内容）等がある。金融機関において相続に係る諸手続きを行うに際して、金融機関は、被相続人の出生から死亡に至るまでの戸籍謄本等（改製原戸籍を含む）を確認することになるが、コンピュータ化後の戸籍の全部事項証明書からコンピュータ化前の除籍謄本まで、3種類から4種類程度

の戸籍謄本等を確認することになる。コンピュータ化前の戸籍のうち、特に古い戸籍は読みづらく、金融機関において内容を正確に読み取ることも容易ではないが、身分事項欄は、1つの事象ごとに改行されているため、身分の変動内容（出生なのか、婚姻なのか、養子縁組なのか等）に着目して、丁寧に読み取ることを心掛けたい。また、複数の戸籍謄本等が間断なく連続していることを確認することが重要である。新戸籍の戸籍事項欄に「改製」と記載されている場合には「改製日」を確認する。そして、1つ前の戸籍（改製原戸籍）の冒頭に記載されている、いつ改製されたか（消除日）を確認する。新戸籍の「改製日」と1つ前の戸籍の「消除日」が一致することにより、戸籍謄本等の連続を確認することができる。また、新戸籍の戸籍事項欄に「編製」または「転籍」と記載されている場合には「編製日」「転籍日」を確認する。そして、1つ前の戸籍では被相続人の身分事項欄を確認し、「新戸籍編製による除籍」という記載があれば、除籍された日を確認する（1つ前の戸籍が除籍謄本の場合は、戸籍事項欄を確認し、除籍された日を確認する）。新戸籍の「編製日」と1つ前の戸籍の「除籍日」が一致することで、戸籍謄本等の連続を確認することができる。

2 法定相続情報証明制度

　法定相続情報証明制度は、法務局に戸除籍謄本等を提出し、併せて相続関係を一覧に表した図（法定相続情報一覧図）を提出することにより、登記官がその一覧図に認証文を付した写しを無料で交付する制度である。この交付を受けることで、その後の相続手続においては、法定相続情報一覧図の写しを利用することにより、戸除籍謄本等を何度も取得および提出する必要がなくなり、相続人等における負担が軽減され、また、各種相続手続の円滑な進行に寄与するものと期待されている。

　この制度を利用することができる者（申出人となることができる者）は、

原則として、相続人とされている。また、この制度の申し出は、申出人からの委任によって代理人に依頼することができ、親族のほか、弁護士や司法書士等の一定の資格者に依頼することができるものとされている。なお、被相続人や相続人が日本国籍を有しない場合等、戸籍謄本等を提出することができない場合は、この制度を利用することはできない。この制度を利用するためには、戸籍謄本等、法定相続情報一覧図、必要事項を記入した申出書を法務局に提出して申し出をする。申し出をする法務局は、下記に記載の地を管轄する法務局のいずれかを選択することができる。

① 被相続人の本籍地（死亡時の本籍）
② 被相続人の最後の住所地
③ 申出人の住所地
④ 被相続人名義の不動産の所在地

　なお、申し出や一覧図の写しの交付（戸籍謄本等の返却を含む）は、法務局の窓口において行うほか、郵送によることもできる。法務局の窓口での受け取りを希望する場合は、受取人の確認のため、申出人の表示欄に記載した住所および氏名と同一のものが記載された公的書類等を持参する必要がある。郵送による受け取りを希望する場合は、その旨を申出書に記入し、返信用の封筒および郵便切手を同封しなければならない。

3 法務局における自筆証書遺言の保管制度

　2018年に、「法務局における遺言書の保管等に関する法律」が成立し、2020年7月から法務局における自筆証書遺言の保管制度が設けられた（自筆証書遺言書保管制度）。法定相続情報証明制度と並んで、相続において法務局の果たす役割が1つ増えた。

　この保管制度において保管の申請の対象となるのは、自筆証書遺言に係

る遺言書のみである。また、遺言書は、封のされていない法務省令で定める様式に従って作成されたものでなければならない。遺言書の保管に関する事務は、法務局のうち法務大臣の指定する法務局（遺言書保管所）において、遺言書保管官として指定された法務事務官が取り扱う。遺言書の保管の申請は、遺言者の住所地もしくは本籍地または遺言者が所有する不動産の所在地を管轄する遺言書保管所の遺言書保管官に対してすることができる。遺言書の保管の申請は、遺言者が遺言書保管所に自ら出頭して行わなければならない。その際、遺言書保管官は、申請人が本人であるかどうかの確認を行う。

　保管の申請がされた遺言書については、遺言書保管官が、遺言書保管所の施設内において原本を保管するとともに、その画像情報等の遺言書に係る情報を管理することとなる。

　遺言者は、保管されている遺言書について、その閲覧を請求することができ、また、遺言書の保管の申請を撤回することができる。保管の申請が撤回されると、遺言書保管官は、遺言者に遺言書を返還するとともに遺言書に係る情報を消去する。遺言者の生存中は、遺言者以外の者は、遺言書の閲覧等を行うことはできない。

　遺言書を遺言書保管所に預けた遺言者が亡くなった場合において、遺言者が生前に希望していた場合、遺言者があらかじめ指定した者に対して、遺言書保管所から通知がなされる（指定者通知）。これにより、遺言者が生前に相続人、受遺者、遺言執行者等（以下、「関係相続人等」という）に対して遺言書の存在を知らせていなかったとしても、関係相続人等はその遺言書の存在を知ることができる。指定者通知の有無にかかわらず、関係相続人等は、遺言所保管所に対して、所定の手続きにより、遺言書の画像情報等を用いた証明書（遺言書情報証明書）の交付請求、遺言書原本の閲覧請求をすることができる。遺言書保管所に保管されていた遺言書については検認を要せず、関係相続人等においては、遺言書情報証明書を用い

て各種の相続手続を行うことができる。

　遺言書保管所が遺言書情報証明書を交付し、または、関係相続人等に遺言書を閲覧させたとき、遺言書保管所は、すべての関係相続人等に対して、その遺言書を保管している旨を通知する（関係遺言書保管通知）。関係遺言書保管通知がなされることにより、すべての関係相続人等にその遺言書の存在を知る機会が提供されるといえる。ただし、遺言者が生前に希望していない場合には指定者通知は実施されず、また、関係相続人等が遺言書情報証明書の交付請求を行わず、かつ、遺言書原本の閲覧請求も行わない場合には、関係遺言書保管通知は実施されないため、両通知ともに実施されない可能性があることには留意しなければならない。

　そこで、遺言書保管所からの通知（指定者通知・関係遺言書保管通知）の有無にかかわらず、関係相続人等は、遺言書保管所に対して、特定の死亡している者について、その者の遺言書が遺言書保管所に保管されているかどうかを証明した書面（遺言書保管事実証明書）の交付を請求することができる。遺言書保管事実証明書により、関係相続人等は、遺言書保管所に保管されている遺言書の有無を確認することができる。

　遺言書の保管の申請、遺言書の閲覧請求、遺言書情報証明書または遺言書保管事実証明書の交付の請求をするには、手数料を納める必要がある。

4　不動産登記

不動産登記の意義

　不動産の登記は、各不動産について、表題部と権利部から構成されている。表題部にはその不動産の物理的な概要が記録され、権利部にはその不動産の権利関係が記録される。さらに、権利部は、権利部の甲区と権利部の乙区に分かれ、甲区にはその不動産の所有権に関する事項が記録され、乙区にはその不動産の所有権以外の権利に関する事項が記録される。表題

部になされる登記を「表示に関する登記」といい、権利部になされる登記を「権利に関する登記」という。「表示に関する登記」と「権利に関する登記」の違いとして、申請義務の有無をあげることができる。たとえば、土地の分筆・合筆の登記、建物の新築・増築・滅失・分割・区分・合併等（これらは「表示に関する登記」である）については、所有者にその申請義務が課せられているが、たとえば、土地や建物について売買により権利者が変わった場合（これらは「権利に関する登記」である）については、当事者にその申請義務は課せられていない。不動産に関する権利については、自らの権利を誰に対しても主張することができるようにするためには、登記の名義を備えなければならないのが原則である（法律用語では「登記には第三者対抗力がある」と表現される）。したがって、不動産に関する権利に変動が生じた場合、変動の内容を登記に反映させることが望ましいといえるが、登記上の名義を変えることは法律上の義務ではない（2024年4月施行の法改正により義務化された相続登記を除く）。したがって、真実の権利関係と登記上の権利関係に相違があることが考えられ、登記の内容を確認しその内容を正しいと信じて取引しても、法的に保護されない可能性がある。不動産登記の内容は鵜呑みにすることができない（法律用語では「登記には公信力がない」と表現される）。

相続登記の義務化

2024年4月1日施行の不動産登記法等の改正により、相続（遺言を含む）により不動産の所有権を取得した相続人は、自己のために相続の開始があったことを知り、かつ、その不動産の所有権を取得したことを知った日から3年以内に相続登記の申請をすることが義務化された（不動産登記法76条の2）。正当な理由がないのにその申請を怠ったときは、10万円以下の過料の適用対象とされる。

この相続登記の申請義務化は、改正法施行日より前に開始した相続によって不動産を取得した場合であっても、相続登記をしていない場合には

対象となり、2027年3月31日まで（不動産を相続により取得したことを知った日が2024年4月以降の場合はその日から3年以内）に相続登記を申請しなければならない。

　この法改正においては、相続人申告登記制度が創設された（同法76条の3）。相続人申告登記は、相続人が登記申請の義務を簡易に履行する観点から設けられた。相続についてのみとはいえ、権利に関する登記に申請義務が課されたのは、不動産登記制度における大きな変化である。また、権利に関する登記の申請に際しては、原則として、登録免許税が課される。このような大きな変化を緩和する観点からも、相続人申告登記制度によれば、相続人は、所有権の登記名義人について相続が開始した旨および自らがその相続人である旨を法務局に対して申し出ればよく、登録免許税も課されない。

　しかし、相続人申告登記は、相続開始の事実と相続人の存在を明示するにとどまり、相続人における不動産に関する権利を公示し、第三者に対抗する効力は有しない。相続人申告登記は本来の相続登記とは異なるものである。相続した不動産を売却したり、抵当権の設定をしたりするような場合には、相続登記を申請しなければならない。また、相続人申告登記の申し出をしたとしても、遺産分割に基づく相続登記は改めて申請しなければならず、相続人申告登記による登記申請義務の履行は暫定的であることに留意しなければならない。

　この法改正によれば、相続開始から3年以内に遺産分割が成立した場合には、相続人は、相続開始から3年以内に遺産分割の結果に基づく相続登記の申請を行うことが望ましく、また、遺産分割の成立から3年以内に相続登記を申請しなければならない。相続開始から3年以内に遺産分割が成立しない場合には、相続人は、不動産に係る相続を知った日から3年以内に相続人申告登記の申し出を行わなければならず、その後、遺産分割が成立したら、遺産分割の成立から3年以内に相続登記を申請しなければなら

ない。

　遺言によって不動産の所有権を取得した相続人は、そのことを知った日から3年以内に遺言の内容に基づく相続登記を申請しなければならないと考えられる。

相続登記の必要書類

　相続を原因とする所有権移転登記の申請に必要とされる書類は、一般に、図表2-13の通りである。

●図表2-13　所有権移転登記の申請に必要な書類

遺産分割協議によって相続した場合
①登記申請書 ②添付書類 　・戸籍の証明書（または法定相続情報一覧図の写し） 　・遺産分割協議書（実印を押印し、印鑑証明書を添付する） 　・住民票の写し（不動産を取得する者） 　・委任状（代理人が申請する場合）
遺言に基づいて相続した場合
①登記申請書 ②添付書類 　・戸籍の証明書（または法定相続情報一覧図の写し） 　・遺言書（家庭裁判所の検認を要する場合は、家庭裁判所の検認済証明書を添付する） 　・住民票の写し（不動産を取得する者） 　・委任状（代理人が申請する場合）

5 相続土地国庫帰属制度

　2021年に「相続等により取得した土地所有権の国庫への帰属に関する法律」が成立し、相続土地国庫帰属制度が創設されることになった。2023年4月27日から開始された。

この制度の開始により、相続により土地の所有権を取得した相続人は、法務局に申請することにより、相続した土地を手放して国庫に帰属させることが可能となった。ただし、どのような土地でも国が引き取ってくれるというものではない。通常の管理または処分をするに当たって過大な費用や労力が必要となる土地については対象外とされている。

　この制度の利用に際しては、まずは、法務局に事前相談することとされている。その後、申請書を提出すると、法務大臣（法務局）における審査が行われ、国庫帰属の承認または不承認が判断される。国庫帰属が承認された場合には、一定の負担金を納付することにより、当該土地の所有権が国に移転する。これらの要件や金額などの詳細は、政令により定められており、法務省のウェブサイトなどにおいて確認することができる。

第3節

相続に関連する諸制度

1 成年後見制度

後見の意義

　後見は、判断能力の不十分な者を保護するための仕組みである。未成年後見（未成年者の両親が亡くなるとその保護のために親権者に代わる後見人が選ばれる）に対して、成年者ではあるが判断能力の不十分な者を保護するための仕組みを成年後見と呼んでいる。成年後見は、裁判所の手続きにより後見人等を選任する法定後見と、当事者間の契約によって後見人を選ぶ任意後見に分かれる。法定後見は、判断能力が既に失われたか、または不十分な状態になってしまった場合において利用されることが予定されており、本人の判断能力の度合い等により、補助、保佐、後見の3種類がある（図表2-14）。法定後見を利用するためには、家庭裁判所に所定の申立てを行う。これに対して、任意後見は、判断能力が正常である者や、たとえ低下していたとしてもその程度が軽く自分自身で後見人を選ぶ能力を持っている場合において利用されることが予定されている。任意後見は、将来における判断能力の低下に備えるための仕組みである。任意後見を利用するためには、公正証書により、任意後見契約を締結する。

法定後見

　法定後見を利用するためには、本人、配偶者、四親等内の親族等、法律で定められた一定の者が、補助開始、保佐開始、後見開始のいずれかの審判を家庭裁判所に申し立てなければならない。審判の申立てに当たっては、申立書や申立手数料のほか、一般に、戸籍謄本、住民票、診断書等が必要

●図表2-14　法定後見

法定後見の種類	対象	後見人等の権限
補助 （民法15条）	精神上の障害（認知症、知的障害、精神障害等）によって判断能力が不十分な者	補助人には、当事者が申し立てた特定の法律行為について、代理権または同意権（取消権）が与えられる。ただし、補助人は、本人の財産に関するすべての法律行為について取消権を有するわけではない。
保佐 （民法11条）	精神上の障害によって判断能力が特に不十分な者	保佐人には、当事者が申し立てた特定の法律行為について代理権が与えられる。また、保佐人または本人は、本人が自ら行った重要な法律行為（借財、保証、不動産その他重要な財産の売買等）に関しては、事後的に取り消すことができる。ただし、保佐人は、本人の財産に関するすべての法律行為を本人に代わって行うことができるわけではない。
後見 （民法7条）	精神上の障害によって判断能力を欠く常況にある者	成年後見人には、本人の財産に関するすべての法律行為を本人に代わって行う権限が与えられる。また、成年後見人または本人は、本人が自ら行った法律行為に関しては、日常生活に関するものを除いて、事後的に取り消すことができる。

とされる。法定後見の申立てにおいては、本人にとってどのようなサポートが必要であるのかを、必要に応じて弁護士等の専門家を交えて、配偶者や親族等の周囲の人がよく検討し、本人にとって必要なサポートが得られるように、補助、保佐、後見の3種類から適切な手続きを選択するべきであるといえる。法定後見の審判においては、診断書が必要とされていることからも分かるように、医学的な見地から本人の状態が確認されることはもちろんであるが、最終的には、法律的な判断であるといえる。

　なお、後見（保佐・補助・任意後見は対象外）の利用に際しては、後見

制度支援信託または後見制度支援預貯金の仕組みが併用されることがある。これらの仕組みは、本人の財産のうち日常的な支払いをするのに必要十分な金銭は預貯金等として後見人が管理する一方で、通常使用しない金銭は信託財産または特別な預貯金として金融機関が管理する仕組みである。この仕組みを利用すれば後見人における財産管理の負担が軽減され、後見制度の適切な実施を期待することができる。

任意後見

任意後見を利用することにより、将来における判断能力の低下に備えることができる。任意後見契約は、判断能力が低下した場合に備える契約であるため、たとえば、加齢に伴い足腰が不自由になるなど、身体能力の衰えに伴って不自由が生じる場合に備えて財産管理を依頼したいというニーズには応えることができない。このようなニーズに対しては、通常の委任契約により対応することが考えられる。

任意後見契約は、任意後見契約に関する法律により、必ず公正証書で締結しなければならないこととされている（任意後見契約に関する法律3条）。任意後見契約においては、将来において判断能力が低下してしまった際における財産の管理の方法等を定めておくことができる。具体的には、自宅等の不動産や預貯金等の管理、年金の管理、税金や公共料金の支払い等について、定めておくことができる。また、任意後見人に期待されるもう1つの重要な役割として、介護や生活面の手配がある。具体的には、要介護認定の申請等に関する諸手続き、介護サービス提供機関との介護サービス提供契約の締結、介護費用の支払い、医療契約の締結、入院の手続き、入院費用の支払い、生活費を届けたり送金したりすること、老人ホームへ入居する場合の体験入居の手配や入居契約を締結する役割等である。このような任意後見人の役割を理解したうえで、任意後見契約の内容は、法令に反しない限り、当事者間の合意により自由に定めることができる。任意後見人には特段の資格等は求められておらず、一定の事項（破産者、本人

に対して訴訟を提起したことがある人、不正な行為・著しい不行跡のある人その他任意後見人の任務に適しない事由のある人）に該当しない限り、成人であれば、誰でも、任意後見人になることができる。また、任意後見人は、複数でも差し支えない。複数の人を任意後見人にしようとする場合、各自が任意後見人としての権限を行使することができることとするのか、共同してでないと任意後見人としての権限を行使することができないこととするのか、決めなければならない。任意後見契約は、本人における判断能力が低下してしまった後に、任意後見契約に関する法律に従い、任意後見監督人が選任された時からその効力を生じることになる（任意後見契約に関する法律2条1号）。

成年後見登記

　成年後見登記は、後見登記等に関する法律に基づき、成年後見人等が選任された場合に一定の事項を登記し、登記官が登記事項証明書（登記事項の証明書、登記されていないことの証明書）を発行することによって、登記情報を開示する制度である。後見等の開始の審判がされたときは家庭裁判所の嘱託によって登記がなされ、任意後見契約が締結されたときは公証人の嘱託によって登記がなされる。登記された後、登記されている本人や成年後見人等の住所変更等によって登記内容に変更が生じたときは変更の登記を、本人の死亡等により法定後見または任意後見が終了したときは終了の登記を申請しなければならない。

　たとえば、任意後見契約が締結された後、さらに任意後見監督人が選任された場合、登記事項証明書を確認することにより、本人、任意後見人、任意後見監督人、代理権の範囲を確認することができる。任意後見人は、法務局等から、登記事項証明書の交付を受けることにより、取引の相手方等に対して自らの代理権を証明することができる。取引の相手方においても、任意後見人から登記事項証明書の提示を受けることにより、安心して当該取引に臨むことができるといえる。

2 事業承継

事業承継計画

　事業承継を円滑に進めるためには計画的に準備をすることが重要である。事業承継計画を立案するに当たっては、まず、会社を取り巻く各状況を正確に把握する必要がある。

親族内承継と親族外承継

　後継者を親族内から選定する親族内承継には、後継者を早期に決定し計画的に準備できること、内外の関係者から受け入れられやすいことなどのメリットがある。しかし、複数の相続人がいる場合にいかに相続に係る紛争を回避しつつ経営権を後継者に集中させることができるか、また、事業承継や相続に係る税負担を調整しつつ円滑に納税することができるかなど、法務面や税務面を中心として複雑な課題がある。

　親族内に適切な後継者がいない場合等においては、親族外に後継者を求めることになる。親族外承継には、従業員から後継者を選定する場合と広く外部から後継者を選定する場合がある。従業員への承継は、特に社内で長期間勤務している従業員が後継者になる場合には、経営の一体性を保ちやすいというメリットがある。他方で、従業員も含めて身近に後継者がいない場合には広く外部から後継者を選定することになるが、事業の変化に対応することができる有能な人材を獲得する好機、また、現経営者が株式を売却することにより利益を得る可能性をも探ることができる。いずれの場合についても、後継者に現経営者が保有している株式を買い取ることができる資力があるかどうか、あるいは、資金調達が可能であるかどうかが課題となる。

議決権の集中

　会社経営の観点からは、迅速、かつ、確実な意思決定を行うために、後

継者および友好的株主に議決権の相当数を集中させることが好ましい。過半数の議決権を確保することはもとより、株主総会において重要事項を決議することができる３分の２以上の議決権を目安に、後継者および友好的株主が議決権を集中的に保有することが好ましく、たとえ親族内であっても議決権が分散することは好ましくない。また、重要事項を否決することができる３分の１以上の議決権を確保することが経営権確保のための最低ラインであるともいえる。しかし、民法は、被相続人の子が複数いる場合の法定相続分は相等しい旨を規定しており、後継者であろうとなかろうと相応の相続分を分け合うことを望む風潮も少なくないことから、後継者および友好的株主に議決権の相当数を集中させるためには対策を要するといえる。

　現経営者が保有している株式が、現経営者の相続により分散しないようにするためには、生前贈与により株式を承継することが最も確実であるが、税務上の判断等により、生前に承継が行えない場合が少なくなく、このような場合には遺言を活用することが考えられる。現経営者が、誰に何を相続させるか遺言に記載することにより、相続争いや遺産分割協議を避けつつ、後継者に株式や事業用資産を集中させることができるメリットがある。この場合には、後継者が死亡保険金受取人となる生命保険契約を活用することなどにより、いわゆる代償分割の資金を確保しておくなどの資金面の工夫、また、現経営者が推定相続人等に対して自身の意向を伝えておくなどの紛争回避の工夫が必要である。

　事業承継を円滑に行うために、会社法の規定を活用することも考えられる。会社法が規定している種類株式を活用することにより、後継者に対して議決権を集中させる工夫をすることができる。議決権制限株式および拒否権付種類株式の詳細は、図表２-15の通りである。種類株式を発行するためには、その前提として、定款を変更しなければならない。定款を変更するためには、原則として、議決権の３分の２以上の賛成が必要である。

種類株式を活用するためには、現経営者を中心として経営環境が安定しているときに、定款を変更する等の準備を進めておかなければならない。

経営承継円滑化法

中小企業における経営の承継の円滑化に関する法律（経営承継円滑化法）は、遺留分に関する民法の特例、事業承継における金融支援策、相続税について必要な措置を講じること（事業承継税制）等を規定している。遺留分に関する民法の特例、事業承継税制については、第5章で詳しく取り上げる。

取引相場のない株式の評価

取引相場のない株式の評価は、当該株式を取得する者が同族株主等に該当する場合と同族株主等に該当しない場合とでは評価方法が異なる。

同族株主等以外の者が取得する場合には、配当還元方式による。配当還元価額は、1株当たりの年配当金額を10%で除して求められる。すなわち、配当還元価額は、1株当たりの年配当金額の10倍相当額である。同族株主

●図表2-15　議決権制限株式および拒否権付種類株式

株式の種類	内容	活用例
議決権制限株式 （会社法108条1項3号）	配当を受ける権利や残余財産分配請求権等の財産権はあるものの、株主総会での議決権が制限される株式	後継者には議決権のある株式を承継させ、後継者ではない相続人には議決権のない株式を承継させることにより、後継者に経営権を集中させることが考えられる。
拒否権付種類株式 （会社法108条1項8号）	特定の事項について株主総会の決議のほかに当該種類株式を保有する株主の同意が必要とされる株式	拒否権付種類株式を保有することにより特定の事項について拒否権を有することができる。後継者の実質的な経営権を確保するために拒否権を設定することが考えられる。

ではない株主は、経営権を持たないため、専ら配当金を得ることによって経済的利益を得ることが株式を保有する目的となる。配当還元価額は、同族株主ではない株主におけるこのような特徴に着眼した評価方法であり、後述する原則的な評価方式による評価額に比べると、割安に評価されるといえる。

　同族株主等が取得する場合には、原則的評価方式による。原則的評価方式は、会社規模により評価方式が異なる。当該会社の直前期における従業員数、直前期末以前1年間の取引金額、直前期末における総資産価額により会社規模区分が判定され、会社規模が大会社の場合は、類似業種比準方式または純資産価額方式（いずれか低い額）、会社規模が中会社・小会社の場合は、類似業種比準方式と純資産価額方式の併用方式または純資産価額方式（いずれか低い額）により評価される。純資産価額は会社規模区分にかかわらず採用することができるが、類似業種比準価額は大会社においてのみストレートに採用することができる。

　類似業種比準価額は、国税庁が業種ごとに公表している類似業種の株価に基づき、国税庁が業種ごとに公表している上場会社における平均値に対して評価会社の状況がどの程度の水準にあるかを比準計算するものであり、配当、利益、純資産の3項目により比準計算される。また、非上場会社の株式は換金性に乏しいことから、比準計算された計算結果は斟酌率により調整される（会社規模区分が大きいほうが評価額は比較的高くなり、会社規模区分が小さいほうが評価額は比較的低くなる）。このように、類似業種比準価額は、当該会社が上場会社であったならばどの程度の株価となるであろうかを比準計算し一定の調整を行った評価額であるため、会社の規模がある程度大きくなければ評価額の妥当性に欠ける。そのため、類似業種比準価額は大会社においてのみストレートに採用することができるものとされている。

　純資産価額は、相続税評価額ベースの1株当たりの純資産を算出するもの

である。ただし、相続税評価額ベースの価額と帳簿価額との差額に当たるいわゆる含み益相当額については、実現したならば法人税等が課税されるであろうことを背景として、純資産価額を算出する過程において、評価差額に対する法人税等相当額が控除される。このように、純資産価額は、一定の調整を行うものの、1株当たりの純資産価額を評価額とするため、会社の規模にかかわらず評価額に妥当性があるといえる。そのため、純資産価額は、会社規模区分にかかわらず採用することができるものとされている。

　計画的に事業承継を進めるためには、自社株式の評価額を知ることが重要である。顧問税理士に対して定期的に評価額の算定を依頼するなど、一度きりではなく、定期的に評価額を確認しておくことが好ましい。

3 遺言信託

遺言信託

　金融機関に対するニーズとして、相続に関する相談や相続対策を委ねたいとする声が聞かれる。特に、遺言の作成から保管および執行に至るまで総合的にサポートする遺言信託業務に注目が集まっている。なお、遺言信託（遺言信託業務）という言葉は、遺言信託という商品名として、金融機関および信託会社等（以下「信託銀行等」という）が金融機関の信託業務の兼営等に関する法律において認められた併営業務として行っている遺言書の保管や財産に関する執行等を指す場合と、信託法上の本来の意味である遺言による信託設定を指す場合とがあるが、前者を指して遺言信託業務という機会が多い。すなわち、信託銀行等は、財産に関する遺言について遺言執行者になることが認められており、その前提として、信託銀行等が、財産状況の調査、遺言書作成のサポートを行い、遺言書の保管を引き受け、相続が開始した時には、遺言執行者として財産に関する遺言の内容を実現する。これらの業務を総称して、遺言信託業務と呼ばれている。

一般に、遺言信託業務には、遺言書の作成相談およびサポート、遺言書の作成および保管並びに遺言内容の異動・変更の照会等が含まれる。遺言書には、自筆証書遺言、公正証書遺言、秘密証書遺言等の種類があるが、遺言信託業務においては、公証役場において公正証書遺言を作成することが一般的である。作成される遺言書には、依頼した信託銀行等を遺言執行者として指定する旨についても記載し、遺言の作成後、信託銀行等は遺言者との間で遺言書保管に関する約定を締結し、遺言書正本と謄本の各１通（遺言書正本のみを保管する信託銀行等もある）を保管する。遺言書保管者である信託銀行等は、遺言者に財産等に異動・変更がないか、定期的に、または必要に応じて、照会する。

　信託銀行等は、遺言者の死亡後は、原則として、遺言執行者に就任する。遺言執行者は、遅滞なく、相続財産目録を作成し、相続人に交付する。相続財産目録を作成することにより、相続財産の状態を明らかにして、相続財産に対する遺言執行者の管理処分権の対象を明確にするとともに、遺言執行者の相続財産引渡義務、報告義務および賠償責任の基礎が明確になるといえる。続いて、遺言の内容に従って、遺産の換価、名義変更、引渡し等、遺産の分配を行う。

　なお、遺言信託業務で引き受けられる範囲は、相続や財産処分に関するものだけであり、相続人の廃除等の身分に関する事項については引き受けることができないものとされている。また、財産に関する遺言であっても、遺言執行者が就任する以前に既に法的紛争が生じており、遺言執行業務を遂行することが困難と認められる場合等については、遺言執行者に就任しないものとされている。

遺産整理業務

　信託銀行等は、遺言信託業務のほか、相続人からの依頼により遺産相続手続を代行する業務を行っており、一般に、遺産整理業務と呼ばれている。相続が発生した場合、相続人が行わなければならない相続手続は多種多様

であり、負担も膨大である。遺産整理業務は、相続人からの依頼により相続人に代わって被相続人の遺産整理を行い、状況に応じて弁護士、司法書士、税理士等の専門家の支援を紹介することで円滑に相続手続を行うことを目的とする業務である。信託銀行等が遺産整理業務を受託する事例としては、遺言が作成されていない相続事案であり、相続財産が多岐にわたり、また、相続人の数も多い場合が多い。

　なお、遺産整理業務についても、信託銀行等は、相続人間において法的紛争が生じている場合や、相続人間において遺産分割協議がまとまらない場合（その段階で業務を終了する）については引き受けることができないものとされている。また、信託銀行等は、子の認知や相続人の廃除等の身分に関する事項については引き受けることができないものとされている。

　遺産整理業務は、遺言信託業務とは異なり、被相続人の遺言を前提とした業務ではなく、相続開始後に締結される委任契約に基づく業務であることについて、遺産整理受任者に対応する金融機関においても留意しなければならない。すなわち、被相続人の取引金融機関において、信託銀行等の遺産整理受任者を相手方として、被相続人との取引内容を証明する残高証明書の発行や預金等の預かり資産の解約・払戻手続を行うに際しては、被相続人についての相続発生の事実や法定相続人の特定だけでなく、法定相続人全員と信託銀行等との間で遺産整理委任契約が締結されていることを、同契約書の写しの添付を求めることなどによって確認しなければならない。このほか、遺産整理受任者である信託銀行等の代表権者、また、代表権者から代理権を与えられたとする者については、資格証明書や印鑑証明書等により、遺産整理受任者としての業務執行権を確認しなければならないといえる。

遺言代用信託

　遺言代用信託は、生前に本人の財産を信託銀行等に信託して、委託者が生存している間は委託者本人を受益者とし、本人の子や配偶者その他の人

を死亡後受益者とすることにより、本人の相続開始後における資産分配を信託契約によって達成しようとするものである。遺言代用信託は、遺言を活用しない手法であるため、民法に規定されている遺言の方式に拘束されない。また、遺言代用信託は、遺言信託とは異なり、委託者の死亡により改めて信託のための手続きや遺言執行が不要なため、早期かつ確実に本人の財産を承継させることができるといえる。遺言代用信託は、遺言を使わないで遺言の代わりに信託契約を活用しようとする相続対策の一手法として、近時、注目が集まっている。

4 遺族年金

遺族年金の意義

遺族年金には、遺族基礎年金と遺族厚生年金（これらに付随する給付）がある。遺族基礎年金を受給するためには、遺族基礎年金の支給要件を満たす子がいなければならず、遺族基礎年金は子の養育のための遺族年金という色合いが濃い。これに対して、遺族厚生年金においては、遺族厚生年金を受給することができる遺族の優先順位が定められており、遺族厚生年金は、遺族の中でも残された配偶者の生活保障のための遺族年金という色合いが濃い。

遺族基礎年金

遺族基礎年金は、被保険者の死亡の当時その者と生計維持関係にある「子のある配偶者」または「子」に対して支給される。遺族基礎年金の支給要件における「子」は、18歳到達年度の末日までの間にある子、または、20歳未満で一定の障害等級に該当する障害の状態にある子とされている。支給要件や年金額等の詳細は図表2-16の通りである。

●図表2-16　遺族基礎年金

支給要件 （国民年金法37条）	被保険者または老齢基礎年金の資格期間（2017年8月以降も原則25年以上とされている。10年以上ではない）を満たした者が死亡したとき（死亡した者について、保険料納付済期間（保険料免除期間等を含む）が加入期間の3分の2以上なければならない）。ただし、2026年4月1日前の場合は、死亡日に65歳未満であれば、死亡日の属する月の前々月までの1年間の保険料を納付しなければならない期間のうちに、保険料の滞納がなければ、支給要件を満たすものとされる。
対象者 （国民年金法37条の2）	死亡した者によって生計を維持されていた、子のある配偶者、子。 子は次の者に限る。 ・18歳到達年度の末日（3月31日）を経過していない子 ・20歳未満で障害年金の障害等級1級または2級の子
年金額 （2024年度の年金額）	816,000円（1956年4月1日以前生まれの者は813,700円）＋子の加算 子の加算　第1子・第2子　各234,800円 　　　　　　第3子以降　各78,300円 なお、子が遺族基礎年金を受給する場合の加算は第2子以降について行い、子1人当たりの年金額は、上記による年金額を子の数で除した額となる。
年金請求書の提出先	住所地の市区町村役場

　上記のほか、国民年金の独自給付として、寡婦年金と死亡一時金があり、これらの詳細は図表2-17の通りである。なお、寡婦年金と死亡一時金の両方の受給要件を満たす場合、支給する者の選択によって、どちらか一方を受給することができる。

遺族厚生年金

　遺族厚生年金は、厚生年金保険の被保険者が死亡した場合等において、配偶者、子、父母、孫、祖父母に対して、一定の順位に従って支給される。支給要件や年金額等の詳細は図表2-18の通りである。なお、子のある配

●図表 2-17　寡婦年金と死亡一時金

寡婦年金 （国民年金法49条・50条）	国民年金の第1号被保険者としての被保険者期間に係る保険料納付済期間（保険料免除期間等を含む）が10年以上ある夫が老齢年金等を受けずに死亡した場合、婚姻期間が10年以上の妻に60歳〜64歳までの間、寡婦年金が支給される。寡婦年金の年金額は、夫が受けられたであろう老齢基礎年金の年金額（第1号被保険者期間に係る額に限る）の4分の3相当額である。
死亡一時金 （同法52条の2・52条の3・52条の4）	国民年金の第1号被保険者として保険料を納めた月数（全額免除を除く保険料の一部免除を受けた期間を含む。以下本項において同様）が36ヵ月以上ある者が、老齢年金等を受けずに死亡した場合、生計を同じくしていた遺族（配偶者、子、父母、孫、祖父母、兄弟姉妹の中で優先順位が高い者）に対して死亡一時金が支給される。死亡一時金の金額は、国民年金の第1号被保険者として保険料を納めた月数により、決められる。

偶者、子（18歳到達年度の末日（3月31日）を経過していない子、または、20歳未満で障害年金の障害等級1級または2級の子に限る）は、遺族基礎年金も合わせて受給することができる。他方で、30歳未満の子のない妻の遺族厚生年金は、5年間の有期給付とされる。

　上記のほか、要件を満たす場合には、中高齢寡婦加算、経過的寡婦加算を受給することができ、これらの詳細は図表2-19の通りである。

遺族年金の失権

　遺族年金を受給している者が婚姻や養子縁組等をしたときは、遺族年金を受給する権利を失うため、失権届を提出しなければならない。ただし、直系血族の者または直系姻族の者との養子縁組においては、遺族年金を受給する権利は失わない。なお、子が18歳到達年度の末日を経過するか、または、1級・2級の障害の状態にある子が20歳になった場合に遺族年金を受けられなくなる場合については、届出の必要はない。

●図表2-18 遺族厚生年金

支給要件 (厚生年金保険法58条)	・被保険者が死亡したとき、または、被保険者期間中の傷病がもとで初診の日から5年以内に死亡したとき（遺族基礎年金と同様、死亡した者について、保険料納付済期間（保険料免除期間等を含む）が国民年金加入期間の3分の2以上なければならない）。ただし、2026年4月1日前の場合は、死亡日に65歳未満であれば、死亡日の属する月の前々月までの1年間の保険料を納付しなければならない期間のうちに、保険料の滞納がなければ、支給要件を満たすものとされる。 ・老齢厚生年金の資格期間を満たした者が死亡したとき。 ・1級・2級の障害厚生（共済）年金を受けられる者が死亡したとき。
対象者 (厚生年金保険法59条・63条1項5号)	死亡した者によって生計を維持されていた、 ・妻（子のない30歳未満の妻は、5年間のみ） ・子、孫（18歳到達年度の年度末を経過していない者または20歳未満で障害年金の障害等級1・2級の者） ・55歳以上の夫、父母、祖父母（支給開始は60歳から。ただし、夫は、遺族基礎年金を受給中の場合に限り、遺族厚生年金も併せて受給することができる）
年金額 (2024年度の年金額)	原則として、老齢厚生年金の額（報酬比例の額）の計算の規定の例により計算した額の4分の3に相当する額である。なお、厚生年金保険の被保険者が死亡した場合等の短期の遺族厚生年金の年金額の計算において、被保険者期間が300ヵ月に満たない場合には、被保険者期間を300ヵ月とみなして計算するため、下記の計算式で計算した額に300ヵ月を実際の加入月数で除したものを乗じる。 遺族厚生年金の年金額（本来水準の年金額） ＝報酬比例部分の額 [C] ×¾（※） ・報酬比例部分の額 [C] 　＝総報酬制前の期間の額 [A] ＋総報酬制後の期間の額 [B] ・総報酬制前の期間の額 [A] 　＝平均標準報酬月額×乗率①×平成15年3月までの厚生年金保険の被保険者の月数 ・総報酬制後の期間の額 [B] 　＝平均標準報酬額×乗率②×平成15年4月以降の厚生年金保険の被保険者期間の月数 （※）被保険者期間の合計が300ヵ月に満たない場合には、$\frac{300ヵ月}{加入月数}$を乗じる。 （※）上記の計算式における「乗率①」・「乗率②」は、生年月日により異なるが、昭和21年4月2日以後生まれの者については、「乗率①」は「1,000分の7.125」「乗率②」は「1,000分の5.481」である。
年金請求書の提出先	年金事務所等

●図表2-19　中高齢寡婦加算と経過的寡婦加算

中高齢寡婦加算 （厚生年金保険法62条）	遺族厚生年金（長期の遺族厚生年金では、死亡した夫の被保険者期間が20年以上の場合（中高齢者の期間短縮の特例等によって20年未満の被保険者期間で老齢厚生年金の受給資格期間を満たした者はその期間））の加算給付の1つ。遺族基礎年金は子のない妻には支給されず、子がいてもその子が18歳（18歳の誕生日の属する年度末まで）または20歳（1級・2級の障害の子）に達すれば支給されなくなるが、夫が死亡したときに40歳以上で子のない妻（夫の死亡後40歳に達した当時、子がいた妻を含む）が受ける遺族厚生年金には、40歳～65歳になるまでの間、中高齢寡婦加算が加算される。妻が65歳になると自分の老齢基礎年金を受けられるため中高齢寡婦加算はなくなる。中高齢寡婦加算の額は、612,000円（2024年度の年金額）である。
経過的寡婦加算 （厚生年金保険法昭和60年附則73条）	遺族厚生年金の加算給付の1つ。遺族厚生年金を受けている妻が65歳になり、自分の老齢基礎年金を受けるようになったときに、65歳までの中高齢寡婦加算に代わり加算される額を経過的寡婦加算という。老齢基礎年金の額が中高齢寡婦加算の額に満たない場合が生じるときに、65歳到達後における年金額の低下を防止するために設けられたものである。経過的寡婦加算の額は、1986年4月1日において30歳以上の者（1956年4月1日以前生まれ）の者が、60歳までの国民年金に加入可能な期間をすべて加入した場合の老齢基礎年金の額に相当する額と合算して中高齢寡婦加算の額となるよう、生年月日に応じて設定されている。65歳以降にはじめて遺族厚生年金（長期の遺族厚生年金では、死亡した夫の被保険者期間が20年以上の場合（中高齢者の期間短縮の特例等によって20年未満の被保険者期間で老齢厚生年金の受給資格期間を満たした者はその期間））を受ける妻にも加算される。なお、遺族厚生年金の受給者が障害基礎年金の受給権も同時に有しているとき（ただし支給停止になっている場合は除く）は、経過的寡婦加算は支給停止となる。

第4節

相続税・贈与税の基礎知識

1 相続税の基礎知識

相続税の納税義務者

　相続税の納税義務者は、原則として、相続もしくは遺贈により財産を取得した個人または被相続人からの贈与について相続時精算課税制度の適用を受けた個人である（相続税法1条の3）。2018年4月1日以後の相続については、2018年度税制改正により、図表2-20の通り、納税義務の範囲が改正されている。また、2021年度税制改正により、高度外国人材等の日本での就労を促進する観点から、就労等のために日本に居住する外国人が死亡した際、その居住期間にかかわらず、外国に居住する家族等が相続により取得する国外財産を相続税の課税対象としないこととされている。

相続税の課税財産

（1）相続税の課税財産

　相続税の課税対象とされる財産は、被相続人に帰属していた財産上の権利義務のうち相続または遺贈により相続人または受遺者が取得する財産であり、金銭に見積もることができる経済的価値のあるものすべてである。これらが本来の相続財産である。

　本来の相続財産のほか、法律的には被相続人から相続または遺贈により取得したものではないが、実質的に相続または遺贈により取得した財産と同様の経済的効果を持つものとして、みなし相続財産がある（相続税法3条1項）。みなし相続財産には、一定の生命保険金等や退職手当金等がある。

●図表 2-20　納税義務の範囲

被相続人＼相続人・受遺者	国内に住所あり	国内に住所なし		
	一時居住者 ※1	日本国籍あり		日本国籍なし
		相続開始前10年以内に国内に住所あり	相続開始前10年以内に国内に住所なし	
国内に住所あり	居住無制限納税義務者	非居住無制限納税義務者		
外国人被相続人※2 外国人贈与者※2	居住制限納税義務者	非居住制限納税義務者		
国内に住所なし 相続開始前10年以内に国内に住所あり	居住無制限納税義務者	非居住無制限納税義務者		
非居住被相続人※3 非居住贈与者※3	居住制限納税義務者	国内・国外財産とも に課税	非居住制限納税義務者 国内財産のみに課税	
相続開始前10年を超えて国内に住所なし				

（注）　上表は、相続税および贈与税の納税義務者の判定を表したものである。
※1　出入国管理及び難民認定法別表第1の在留資格で滞在している者で、相続・贈与前15年以内において国内に住所を有していた期間の合計が10年以下の者
※2　出入国管理及び難民認定法別表第1の在留資格で滞在している者
※3　日本国内に住所を有していた期間、日本国籍を有していない者
（出所）税務大学校講本相続税法（令和6年度版）

　　また、相続または遺贈により財産を取得した者において、相続開始前7年（2024年以降、漸次3年から7年に延長）以内に被相続人から贈与を受けた財産がある場合には、原則として、当該財産の贈与時点における評価額が相続税の課税価格に加算され、相続税が課税される（同法19条）。なお、この場合において、加算された贈与財産に課税された贈与税相当額は、算出される相続税額から控除される。

　　さらに、被相続人の生前において、相続時精算課税の適用を受けて贈与を受けた財産がある場合にも、当該財産の贈与時点における評価額（2024年以降に贈与により取得した財産の価額は基礎控除額を控除した残額）が相続税の課税価格に加算され、相続税が課税される（同法21条の15・21条の16）。なお、この場合については、相続時精算課税の適用を受けた財産

について課税された贈与税相当額は、相続税額から控除され、相続税額から控除しきれない贈与税相当額については還付を受けることができる。

（2）相続税の非課税財産

　相続税の非課税財産とは、相続または遺贈により取得した財産（みなし相続財産を含む）であっても、公益性や社会政策的見地あるいは国民感情の面から、相続税の課税対象から除かれているものである（同法12条）。具体的には、墓所、霊びょうおよび祭具並びにこれらに準ずるもの、一定の公益事業を行う者が取得した公益事業用財産、相続人が取得した生命保険金等のうち一定の金額、相続人が取得した退職手当金等のうち一定の金額、相続税の申告書の提出期限までに国、地方公共団体、特定の公益法人または認定特定非営利活動法人に贈与（寄附）した財産等が該当する。

　生命保険金等、退職手当金等に係る非課税をまとめると下記の通りとなる（同法12条1項5号・6号）。

　非課税とされる相続人が取得した生命保険金等のうち一定の金額、非課税とされる相続人が取得した退職手当金等のうち一定の金額は、「500万円×法定相続人の数」により計算される。

　上記計算式における「法定相続人の数」は、たとえ相続の放棄をした相続人がいたとしても、その相続の放棄はなかったものとして、当初から想定されていた法定相続人の数によることとされている。また、相続税の計算における法定相続人の数には養子の数に制限があり、被相続人に実子がいる場合には1人、被相続人に実子がいない場合には2人までとされている。ただし、特別養子縁組による養子となった者、配偶者の実子で被相続人の養子となった者、配偶者の特別養子縁組による養子となった者で被相続人の養子となった者、実子等の代襲相続人は、実子とみなされる。なお、遺産に係る基礎控除額を計算する際の「法定相続人の数」、相続税の総額を計算する際の「法定相続人の数」についても同様である。

（3）債務控除

　相続税の課税価格の計算において、相続人または包括受遺者が負担した債務の金額は取得財産の価額から控除される（同法13条）。債務控除の対

象となる債務は、相続人または包括受遺者が承継した債務であること、被相続人の債務で相続開始の際現に存するもの（公租公課を含む）であること、確実と認められるものであること、これらの要件に該当する債務である。なお、被相続人の債務であっても、相続税の非課税財産である墓所・霊びょうおよび祭具並びにこれらに準ずるもの、宗教・慈善・学術その他公益を目的とする事業の用に供する財産について、これらの取得、維持または管理のために生じた債務の金額は、これらの財産を課税価格に算入しないこととの見合いで、控除しないこととされている（同条３項）。

また、葬式費用は、相続税の課税価格の計算において、相続人または包括受遺者が負担したものを控除することとされている。葬式費用は、債務とは本質的に異なり、本来、遺族が負担すべきものであるが、相続開始に伴う必然的な出費であり、いわば相続財産そのものが担っている負担ともいえることを考慮して、控除することとされている。一般に、葬式もしくは葬送に際し、またはこれらの前において、埋葬・火葬・納骨または遺がいもしくは遺骨の回送その他に要した費用（仮葬式と本葬式とを行うものにあっては両者の費用）、葬式に際し施与した金品で、被相続人の職業・財産その他の事情に照らして相当程度と認められるものに要した費用、葬式の前後に生じた出費で通常葬式に伴うものと認められるもの、死体の捜索または死体もしくは遺骨の運搬に要した費用は、葬式費用として、相続税の課税価格の計算において控除することができるとされている。他方で、一般に、香典返戻費用、墓碑・墓地の購入費および墓地借入料、初七日その他法要のための費用、医学上・裁判上等特別の処置に要した費用は、葬式費用には該当しないものとされている。

相続税の計算の仕組み

（１）相続税の計算の仕組み

相続または遺贈により財産を取得した者が納付する相続税額は、４つの段階を経て計算される（図表２-21）。

●図表2-21 相続税額の4つの段階

段階	内容
第1段階 課税価格の計算	相続または遺贈により財産を取得した者に係る課税価格（各人の課税価格）を個々に計算し、その後、同一の被相続人から相続または遺贈により財産を取得したすべての者の相続税の課税価格の合計額を計算する。
第2段階 相続税の総額の計算	課税価格の合計額から遺産に係る基礎控除額を控除した残額（課税遺産総額）を「法定相続人の数」に応じた「法定相続分」に応じて配分し、相続税の総額を計算する。
第3段階 各人の算出税額の計算	相続税の総額を各人が取得した財産の額（割合）に応じて配分し、各人の算出税額を計算する。
第4段階 各人の納付税額の計算	各人の算出税額から各人に応じた各種の税額控除額を控除し、各人の納付すべき税額を計算する。

（2）課税価格

　相続または遺贈により財産を取得した者に係る課税価格（各人の課税価格）は、相続または遺贈により取得した本来の財産の価額に、相続または遺贈により取得したとみなされる財産の価額を加え、債務および葬式費用の額を差し引き、被相続人からの7年（2024年以降、漸次3年から7年に延長）以内の贈与財産の価額（贈与時の価額）を加えて求められる（非課税財産は除かれる）。相続税の納税義務者の中に、被相続人からの贈与について相続時精算課税の適用を受けた者がいるときは、その者が相続時精算課税の適用を受けた贈与財産の価額（贈与時の価額、2024年以降に贈与により取得した財産の価額は基礎控除額を控除した残額）を課税価格に加算する。このようにして求められた各人の課税価格を合計したものを課税価格の合計額という。

（3）遺産に係る基礎控除額と課税遺産総額

　相続税の計算においては、課税価格の合計額から遺産に係る基礎控除額

を差し引く。遺産に係る基礎控除額は、いわば相続税の課税最低限度額である。遺産に係る基礎控除額よりも課税価格の合計額が少ない場合には、相続税は課税されない。遺産に係る基礎控除額は、「3,000万円＋600万円×法定相続人の数」により計算される（相続税法15条1項）。なお、「法定相続人の数」は、相続人が取得した生命保険金等のうち非課税とされる一定の金額を計算する際、相続人が取得した退職手当金等のうち非課税とされる一定の金額を計算する際の「法定相続人の数」と同様である。課税価格の合計額から遺産に係る基礎控除額を控除した残額を課税遺産総額という。

（4）相続税の総額

相続税の総額は、同一の被相続人から相続または遺贈により財産を取得したすべての者に係る相続税の税額である。相続税の総額は、課税遺産総額を「法定相続人の数」に応じた「法定相続分」により取得したものとして按分した各取得金額を求め、各取得金額に相続税の超過累進税率を乗じて計算した金額を合計することにより計算される（同法16条）。なお、「法定相続人の数」は、相続人が取得した生命保険金等のうち非課税とされる一定の金額を計算する際、相続人が取得した退職手当金等のうち非課税とされる一定の金額を計算する際の「法定相続人の数」、遺産に係る基礎控除額を計算する際の「法定相続人の数」と同様である。

（5）各人の算出税額

各相続人または受遺者の相続税額（各人の算出税額）は、相続税の総額に対して按分割合を乗じて計算される（同法17条）。按分割合とは、各相続人または受遺者の課税価格が課税価格の合計額のうちに占める割合をいう。按分割合の計算において小数点以下第2位未満の端数が生じる場合には、各相続人等の全員が選択した方法により、その合計値が1になるように端数を調整して各相続人等の相続税額を計算して差し支えないものとされている。

（6）各人の納付税額

　各人の納付税額は、各人の算出税額をもとに、相続税額の加算の対象となる場合には加算した後、各税額控除（暦年課税分の贈与税額控除、配偶者に対する相続税額の軽減、未成年者控除、障害者控除、相次相続控除、外国税額控除、相続時精算課税の適用を受けた贈与に係る贈与税額の控除）額を控除して求められる。相続時精算課税の適用を受けた贈与に係る贈与税額の控除において、相続税額から控除しきれない贈与税相当額については、還付を受けることができる。

　被相続人から相続または遺贈により財産を取得した者が被相続人との血族関係の薄い者である場合や全く血族関係がない者である場合、その財産の取得には偶然性が強く、また、被相続人が子を越えて孫に財産を遺贈する場合には、相続税の課税を1回免れることになるため、一定の財産取得者については、算出税額にその2割相当額を加算した金額をもってその者の納付すべき相続税額とされている（同法18条1項）。相続税額の加算の対象者は、被相続人の一親等の血族・被相続人の配偶者これらのいずれにも該当しない者である。ただし、被相続人の直系卑属が相続開始以前に死亡し、または相続権を失ったため、代襲相続人となった当該被相続人の直系卑属は、被相続人の一親等の血族に含まれるものとし、相続税額の加算の対象者とはならない（同条2項）。他方で、被相続人の直系卑属（代襲相続人である者を除く）が被相続人の養子となっている場合の当該養子（民法上被相続人の一親等の法定血族に該当する）は被相続人の一親等の血族に含まれないものとし、相続税額の加算の対象者となる。

（7）配偶者に対する相続税額の軽減

　被相続人の配偶者については、課税価格が、課税価格の合計額のうち配偶者に係る法定相続分相当額までである場合、または、1億6,000万円以下である場合には、税額控除により納付すべき相続税額が算出されないこととされている（同法19条の2）。この税額控除は、配偶者による財産の

取得は同一世代間の財産移転であり、いずれは次の相続が生じて相続税が課税されることになるのが通常であること、長年共同生活を営んできた配偶者に対する配慮、遺産の維持形成に対する配偶者の貢献等を考慮して設けられたものである。この税額控除の適用を受けることができるのは被相続人の配偶者であり、無制限納税義務者、制限納税義務者の別を問わない。また、配偶者が相続を放棄しても適用を受けることができる。ただし、この配偶者は、法律上の婚姻の届出をした者に限られ、いわゆる内縁の配偶者については適用を受けることができない。

相続税の申告と納付

（1）申告書の提出

　被相続人から相続または遺贈により財産を取得した者の課税価格の合計額が、遺産に係る基礎控除額を超える場合において、納付すべき相続税額が算出される者は、相続税の申告書を提出しなければならない（相続税法27条1項）。ただし、被相続人の配偶者については、配偶者の税額軽減がないものとして税額計算を行った場合に納付すべき相続税額が算出されるときは、相続税の申告書を提出しなければならない（同法19条の2第3項）。また、小規模宅地等についての相続税の課税価格の計算の特例（租税特別措置法69条の4）等、相続税に係る特例の中には申告書の提出を適用要件にしているものが少なくない。このような規定の適用を受ける場合には、当該規定の適用により納付すべき相続税額がゼロになる場合であっても、相続税の申告書を提出しなければならない。

（2）申告書の提出期限

　相続税の申告期限は、当該相続の開始があったことを知った日の翌日から10ヵ月以内である（相続税法27条1項）。なお、相続の開始があったことを知った日とは、自己のために相続の開始があったことを知った日をいい、通常は、被相続人の死亡の日をいうが、たとえば、相続開始後に認知の裁判が確定して相続人となった者については、その裁判の確定を知った

日が、相続の開始があったことを知った日となるなど、被相続人の死亡の日と異なる日になることも考えられる。また、相続財産が分割されていない場合であっても、上記の期限までに、申告しなければならないこととされている。この場合、相続人等は、民法の規定による相続分または包括遺贈の割合に従って財産を取得したものとして相続税の計算（未分割の状況では、配偶者の税額軽減の特例、小規模宅地等についての相続税の課税価格の計算の特例等の適用は受けられない）をし、申告と納税を行うこととなる。その後、相続財産の分割が行われ、その分割に基づき計算した税額が申告額と異なることとなったときは、実際に分割した財産の額に基づいて修正申告または更正の請求をすることができる（同法55条）。

（3）申告書の提出先

　相続税の申告書は、被相続人の死亡時における住所が日本国内にある場合には、被相続人の住所地を所轄する税務署長に提出することとされている（同法27条1項）。同一の被相続人から相続または遺贈により財産を取得した者で、相続税の申告をしなければならない者が2人以上ある場合には、共同して相続税の申告書を提出することができるとされており、共同して相続税の申告書を提出することが一般的である。

（4）申告書の記載事項

　相続税の申告書には、課税価格、相続税の総額の計算に関する事項、納税義務者の住所、氏名等、一定の事項を記載するとともに、被相続人の死亡の時における財産および債務、被相続人から相続人または受遺者が相続または遺贈により取得した財産または承継した債務の各人ごとの明細並びに当該遺産を各相続人がどのように分割したかなど、一定の事項を記載した明細書を添付しなければならないこととされている（同法27条4項）。なお、配偶者の税額軽減の適用を受けるためには、遺言書の写しまたは遺産分割協議書の写し（印鑑証明書を添付）、生命保険金や退職金の支払い通知書等の財産の取得状況の分かる書類を添付しなければならない。

（5） 期限後申告、修正申告、更正の請求

　期限内申告書の提出期限後において、一定の事由が生じたことにより新たに申告書の提出要件に該当することとなった者は、期限後申告書を提出することができるとされている（同法30条1項）。

　また、期限後申告書を提出することができる一定の事由が生じた場合等において、既に確定した相続税額に不足が生じた場合には、修正申告書を提出することができるとされている（同法31条1項）。

　あるいは、期限後申告書を提出することができる一定の事由が生じた場合等において、申告をした者または決定を受けた者の課税価格および相続税額が過大となった場合には、一定の要件の下、更正の請求をすることができるとされている（同法32条）。更正の請求は、遺産分割が行われたことにより配偶者の税額軽減額が増加した場合等において、行うことができる。

（6） 相続税の納付

　相続税は、納税義務者が納付期限内に金銭をもって一時に納付することが原則であり、期限内申告書を提出した者の納付期限は、申告書の提出期限である（同法33条）。また、期限後申告書または修正申告書を提出した者の納付期限は、各申告書を提出した日である。更正または決定の通知を受けた者の納付期限は、通知書が発せられた日の翌日から起算して1ヵ月を経過する日である。

　相続税については、一定の場合に、連帯納付義務が課されている（同法34条）。たとえば、相続人または受遺者が2人以上ある場合には、これらの者は、当該相続または遺贈により取得した財産に係る相続税について、当該相続または遺贈により受けた利益の価額に相当する金額を限度として、相互に連帯納付義務があるものとされている。また、相続税の申告をすべき者が、申告書を提出する前に死亡した場合で、死亡した者の相続人または受遺者が2人以上あるときは、これらの者は、死亡した者の納付すべき相続税について、相続または遺贈により受けた利益の価額に相当する金額

を限度として、相互に連帯納付義務があるものとされている。なお、申告期限から5年を経過した場合、延納の許可を受けた場合、納税猶予（農地等、山林、非上場株式等および非上場株式等の贈与者が死亡した場合の各相続税の納税猶予）の適用を受けた場合については、連帯納付義務を負わないものとされている（同条1号～3号）。

延納と物納

（1）延納

相続税の額が10万円を超え、かつ、納期限までに、または納付すべき日に金銭で納付することを困難とする事由がある場合には、納税義務者の申請により、原則として5年以内の年賦延納が認められている（相続税法38条）。ただし、延納期間は、不動産等の割合に従って、最長20年とされている（租税特別措置法70条の10）。

延納に際しては、延納税額が100万円以下で、かつ、延納期間が3年以下である場合を除き、担保を提供しなければならない（相続税法38条4項）。担保に提供できる財産としては、国債および地方債、社債その他の有価証券で税務署長等が確実と認めるもの、土地、建物・立木・船舶等で保険に附したもの、鉄道財団・工場財団・鉱業財団等、税務署長等が確実と認める保証人の保証、金銭がある。

延納の許可を受けようとする者は、原則として、延納を求めようとする相続税の申告書の提出期限までに、延納の申請書および担保の提供に関する書類を納税地の所轄税務署長に提出しなければならない（同法39条1項）。延納申請書が提出された場合、税務署長は、当該延納申請に係る要件の調査結果に基づいて、延納申請期限から3ヵ月以内に許可または却下を行う（同条2項）。ただし、延納担保等の状況によっては、許可または却下までの期間は最長で6ヵ月まで延長される場合がある。

延納の許可を受けた者は、当該延納税額を納付する時に、利子税を併せて納付しなければならない（同法52条）。

（２）　物納

　申告による納付税額または更正、決定による納付税額を金銭で納付することを困難とする事由がある場合には、当該納付を困難とする金額を限度として、物納を申請することができる（同法41条）。物納に関する詳細は、図表２-22の通りである。

　物納の許可を受けようとする者は、相続税の納期限または納付すべき日

●図表２-22　物納に関する詳細

物納の要件	①　相続税を延納によっても金銭で納付することが困難な事由があること ②　申請により税務署長の許可を受けること ③　金銭で納付することが困難である金額の限度内であること ④　物納できる財産であること
物納できる財産	①　日本国内にある財産であること ②　課税価格計算の基礎となった財産であること（相続時精算課税の適用を受ける財産を除く） ③　管理処分不適格財産に該当しないこと
物納に充てることができる財産の順位	第１順位 ①不動産、船舶、国債証券、地方債証券、上場株式等（特別の法律により法人の発行する債券および出資証券を含み、短期社債等を除く） ②不動産および上場株式のうち物納劣後財産に該当するもの 第２順位 ③非上場株式等（特別の法律により法人の発行する債券および出資証券を含み、短期社債等を除く） ④非上場株式のうち物納劣後財産に該当するもの 第３順位 ⑤動産
物納財産の収納価額	①　課税価格計算の基礎となった当該財産の価額（注） ②　収納時までに当該財産の状況に著しい変化が生じたときは収納時の現況により税務署長が定めた価額 （注）小規模宅地等についての相続税の課税価格の計算の特例の適用を受けた相続財産を物納する場合の収納価額は、特例適用後の価額となる。

までに、物納しようとする税額、物納に充てようとする財産の種類等を記載した物納申請書を納税地の所轄税務署長に提出しなければならない（同法42条1項）。物納申請書が提出された場合、税務署長は、当該物納申請に係る要件の調査結果に基づいて、物納申請期限から3ヵ月以内に許可または却下を行う。ただし、申請財産の状況によっては、許可または却下までの期間は最長で9ヵ月まで延長される場合がある。

物納申請が行われた場合、物納の許可による納付があったものとされた日までの期間のうち、申請者において必要書類の訂正等または物納申請財産の収納に当たっての措置を行う期間について、利子税を要する（同法53条）。また、物納申請が却下された場合や物納申請を取り下げたものとみなされた場合には、納期限または納付すべき日の翌日から却下の日または取り下げたものとみなされた日までの期間について、利子税を要する。なお、自ら物納申請を取り下げた場合には、納期限または納付すべき日の翌日から延滞税がかかる。

(3) 特定物納制度

延納の許可を受けた相続税額について、その後に延納条件を履行することが困難となった場合には、申告期限から10年以内に限り、分納期限が未到来の税額部分について、延納から物納への変更を行うことができ、特定物納制度という（同法48条の2）。

特定物納申請をした場合、物納財産を納付するまでの期間に応じ、当初の延納条件による利子税を納付しなければならない（同法53条）。なお、特定物納に係る財産の収納価額は、特定物納申請の時の価額である。

相続財産の評価

(1) 主な評価方法

相続財産の評価については、地上権や永小作権等の特定の財産を除いて、具体的な評価方法は法律では定められていない。そのため、実務上は、財産評価基本通達に基づいて評価することとされている。同通達に基づく評

価方法の概要は、図表2-23の通りである。

（2）土地の評価方法

　土地の価額は、宅地、田、畑、山林、原野、牧場、池沼、鉱泉地および雑種地の地目の別に評価する。この場合の地目は、課税時期（被相続人の死亡の日）における現況により判定する。宅地の価額については、評価単位ごとに、財産評価基準書に定められた評価方式（路線価方式または倍率

●図表2-23　評価方法の概要

評価方法の種類			左の評価方法により評価する主な財産
1　売買実例価額による方法	(1)　同種の財産の売買実例価額を直接時価とする方法		上場株式、気配相場のある株式、証券投資信託の受益証券等
	(2)　類似財産の売買実例価額を基として評価する方法	イ　類似財産の売買実例価額を基とし、精通者意見価格等を参酌して評価額を求める方法	路線価方式または倍率方式により評価する宅地、標準伐期にある立木、血統書付牛馬、書画骨とう等
		ロ　類似財産の売買実例価額に比準して評価する方法	類似業種比準方式により評価する大会社の株式
2　調達価額または取得価額による方法			一般動産、船舶、庭園設備等
3　再建築価額等を基とする方法			構築物、一般動産等
4　販売価額を基礎とする方法			商品、製品、半製品等
5　仕入価額を基礎とする方法			原材料、半製品、仕掛品等
6　投下資本を基とする方法			建築中の家屋、造成中の宅地、幼齢樹、樹齢1年以下の立木等
7　複利現価による方法			特許権、実用新案権、意匠権、商標権等
8　複利年金現価による方法			観覧用の鉱泉地、壮年期の成熟樹、鉱業権、租鉱権、営業権、著作権等
9　収益（配当）還元による方法			同族株主以外の株主等が取得した株式
10　その他の方法			預貯金、貸付金、受取手形等

（出所）税務大学校講本相続税法（令和6年度版）

方式）によって評価する。

　宅地は、1画地の宅地（利用の単位となっている1区画の宅地をいう）を評価単位とする。この1画地の宅地は、必ずしも不動産登記法上の1筆の宅地とは限らず、2筆以上の宅地からなる場合もあり、また、1筆の宅地が2画地以上の宅地として利用されている場合もある。

（3） 路線価方式

　路線価方式とは、宅地の面する路線に付された路線価（1平方メートル当たりの価額）を基とし、当該宅地の奥行距離等に応じた奥行価格補正、側方路線影響加算等の画地調整をした価額によって評価する方式である。評価のもととなる路線価は、国税局長が毎年定め、財産評価基準書の路線価図として、インターネット等により公開されている。また、奥行価格補正等の画地調整に必要な奥行価格補正率等は、財産評価基本通達において定められている。路線価方式における評価手順は、図表2-24の通りである。

●図表2-24　路線価方式における評価手順

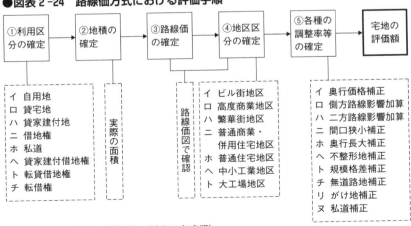

（出所）税務大学校講本相続税法（令和6年度版）

（4）倍率方式

　倍率方式とは、評価する宅地の固定資産税評価額に一定の倍率を乗じて計算した金額によって評価する方式である。固定資産税評価額とは、土地課税台帳または土地補充課税台帳に登録された基準年度の価格または比準価格をいう。また、倍率は、国税局長が毎年、地価事情の類似する地域ごとに定め、財産評価基準書の倍率表として、インターネット等により公開されている。路線価方式によって評価することとされている地域内にある宅地以外の宅地は、すべてこの方式によって評価する。

（5）小規模宅地等についての相続税の課税価格の計算の特例

　被相続人等の居住の用または事業の用に供されていた宅地等は、相続人等の生活基盤、社会的基盤の維持に不可欠なものである。処分には相当の制約を受けることを配慮して、一定の要件を満たす場合、相続税の課税価格に算入すべき価額の計算上、一定割合を減額することができ、この特例を、小規模宅地等についての相続税の課税価格の計算の特例という（租税特別措置法69条の4）。特例の適用対象となる宅地等は、図表2-25の通りである。

（6）家屋

　家屋の価額は、1棟の家屋ごとに、当該家屋の固定資産税評価額により評価する。

（7）株式

　株式の価額は、上場株式、気配相場等のある株式および取引相場のない株式の別に、また、株式に関する権利の価額は、株式の割当てを受ける権利、株主となる権利、株式無償交付期待権、配当期待権およびストックオプションの別に、それぞれ銘柄の異なるごとに、1株または1個ごとに評価する。

　上場株式は、市場で平日毎日取引が行われ、取引価格がそのまま時価を示しているといえることから、上場株式の価額は、株式が上場されている

●図表2-25 特例の適用対象となる宅地等

相続開始の直前における宅地等の利用区分			要件	限度面積	減額される割合
被相続人等の事業の用に供されていた宅地等	貸付事業以外の事業用の宅地等		① 特定事業用宅地等（※1）に該当する宅地等	400平方メートル	80%
	貸付事業用の宅地等	一定の法人に貸し付けられ、その法人の事業（貸付事業を除く）用の宅地等	② 特定同族会社事業用宅地等（※2）に該当する宅地等	400平方メートル	80%
			③ 貸付事業用宅地等（※4）に該当する宅地等	200平方メートル	50%
		一定の法人に貸し付けられ、その法人の貸付事業用の宅地等	④ 貸付事業用宅地等（※4）に該当する宅地等	200平方メートル	50%
		被相続人等の貸付事業用の宅地等	⑤ 貸付事業用宅地等（※4）に該当する宅地等	200平方メートル	50%
被相続人等の居住の用に供されていた宅地等			⑥ 特定居住用宅地等（※3）に該当する宅地等	330平方メートル	80%

・特定事業用等宅地等（①または②）を選択する場合または特定居住用宅地等（⑥）を選択する場合
　（①＋②）≦400平方メートルであること。また、⑥≦330平方メートルであること。
・貸付事業用宅地等（③、④または⑤）およびそれ以外の宅地等（①、②または⑥）を選択する場合
　（①＋②）×200／400＋⑥×200／330＋（③＋④＋⑤）≦200平方メートルであること。

（※1）特定事業用宅地等
　相続開始の直前において被相続人等の事業（不動産貸付業、駐車場業、自転車駐車場業および準事業を除く）の用に供されていた宅地等（2019年4月1日以後の相続または遺贈により取得した宅地等については、その相続の開始前3年以内に新たに事業の用に供された宅地等（3年以内事業宅地等）を除く。ただし一定の規模以上の事業を行っていた被相続人等の事業の用に供された宅地等、2019年3月31日までに事業の用に供された宅地等は、3年以内事業宅地等に該当しない）で、図表2-26の区分に応じ、それぞれに掲げる要件のすべてに該当する被相続人の親族が相続または遺贈により取得したものをいう（図表の区分に応じ、それぞれに掲げる要件のすべてに該当する部分で、それぞれの要件に該当する被相続人の親族が相続または遺贈により取得した持分の割合に応ずる部分に限られる）。

（※2）特定同族会社事業用宅地等

相続開始の直前から相続税の申告期限まで一定の法人の事業（不動産貸付業、駐車場業、自転車駐車場業および準事業を除く）の用に供されていた宅地等で、図表2－27の要件のすべてに該当する被相続人の親族が相続または遺贈により取得したものをいう（一定の法人の事業の用に供されている部分で、図表に掲げる要件のすべてに該当する被相続人の親族が相続または遺贈により取得した持分の割合に応ずる部分に限られる）。なお、一定の法人とは、相続開始の直前において被相続人および被相続人の親族等が法人の発行済株式の総数または出資の総額の50％超を有している場合におけるその法人（相続税の申告期限において清算中の法人を除く）をいう。

（※3）特定居住用宅地等

相続開始の直前において被相続人等の居住の用に供されていた宅地等で、図表2－28の区分に応じ、それぞれに掲げる要件に該当する被相続人の親族が相続または遺贈により取得したものをいう（図表の区分に応じ、それぞれに掲げる要件に該当する部分で、それぞれの要件に該当する被相続人の親族が相続または遺贈により取得した持分の割合に応ずる部分に限られる）。なお、その宅地等が2以上ある場合には、主としてその居住の用に供していた一の宅地等に限られる。

（※4）貸付事業用宅地等

相続開始の直前において被相続人等の事業（不動産貸付業、駐車場業、自転車駐車場業および準事業に限る。以下「貸付事業」という）の用に供されていた宅地等（その相続の開始前3年以内に新たに貸付事業の用に供された宅地等（3年以内貸付宅地等）を除く。ただし、相続開始の日まで3年を超えて、引き続き、準事業以外の貸付事業（特定貸付事業）を行っていた被相続人等のその特定貸付事業の用に供された宅地等、2018年3月31日までに貸付事業の用に供された宅地等は、3年以内貸付宅地等に該当しない）で、図表2－29の区分に応じ、それぞれに掲げる要件のすべてに該当する被相続人の親族が相続または遺贈により取得したものをいう（図表の区分に応じ、それぞれに掲げる要件のすべてに該当する部分で、それぞれの要件に該当する被相続人の親族が相続または遺贈により取得した持分の割合に応ずる部分に限られる）。

●図表2-26　特定事業用宅地等

区分		特例の適用要件
被相続人の事業の用に供されていた宅地等	事業承継要件	その宅地等の上で営まれていた被相続人の事業を相続税の申告期限までに引き継ぎ、かつ、その申告期限までその事業を営んでいること
	保有継続要件	その宅地等を相続税の申告期限まで有していること
被相続人と生計を一にしていた被相続人の親族の事業の用に供されていた宅地等	事業継続要件	相続開始前から相続税の申告期限まで、その宅地等の上で事業を営んでいること
	保有継続要件	その宅地等を相続税の申告期限まで有していること

●図表2-27 特定同族会社事業用宅地等

区分	特例の適用要件	
一定の法人の事業の用に供されていた宅地等	法人役員要件	相続税の申告期限においてその法人の役員（法人税法2条第15号に規定する役員（清算人を除く）をいう）であること
	保有継続要件	その宅地等を相続税の申告期限まで有していること

●図表2-28 特定居住用宅地等

区分	特例の適用要件	
	取得者	取得者等ごとの要件
被相続人の居住の用に供されていた宅地等	被相続人の配偶者	ない
	被相続人の居住の用に供されていた一棟の建物に居住していた親族	相続開始の直前から相続税の申告期限まで引き続きその建物に居住し、かつ、その宅地等を相続開始時から相続税の申告期限まで有していること
	上記以外の親族	次の①〜⑥の要件をすべて満たすこと（なお、一定の経過措置がある） ① 居住制限納税義務者または非居住制限納税義務者のうち日本国籍を有しない者ではないこと ② 被相続人に配偶者がいないこと ③ 相続開始の直前において被相続人の居住の用に供されていた家屋に居住していた被相続人の相続人（相続の放棄があった場合には、その放棄がなかったものとした場合の相続人）がいないこと ④ 相続開始前3年以内に日本国内にある取得者、取得者の配偶者、取得者の三親等内の親族または取得者と特別の関係がある一定の法人が所有する家屋（相続開始の直前において被相続人の居住の用に供されていた家屋を除く）に居住したことがないこと ⑤ 相続開始時に、取得者が居住している家屋を相続開始前のいずれの時においても所有していたことがないこと ⑥ その宅地等を相続開始時から相続税の申告期限まで有していること

第2章 民法および相続税法等の基礎知識

被相続人と生計を一に していた被相続人の親 族の居住の用に供され ていた宅地等	被相続人の配偶者	ない
	被相続人と生計を一 にしていた親族	相続開始前から相続税の申告期限まで引き続 きその家屋に居住し、かつ、その宅地等を相 続税の申告期限まで有していること

●図表 2 -29　貸付事業用宅地等

区分		特例の適用要件
被相続人の貸付事業の用に供 されていた宅地等	事業承継要件	その宅地等に係る被相続人の貸付事業を相続 税の申告期限までに引き継ぎ、かつ、その申 告期限までその貸付事業を行っていること
	保有継続要件	その宅地等を相続税の申告期限まで有してい ること
被相続人と生計を一にしてい た被相続人の親族の貸付事業 の用に供されていた宅地等	事業継続要件	相続開始前から相続税の申告期限まで、その 宅地等に係る貸付事業を行っていること
	保有継続要件	その宅地等を相続税の申告期限まで有してい ること

金融商品取引所の公表する課税時期（被相続人の死亡の日）の最終価格（終値）、課税時期の属する月の毎日の最終価格の月平均額、課税時期の属する月の前月の毎日の最終価格の月平均額、課税時期の属する月の前々月の毎日の最終価格の月平均額のうち最も低い価額により評価することとされている。株式が 2 以上の金融商品取引所に上場されているときは、納税義務者が選択した金融商品取引所の公表する額により評価することとされている。

（ 8 ）外貨の邦貨換算

　外貨の邦貨への換算は、原則として、納税者の取引金融機関が公表する課税時期（被相続人の死亡の日）における最終の対顧客直物電信買相場（ＴＴＢ）またはこれに準ずる相場により行う。対顧客直物電信買相場（ＴＴＢ）とは、金融機関が顧客から外貨を買って邦貨を支払う場合（顧客側にとっては外貨を邦貨に交換する場合）の相場をいう。課税時期にそ

の相場がない場合には、課税時期前の相場のうち、課税時期に最も近い日の相場による。

2 贈与税の基礎知識

贈与税と相続税の関係

　贈与税は、個人からの贈与により財産を取得した者に対して、取得財産の価額をもとに課される税金である。相続または遺贈により財産を取得した場合には相続税が課税されるが、生前贈与に対しても課税する仕組みを設けておかなければ、生前贈与により財産を分散した場合の税負担と分散しなかった場合の税負担との間に著しい不公平が生じることになる。そこで、生前贈与による取得財産に対しては贈与税を課税することとし、加えて、贈与税は、相続税に比べて、課税最低限は低く、税率の累進度合は高く設定されている。相続税と贈与税は全く別の税金であるにもかかわらず、贈与税は相続税を補完する機能を有する税金であり、双方とも相続税法という同一の法律に規定されている。このような贈与税の性格を踏まえ、被相続人から相続または遺贈により財産を取得した者については、相続開始前7年（2024年以降、漸次3年から7年に延長）以内に被相続人から贈与により取得した財産の価額を相続税の課税価格に加算する制度が設けられており、また、相続税と贈与税を一体的に課税する仕組みとして相続時精算課税制度が設けられている。

贈与税の課税財産

（1）贈与税の課税財産

　贈与税は相続税の補完税であることから、贈与税の課税財産のうち、本来の贈与財産は、相続税における本来の相続財産と同じ範囲に属するものであり、金銭に見積もることができる経済的価値のあるすべてのものである。

（2） 贈与税の非課税財産

　贈与税の非課税財産とは、贈与税についても相続税と同様に、公益性や社会政策的見地あるいは国民感情の面から、贈与税の課税対象から除かれているものである（相続税法21条の3）。また、贈与税の性格に基づき、個人が法人から財産を無償で取得した場合には、受贈者において一時所得等として所得税が課税されるが、贈与税の課税対象とはならない。

贈与税の計算の仕組み

（1） 贈与税の計算の仕組み

　贈与税の原則的な課税方法である暦年課税による場合（相続時精算課税を選択する場合ではない場合）、贈与税は、課税価格（本来の贈与財産とみなし贈与財産から構成される）から基礎控除（110万円）および配偶者控除を控除した後の金額に税率を適用して税額が計算される（相続税法21条の7）。納付すべき贈与税額は、外国税額控除を差し引いて計算される（同法21条の8）。

（2） 特例税率と一般税率

　暦年課税による場合、贈与税の税率には、特例贈与財産に係る特例税率と、一般贈与財産に係る一般税率の2種類がある（同法21条の7、租税特別措置法70条の2の5）。特例贈与財産に係る特例税率は、父母や祖父母等の直系尊属から子や孫等の直系卑属（贈与を受けた年の1月1日現在において18歳以上の者に限る）が贈与により財産を取得した場合の贈与税の計算に適用される。これに対して、一般贈与財産に係る一般税率は、上記以外の贈与により財産を取得した場合の贈与税の計算に適用される。特例贈与財産に係る特例税率は、一般贈与財産に係る一般税率に比べて、やや税率が緩和されている。

（3） 配偶者控除

　婚姻期間が20年以上であること、贈与を受けた年の翌年の3月15日までに贈与を受けた居住用不動産を居住の用に供し、かつ、その後引き続き居

住の用に供する見込みであること等の一定の要件を満たす場合、居住用不動産または居住用不動産の取得資金の贈与において、最高2,000万円の配偶者控除の適用が認められる（相続税法21条の6）。

相続時精算課税

相続時精算課税（住宅取得等資金ではない場合）は、60歳以上の親または祖父母から18歳以上の子または孫に対する贈与について、選択することができる（同法21条の9）。年齢は贈与の年の1月1日で判断する。なお、住宅取得等資金に係る相続時精算課税の適用においては、贈与者の年齢制限は排除され、60歳未満の者からの贈与であっても適用を受けることができる（受贈者の年齢制限は原則と変わりない）。なお、配偶者の父母からの贈与については、適用を受けることはできない。

相続時精算課税は、贈与者ごとに適用を受けるか否かを選択することができる。たとえば、長男が、父および母から財産の贈与を受けた場合、父、母それぞれ、相続時精算課税の適用を受けるか否かを選択することができる。また、相続時精算課税は、受贈者ごとに適用を受けるか否かを選択することができる。たとえば、長男および次男が、父から財産の贈与を受けた場合、長男、次男それぞれ、相続時精算課税の適用を受けるか否かを選択することができる。

一旦、相続時精算課税を選択すると、以後、その贈与者と受贈者の間における贈与についてはすべて相続時精算課税が適用されることとなり、暦年課税に変更することはできない。なお、相続時精算課税を選択した受贈者を相続時精算課税適用者、その贈与者を特定贈与者という。

相続時精算課税における贈与税の課税価格は、相続時精算課税適用者が特定贈与者から1年間に受けた贈与財産の価格の合計額である（同法21条の10）。相続時精算課税における贈与税額は、この課税価格から基礎控除額を控除し、さらに、特別控除額を控除した金額に税率20%（一律）を乗じて求められる（同法21条の11〜13）。基礎控除は、同一年中に2人以上

の特定贈与者から贈与により財産を取得した場合には、特定贈与者ごとの贈与税の課税価格で按分する。特別控除は、累計で2,500万円であり、既にこの特別控除を適用している金額がある場合にはその合計額を控除した残額となる。

特定贈与者について相続が開始した場合、相続時精算課税の適用を受けた財産の価額（贈与時の価額、2024年以降に贈与により取得した財産の価額は基礎控除額を控除した後の残額）を相続税の課税価格に加算し、既に納付した贈与税相当額を相続税額から控除する（同法21条の14～16）。なお、相続税額から控除しきれない贈与税相当額については、還付を受けることができる。相続時精算課税は、文字通り、相続時に精算し直す仕組みになっている。

贈与税の非課税措置

贈与税の非課税措置には、住宅取得等資金の非課税、教育資金の非課税、結婚・子育て資金の非課税があるが、これらは第4章で詳しく取り上げる。

第 3 章

相続手続と
金融実務

第1節

相続人による相続手続

1 はじめに

　相続開始に際し、相続人は各種手続を行わねばならない。この中には民法や行政諸法等に基づく手続き以外に所得税法、相続税法に基づく手続きが必要な場合もあり、しかも、これらの中には期限のある手続きもあるため、相続人はその期限に注意しつつ手続きを同時並行で進める必要がある。

　ここでは、まず民法や行政諸法等に基づく手続きを確認したうえで、税法上の手続きも検討する。

2 民法等に関する手続き

死亡の届出～火葬（埋葬）許可証の取得～葬儀～納骨

　相続開始に伴い、相続人は以下の手続きを順次行っていく必要がある。

　被相続人の死亡に際し、死亡診断書を添付のうえ、市区町村役場に死亡届を提出し、これによって戸籍、住民票の記載が変更される。届出は、死亡の事実を知った日から7日以内（国外にいる場合は3ヵ月以内）である。また、市区町村役場に各種還付金、葬祭費等請求の手続きも行う。

　一方、火葬場で火葬し、埋葬するためには火葬（埋葬）許可証が必要になり、これも市区町村役場で発行される。通常は、葬儀会社を経由してこれを火葬場に提出する。

　次に葬儀については相続人間で喪主・祭祀承継者を定めたうえで、通夜・葬儀等を執り行うが、近年は身近な親族のみで行う家族葬や直接火葬

場に遺体を搬入する直葬も多くなってきている。

被相続人の治療費等債務、諸費用の支払い

被相続人の債務としては、未払いの入院治療費、固定資産税等の租税公課、墓石代等が多いが、不動産売買契約を締結して残金決済未了の場合は、不動産の引渡し（売主）、残金の支払い（買主）義務がある。

また、被相続人の債務ではないが、葬儀・納骨費用が必要になる。この場合、葬儀等に際し参列者から受領する香典は、参列者から葬儀主宰者（喪主）や遺族になされる贈与であるが、香典返し、葬儀費用に充ててなお残余金が生じた場合の帰趨は、葬儀主宰者に帰属すると解する見解と相続人に帰属すると解する見解がある。

社会保険・年金の手続き

（1）手続き

死亡に伴い、健康保険証発行元にて健康保険の停止等の手続きが必要になり、勤務先健康保険組合、全国健康保険協会（協会けんぽ）または市区町村役場（国民健康保険、後期高齢者医療、介護保険の場合）にて14日以内に資格喪失の手続きを行う。

年金は年金事務所・街角の年金相談センター等で受給停止の手続き（受給権者死亡届（報告書））を行うが（国民年金は14日以内、厚生年金は10日以内）、日本年金機構にマイナンバー（個人番号）が収録されている場合は、原則として受給権者死亡届を省略できる。

また、被相続人が国民年金加入中に死亡した場合、被相続人によって生計を維持されていた「18歳到達年度の末日までにある子（一定の障害のある場合は20歳未満）のある配偶者」または「子」が遺族基礎年金を受給できるので、原則として市区町村役場で手続きをする必要があるほか、被相続人が厚生年金保険の被保険者期間中または被保険者期間中の傷病がもとで初診の日から5年以内に死亡した場合、被相続人によって生計維持されていた遺族が遺族厚生年金を受給できるので、年金事務所または街角の年

金相談センターで手続きする必要がある。

（2）未支給年金の受給者

　年金は2ヵ月単位の後払いが原則であるため、前回の年金支払い月から死亡月までの間の年金が翌偶数月に未支給年金として遺族に給付される。受給者は遺族の生活保障の観点から国民年金法では以下のように規定され、民法（相続法制）と異なる。厚生年金保険法も同様である。

〈国民年金法〉
19条1項　年金給付の受給権者が死亡した場合において、その死亡した者に支給すべき年金給付でまだその者に支給しなかつたものがあるときは、その者の配偶者、子、父母、孫、祖父母、兄弟姉妹又はこれらの者以外の三親等内の親族であつて、その者の死亡の当時その者と生計を同じくしていたものは、自己の名で、その未支給の年金の支給を請求することができる。
5条7項　この法律において、「配偶者」、「夫」及び「妻」には、婚姻の届出をしていないが、事実上婚姻関係と同様の事情にある者を含むものとする。
〈国民年金法施行令〉
4条の3の2　法第十九条第四項に規定する未支給の年金を受けるべき者の順位は、死亡した者の配偶者、子、父母、孫、祖父母、兄弟姉妹及びこれらの者以外の三親等内の親族の順序とする。

生命保険・損害保険等の請求、名義変更等手続

（1）保険事故による保険金の請求

　死亡（保険事故）に係る生命保険、損害保険を保険会社に請求する。この請求書式は、通常各保険会社のウェブサイトからダウンロードできる。必要書類も記載されているが、原則として死亡診断書が必要になる。

（2）保険契約の承継手続

　生命保険の保険契約者が夫（被相続人）、保険金受取人が子、被保険者が妻の場合、まだ保険契約は存続している。このような場合は、当該保険契約の権利が遺産分割の対象になり、遺産分割協議（または遺言）によっ

て権利の移転者を定める必要がある（約款等で指定される場合が多い）。
火災保険や車の損害保険も遺産分割協議等によって建物や車の取得者を決
めたうえで、承継手続等を行う。

相続人の確定

（1）戸籍調査

誰が相続人として、被相続人の遺産を相続するのかを戸籍で確認する。
戸籍が改製等された場合、新戸籍に移記されるのは以下の項目に限られる
ので（戸籍法施行規則39条）、新戸籍に引き継がれない項目は、旧戸籍を
確認する必要がある。

① 出生に関する事項
② 嫡出でない子について、認知に関する事項（認知した人のほうは、戸籍
　改製等に際し移記されない）
③ 養子について、現に養親子関係の継続するその養子縁組に関する事項
④ 夫婦について、現に婚姻関係の継続するその婚姻に関する事項および配
　偶者の国籍に関する事項
⑤ 現に未成年である者についての親権または未成年者の後見に関する事項
⑥ 推定相続人の廃除に関する事項でその取消しのないもの
⑦ 日本の国籍の選択の宣言または外国の国籍の喪失に関する事項
⑧ 名の変更に関する事項
⑨ 性別の取扱いの変更に関する事項

このため、被相続人の出生以降の戸籍謄本（金融機関によっては、生殖
能力、出産能力の備わる年齢までに止めていることもある）を徴求して、
婚姻による配偶者や嫡出の子の存在確認以外に、婚姻外の認知や養子縁組
等を確認しなければならない。胎児は、相続については既に生まれたもの
とみなされる（民法886条1項）。

（2）法定相続情報証明制度

法務局に被相続人の生まれた時からの戸除籍謄本等と相続関係の一覧図
を提出することで、法務局がその一覧図に認証文を付して交付する制度で

あり、2017年5月29日から開始されている。

　従前の金融機関の相続手続では、そのたびに相続人が戸除籍謄本等の束を提出し、金融機関が内容を確認してコピーを取る必要があったが、現在では法務局交付の法定相続情報一覧図写しの提出によってこれらの手間が不要になっている。

（3）行方不明者

　相続人の中に行方不明者がいて、その生死が7年間明らかでないときは（船の沈没や大震災等の場合は危難が去った後1年間）、行方不明者の住所地の家庭裁判所に申し立てて失踪宣告の審判を受けることで（同法30条）、その行方不明者が死亡しているとして相続人を確定する。ただし、失踪宣告手続の場合、公告期間が3ヵ月以上必要とされ（家事事件手続法148条3項）、審判までに数ヵ月を要することもある。一方、生死不明の期間が7年に満たない場合や相続手続を急ぐ場合、同様に家庭裁判所に不在者財産管理人の選任審判を申し立て（民法25条）、さらに遺産分割協議といった権限外の行為の許可審判を併せて申し立てることで（同法28条）、行方不明者に代わって不在者財産管理人が参加して遺産分割協議を実施することができる。ただし、この手法は不在者の財産管理の延長であり、7年経過後等には失踪宣告手続をする必要がある。

　なお、死亡が確実と認められるものの、死体の確認ができない場合に、その取り調べをした官公署からの死亡報告によって本人戸籍簿に死亡の記載を行う認定死亡制度がある（戸籍法89条）。

遺産の調査・遺産の範囲の確認

（1）遺産の調査、評価

　相続人は、相続の承認または放棄をする前に、遺産の調査をすることができるので（民法915条2項）、金融機関もこの調査に応じる必要がある。この調査結果によっては放棄や限定承認の手続きを家庭裁判所に申述する必要があるので、相続人は早期に調査を行うことが肝要である。

遺産分割協議における遺産の評価時点は遺産分割時とされており（札幌高決昭和39・11・21家月17巻2号38頁）、裁判所実務でもあるので、死亡時から遺産分割時まで相当時間経過している場合は、両方の評価を確認しておく。もっとも、相続開始時と遺産分割協議時が近時点の場合、調査しやすい相続開始時で評価することも多い。また、評価額は時価であるが、共同相続人全員の合意により、不動産については相続税評価額や固定資産税評価額を、預貯金については額面額等を用いる場合もある。

① 預貯金債権

預貯金は通帳を近くの金融機関で記帳して直近での残高を確認するほか、残高証明書、評価額証明書を金融機関から徴求することによって、死亡時の残高、死亡時前後の多額の入出金の有無、遺産分割時の残高を確認する。

本来の遺産額は死亡時の残高に既経過利息を加算した額になり、これは評価額証明書によって確認することになるが、金利水準が低く、評価額証明書発行費用が高額のため、実務上はあまり使われていない。なお、死亡前後に共同相続人の1人が被相続人の預貯金をＡＴＭで払戻して葬儀費用や入院治療費等に充てることが多いので、記帳することで相続人間での計算の透明性を確保できる。さらにこの過程で、被相続人の判断能力が衰えている時期に多額の預貯金が払戻されていたことが判明する場合もある。

これら調査に当たり、相続人が金融機関に取引経過の開示を求める場合（第3章第2節4「取引履歴開示請求」参照）、共同相続人の1人からの調査依頼であっても金融機関はこれに応じなければならないが（最判平成21・1・22金判1314号32頁）、これは、共同相続人の共有に属する預貯金の取引経過の調査が保存行為に当たるので、単独で行使することができるからである（同法264条・252条ただし書）。ただし、被相続人が、その死亡時までに預貯金契約を解約していた場合、金融機関は取引経過の開示義務がないとされる（東京高判平成23・8・3金法1935号118頁）。

② 株式、投資信託受益権、国債等

上場株式や投資信託、国債・社債、外為商品は原則として証券が発行されていないので、金融機関からの計算書等の郵送物を収集して内容を調査し、さらに当該金融機関に存否を問い合わせることによって確認するが、同居の相続人が存しない場合は、早期に全貌を解明できない場合もある。金融機関によっては残高等の通知書類の送付時期が3ヵ月〜1年に一度程度であるため、注意を要する。これらの評価は時価であるが、計算が煩雑であることから共同相続人全員の合意により相続税評価額や額面額等を採用することも多い。

③ 保険

保険は保険証券で確認するが、生命保険については2021年7月から「生命保険契約照会制度」（（一社）生命保険協会）で生命保険契約の有無を確認することができる。損害保険については、一定の災害時には「自然災害等損保契約紹介制度」（（一社）日本損害保険協会）が存するものの、それ以外の時は保険会社からの各種通知やDM等から各保険会社に問い合わせることになる。

死亡保険金は遺産ではなく受取人の固有の権利であるが（最判昭和40・2・2判時404号52頁）、被保険者が被相続人でない場合は保険の権利が存続していて遺産分割の対象となる。この場合の保険の評価は解約返戻金額とするのが一般的で、その金額を保険会社に確認する。

④ 不動産

不動産は登記識別情報通知書（登記済証、権利証）や法務局発行の登記事項証明書、市区町村役場発行の固定資産税評価証明書や名寄帳でその存在を確認する。こちらも、所在が分かる不動産の場合は調査しやすいが、価値が低くて固定資産税が課税されていない山林や私道の場合、マンションで独立した建物等になっている集会室がある場合等が調査から漏れるおそれがある。

　また、被相続人の父母等の代で遺産分割済みであるが所有権移転登記が未了の不動産や、被相続人の父母等の代から未分割である不動産が発見される場合がある。

　前者の場合で登記申請に必要な書類が整っている場合は速やかに登記申請するが、書類が不足する場合は各相続人への依頼が必要になる。一方、後者の場合は登記簿記載の所有者の相続人を調査して全相続人に遺産分割協議を依頼するが、全員の同意が困難な場合は家庭裁判所に遺産分割調停を申し立てることによって解決を図ることができる。

　なお、相続登記の申請が義務化されたことにより、相続が開始して不動産の取得を知った日から3年以内に相続登記を申請しなければならない（令和6年4月1日施行、不動産登記法76条の2）。施行日前に相続が開始していた場合であっても、施行日と相続等により不動産の取得を知った日のいずれか遅い日から3年以内に登記申請が必要である（第2章第2節参照）。

（2）遺産の範囲の確認と遺産分割の対象となる財産

① 預貯金債権

　預貯金債権は遺産分割の対象となる（最大決平成28・12・19金判1510号37頁、最判平成29・4・6金判1521号8頁）。従来の判例では、預貯金債権を含む金銭債権は相続開始と同時に当然に相続分に応じて分割されるので遺産分割の対象外とされてきたが（最判昭和29・4・8民集8巻4号819頁）、上記最高裁決定・判決により修正されている。なお、預貯金債権以外の金銭債権は現在も原則として遺産分割の対象外である。

　また従来は、金融機関の一般的な相続預貯金手続規定には抵触するものの、相続人からの葬儀費用等に充てるための預貯金債権払戻しの要請に対し金融機関が各相続人の法定相続分までの払戻しに応じる便宜払い実務があったが、上記最高裁決定・判決を受け、二重払いリスクから、払戻しには応じることができなくなった。このため、「遺産分割前における預貯金

債権の行使制度（仮払い制度）」（同法909条の２）と「遺産分割審判等の前の仮分割の要件緩和（仮取得制度）」（家事事件手続法200条３項）が新設されている。相続人が単独で金融機関から払戻しを受けることのできる額は以下の通りである。

相続開始時の各預貯金債権額×1/3×払戻請求者の法定相続分

（ただし、金融機関ごとに150万円を限度とする）

② **委託者指図型投資信託受益権**

信託受益権には、金銭支払請求権たる可分債権のほか、信託財産に関する帳簿書類の閲覧または謄写の請求権等の受託者に対する監督的機能を有する権利が含まれており、遺産分割の対象となる（最判平成26・２・25金判1446号22頁）。

③ **個人向け国債**

個人向け国債は法令上、一定額をもって権利の単位が定められ、１単位未満での権利行使が予定されておらず、さらに国債証券が発行される場合もあり得ること、国債登録簿が作成されること等から遺産分割の対象となる（上記最判平成26・２・25）。社債も同様である。

④ **株式**

株主は株主たる地位に基づいて、剰余金の配当を受ける権利（会社法105条１項１号）、残余財産の分配を受ける権利（同項２号）などのいわゆる自益権と、株主総会における議決権（同項３号）などのいわゆる共益権とを有するので、遺産分割の対象となる（上記最判平成26・２・25）。

⑤ **不動産**

土地、建物等の不動産は、遺産分割の対象となる。なお、2018年相続法改正により、配偶者が居住建物に終身または一定期間無償で居住することができる「配偶者居住権（民法1028条〜1036条）」が創設され、この評価が居住不動産の評価より低いことから、配偶者が遺産分割協議で居住不動産を取得する代わりに配偶者居住権を取得することによって、遺産である

金融資産を多めに取得することができるようになっている。

⑥ 不動産賃借権

借主の死亡によって不動産賃借権は消滅しないので、財産権の1つとして相続され、原則は遺産分割の対象となる。ただし、公営住宅の使用権は対象にならない（最判平成2・10・18金判880号3頁）。また、内縁の配偶者等に相続人の賃借権の援用を認めることで居住の保護が図られている（最判昭和42・2・21金判51号5頁）。

⑦ 動産、現金

家財等の動産は、遺産分割の対象となる。現金も法的性格は動産であり、遺産分割の対象となる（最判平成4・4・10金判896号13頁）。

⑧ ゴルフ会員権

預託金会員制、社団会員制、株式会員制の形態があり、預託金会員制や株式会員制のものは原則として遺産分割の対象となる。ただし、ゴルフクラブによっては理事会の承認を必須とする場合や男性から女性、その逆の承継を認めていない場合もある。一方、社団会員制の場合は一身専属制で死亡により退会とみなされるのが通常である。

なお、滞納年会費等が可分債務として承継されることになり、原則は共同相続人に法定相続割合で分割されるが、実務上はゴルフ会員権の承継者が当該債務を承継することが多い。

⑨ 知的財産権

著作者人格権を除く知的財産権は、遺産分割の対象となる。このうち、著作権は自然発生するが、それ以外の特許権、実用新案権、商標権、意匠権等は登録が要件とされる権利である。これら知的財産権は各々有期の権利であり（商標権は再登録可能）、その期限の到来とともに消滅する。

⑩ 保険契約に関する権利

生命保険契約で保険契約者が被相続人で、被保険者が別人（生存中）である場合、この生命保険契約は存続していて、遺産分割の対象になる。た

第❸章 相続手続と金融実務

117

だし、約款で取得する対象者が限定されている場合が多い。

　また、火災保険や自動車保険等の損害保険契約も遺産分割の対象になるが、通常はその付保の対象となっている家屋や自動車等を取得した者が保険契約を承継する。

（3）遺産分割の対象とならないもの

①　一身専属権

　使用貸借の借主の地位（同法597条3項）、組合員の地位（同法679条1号）、扶養請求権や著作者人格権（著作権法59条）等は被相続人の死亡によって消滅する。ただし、親の土地に子が自分名義の家を建築し、土地が使用貸借関係になっている等の建物所有目的での土地使用貸借は、建物所有の用途に従ってその使用を終えた時に、その返還の時期が到来するものと考えられる（東京地判平成5・9・14判タ870号208頁）。

②　死亡保険金

　死亡保険金請求権は受取人の固有の権利であって、相続財産ではない（最判昭和40・2・2判時404号52頁）。また、原則として遺産分割の対象ではないが、保険金受取人である相続人とその他の共同相続人との間に生ずる不公平が民法903条の趣旨に照らし到底是認することができないほどに著しいものであると評価すべき特段の事情が存する場合には、持戻しの対象となると解するのが相当であり（最決平成16・10・29判時1884号41頁）、実際に持戻しの対象と判定された事例もある（東京高決平成17・10・27家月58巻5号94頁、名古屋高決平成18・3・27家月58巻10号66頁）。これらの場合は、単に保険金額の多寡のみならず、この額の遺産の総額に対する比率、同居の有無、被相続人の介護等に対する貢献の度合いなどの保険金受取人である相続人および他の共同相続人と被相続人との関係、各相続人の生活実態等の諸般の事情を総合考慮して判断される。

③　死亡退職金

　死亡退職金についてはまず退職金規定を確認し、その内容によって遺産

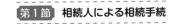

分割の対象財産か否かを判別することになる。

一般的には下記国家公務員退職手当法に準じた規定が定められていることが多く、配偶者に内縁の配偶者が含まれていたり、配偶者を子より先順位にする等、残された遺族の生活保障の観点から民法（相続法制）と異なる規定になっており、遺産ではなく遺産分割の対象とならない。賃金の後払い的な規定内容の場合は遺産として分割の対象となることも考えられる。

〈国家公務員退職手当法〉

2条の2　この法律において、「遺族」とは、次に掲げる者をいう。

　　一　　配偶者（届出をしないが、職員の死亡当時事実上婚姻関係と同様の事情にあつた者を含む。）

　　二　　子、父母、孫、祖父母及び兄弟姉妹で職員の死亡当時主としてその収入によつて生計を維持していたもの

　　三　　前号に掲げる者のほか、職員の死亡当時主としてその収入によつて生計を維持していた親族

　　四　　子、父母、孫、祖父母及び兄弟姉妹で第二号に該当しないもの

2項　この法律の規定による退職手当を受けるべき遺族の順位は、前項各号の順位により、同項第二号及び第四号に掲げる者のうちにあつては、当該各号に掲げる順位による。この場合において、父母については、養父母を先にし実父母を後にし、祖父母については、養父母の父母を先にし実父母の父母を後にし、父母の養父母を先にし父母の実父母を後にする。

---

④　未支給年金

遺族の生活保障の観点から国民年金法等で民法（相続法制）と異なる規定が定められており、遺産ではなく遺産分割の対象でない（本節2「社会保険・年金の手続き」（2）参照）。

⑤　祭祀財産

系譜、祭具、墳墓は祭祀主宰者に帰属し、遺産分割の対象でない。この祭祀主宰者は、第1に被相続人の指定により、第2に慣習により、第3に家庭裁判所の審判により定まる（民法897条1項・2項）。

⑥　遺骨、香典、還付金等、葬儀費用

　いずれも遺産分割の対象でないが、遺産分割協議において、併せて帰趨を決めることも多い。

（4）遺産か否か、遺産分割の対象か否かが不分明な財産

①　有料老人ホーム入居保証金返還請求権

　有料老人ホーム施設の中には相当額の入居保証金を入居時に徴収し、一定期間後に償却する仕組みを取り入れているところがある。この入居保証金の償却前に入居者が死亡した場合、この保証金未償却分は返還されるが、通常は入居時に締結する入居契約書に入居者署名欄、身元引受人署名欄とともに返還金受取人欄があり、施設からこの受取人に保証金未償却分が返還される。

　この保証金返還請求権の性格は入居契約書等により判断するが、判例は受取人の固有の権利（東京地判平成19・6・20判例秘書06232685）、死因贈与（東京高判平成9・6・30判時1610号75頁）、相続財産（東京高判平成28・1・13税務訴訟資料第266号12781順号、東京地判平成22・9・2金法1920号83頁）と分かれていて、近年は相続財産とされている。

（5）債務、保証債務

　債務は契約書、借用書等で調査確認する。貸金庫等にこれらが保管されていない場合は不動産登記事項証明書乙区記載欄等でも確認する。また、被相続人の死亡が伝わることで債権者から申し出があり判明する場合もある。なお、住宅ローン債務は通常団体信用生命保険が付保されていて、債務者の死亡を保険事故として住宅ローン残高見合いの金銭が債権者である金融機関に交付されるので、債務は消滅する。ただし、平成29年9月30日以前に申し込んだ住宅金融支援機構のフラット35等によるローンの場合は付保されていない場合もある。

　一方、保証債務は主たる債務者の弁済が滞っていない間は保証債務が顕在化しないことが多く、被相続人死亡後相当の期間が経過し、主たる債務

者が破綻等した場合に判明することがある。保証債務も契約書等で確認するが、気軽に知人の保証人になった場合等、契約書類が保管されていないこともあるので注意を要する。

　また、債務は原則として相続開始と同時に相続分に応じて当然に分割されるが（最判昭和29・4・8民集8巻4号819頁、最判昭和34・6・19民集13巻6号757頁）、アパートローンの債務等の場合はアパート等を取得した相続人が単独で債務を承継することも多い（債権者と協議の上、免責的または併存的債務引受を行う）。

相続の放棄・限定承認の手続き

（1）概要

　民法では、相続人は自己の意思によって相続を単純に承認することも、放棄することも、プラスの財産の範囲内でのみ債務を承継すること（限定承認）も認めている。

　このため、相続人は熟慮期間内に単純承認、放棄、限定承認のいずれかを選択し（民法915条1項）、放棄と限定承認の場合は熟慮期間内に家庭裁判所に申述しなければならない。

　実務上は、プラスの遺産が大半であり、何らの手続きを行わずに遺産分割することによって単純承認したことになる場合が通常であるが、商売をしていた個人事業主や企業オーナーの場合は隠れた債務が存する場合があるので注意が必要である。また、価値の高い遺品の形見分けをした場合も単純承認したとみなされる。

　なお、「相続等により取得した土地所有権の国庫への帰属に関する法律（相続土地国庫帰属法）」が2023年4月27日に施行されたことにより相続した土地を手放して国庫に帰属させることが可能になったが、その要件は厳しく、また、10年分の土地管理費相当額の負担金の納付が必要である（第2章第2節参照）。

第**3**章 相続手続と金融実務

（2）熟慮期間

　相続人がいつまでもその意思表示をしない場合は、債権者、債務者や相続放棄によって新たに相続人となる人が困るため、民法では一定の熟慮期間を定め、単純承認以外は、相続人はその期間内に家庭裁判所に申述（相続放棄の場合は各相続人が単独で、限定承認の場合は相続人全員で）しなければならない。その期間の起算は「自己のために相続の開始があったことを知ったとき」（同法915条1項・924条）であり、期間は3ヵ月以内である。

　また、相続人等は家庭裁判所に熟慮期間の伸長を申し立てることができるが、伸長の要否を決定（審判）するのは家庭裁判所である（同法915条1項）。

還付金等の帰趨の確認、葬儀費用等負担の確認

　被相続人の死亡によって、遺族に対して葬祭費や還付金等が支給されるので、市区町村役場等で請求権の内容、請求権者を確認する必要がある。これらは被相続人の死亡によって遺族に発生する請求権であり、相続財産ではない。

　一方、被相続人の死亡によって、入院費等の費用（相続債務）や葬儀・納骨等費用（相続債務ではない）が発生し、相続人の一部がこれを支出している場合が多いと考えられる。入院費等は被相続人の未払い金銭債務に属するので、厳密には他の支払い期にある金銭債務とともに、相続開始と同時に相続人に法定相続割合で分割されることになるが（最判昭和34・6・19民集13巻6号757頁）、実務上は預貯金、不動産等のプラスの財産と同時に帰趨を定める場合が多い。

　葬儀費用は被相続人の相続開始後に生じた費用であって、相続人（喪主）の判断により葬儀会社等に発注されるものである。一方、香典は、被相続人の死亡後に参列者等が葬儀主宰者（喪主）や遺族に対して行う贈与であり、通常はここから香典返しを控除した金額が葬儀費用に充てられる。

　「葬儀費用－（香典－香典返し）」

＝正味の葬儀主宰者（喪主）や遺族の負担分

このため、共同相続人全員が葬儀費用・香典を含めて遺産分割することに合意している場合はこれを含めて協議することができるが、反対者が存する場合は、遺産分割と別途に共同相続人間で交渉し、または地方裁判所で民事訴訟手続によって決着を図ることになる。

遺産分割協議と遺産分割協議書の作成

（1）概要

相続人が複数存する場合、相続の開始によって、被相続人に属したプラスの遺産、マイナスの遺産はそれぞれ共同相続人の共有になる（民法898条）。この「共有」は、判例では「民法249条以下に規定する『共有』とその性質を異にするものではないと解すべき」とされていて（最判昭和30・5・31民集9巻6号793頁）、相続人は自分の共有持分を単独で譲渡することができるとされているが（共有説）、合有説を採る学説も多い。実務上は、何も取得する意思のない相続人が相続放棄をしない場合、①遺産分割協議の中で「何も取得しない」ことを決める、②自分の共有持分を他の相続人等に無償譲渡する、の2手法があり、前者が採用されることが多い。

この共有状態を解消し、各遺産の取得者を決めるためには、遺言がない限り、共同相続人全員（ほかに包括受遺者や相続分の譲受人が加わる場合がある）による遺産分割協議が必要になり、相続人が1人でも欠ければ遺産分割協議は成立しない。このため、相続人の中に認知症や障害等により判断能力のない人がいれば後見開始の審判等を家庭裁判所に申し立て、選任された成年後見人等が当該相続人に代わって遺産分割協議に参加する。また、相続人である未成年者がいて、その親権者も相続人である場合は利益が相反するので、家庭裁判所に特別代理人の選任審判を申し立て、選任された特別代理人が未成年者に代わって遺産分割協議に参加する。なお、親権者が未成年の子と利益相反しない場合は、親権者が未成年者に代わって遺産分割協議に参加する。行方不明者が存する場合は、本節2「相続人

の確定」参照。

（2）遺産分割協議の実際

　通常の遺産分割協議では、代表的な相続人の自宅等に相続人全員が集まり、①相続人の範囲の確定、②遺産の範囲の確定、③特別受益、④寄与分を確認した後、法定相続分を参考にしつつ各人が具体的にどの財産を取得するかを決めていく。

　分割方法としては、現物分割、換価分割、代償分割、共有分割が考えられるが、通常は遺産をリストアップして現物分割を行う。遺産の中で自宅のウェイトが高く、これを共同相続人の中の１人が取得する代わりに他の相続人に代償金として自己の保有する金銭を支払うといった代償分割や、共同相続人の誰もが取得を望まない不動産を売却換金して金銭で分割する換価分割が行われることがある。預貯金、投資信託受益権、株式等の金融資産については、金融機関ごと、財産種類ごとに取得する相続人を決めることもあるが（現物分割）、厳密に分割したい場合は各金融資産を解約換金の上、その総額を割合で分割することもある（換価分割）。不動産を複数で共有することで分割を完了する場合もあるが（共有分割）、不動産の管理、処分等で常に意思統一を図る必要があり、次世代になるとさらに共有者が増加して管理、処分の意思統一が困難になることもある。

　相続人間で意見がまとまらなかった場合は、家庭裁判所の調停・審判で解決することになる。

（3）特別受益

　共同相続人の中に、相続人から遺贈（「相続させる」遺言の場合も民法903条を類推適用する（広島高（岡山支部）決平成17・4・11家月57巻10号86頁））を受け、または婚姻もしくは養子縁組のためもしくは生計の資本（事業資金や自宅建築援助等幅広く該当するが、遊興費や観光旅行費用等は含まれない。被相続人が一部相続人に代わってした債務の弁済は含まれる）として贈与を受けた人がある場合、相続人間の公平を図るために、

この特別受益を持戻して計算上は遺産に加算する（計算充当主義）。生前
贈与が居宅のような経年劣化により価値が減少する場合であっても、相続
開始時においてなお原状のまま存在するとみなして計算する（同法904条）。
たとえば、受贈者が贈与時価額5,000万円の不動産の贈与を受け、それを
既に6,000万円で売却していた場合でも、当該不動産は相続開始時に「原
状のままである」とみなされ、客観的に7,000万円と評価されれば、それ
が持戻すべき贈与の価額になる。

　また、特別受益の持戻しは相続人である受贈者に限られ、相続人の配偶
者や子への贈与は原則として持戻しの対象にならない。

　「被相続人が相続開始時に有した財産の価額」＋「特別受益の価額」

　＝みなし相続財産

　そして、特別受益者の受益が相続分以上の場合は、新たな相続分は取得
できない（同法903条2項）。

（例）

　被相続人Ａの遺産は6,000万円。相続
人は配偶者Ｂ、長男Ｃ、長女Ｄ、二男Ｅ。
Ｃは1,000万円の遺贈を、Ｄは生計の資
本として600万円の生前贈与を受けてい
た。

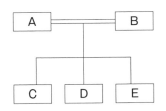

　この場合の各人の具体的な相続額は以下となる。

Ｂ　（6,000万円＋600万円）×1/2＝3,300万円

Ｃ　（6,000万円＋600万円）×1/6－1,000万円＝100万円（別途遺贈1,000万
　　円）

Ｄ　（6,000万円＋600万円）×1/6－600万円＝500万円

Ｅ　（6,000万円＋600万円）×1/6＝1,100万円

（※Ｃへの遺贈額1,000万円は、遺産6,000万円に含まれている。）

一方、特別受益者が自己の相続分を超える生前贈与を受けていたとしても、原則としてこれを他の相続人に返却する必要はない。この場合の不足分は他の共同相続人が負担することになるが、その負担方法は①超過特別受益者不存在擬制説、②具体的相続分基準説、③本来的相続分基準説、④配偶者優遇説に見解が分かれていて、②③が裁判例で多く用いられているようである。

　また、被相続人は、この特別受益による持戻しを免除する意思表示（遺言でなくてもよい）をすることができ、この意思表示があった場合、特別受益を持戻す必要がない（同法903条3項。ただし、遺留分制度に服する）。なお2018年相続法改正により、婚姻期間が20年以上の夫婦において、その一方が他方にした居住用不動産の遺贈または贈与については、持戻し免除の意思表示をしたものと推定される（同法903条4項。2019年7月1日施行、施行日前にされた贈与または遺贈については適用されない（附則4条））。

　次に、被相続人の相続開始前後に一部相続人が葬儀費用等に充てる等のためにＡＴＭで被相続人の預貯金を払戻したことが判明することがあるほか、被相続人の生存中に多額の預貯金が払戻されていたことが判明し、それが生前贈与か否かで揉める使途不明金問題が発生する場合がある。これらが解決しない場合は地方裁判所において民事訴訟手続で決着を図ることになる。

　なお、遺産分割協議で何も取得しない場合、遺産分割協議書を省略する代わりに、その相続人が特別受益証明書を作成して不動産の移転登記申請書に添付することも行われる。

（4）寄与分・特別寄与

　寄与分制度は家業への労務提供、療養看護、財産上の給付等により被相続人の財産の維持、増加に特別の寄与をした共同相続人に対して認められる。したがって、過分な寄与をしていても被相続人の財産が減少していれ

ば寄与分はない。また、共同相続人は通常親族間の扶養義務・扶助義務があるので、この範囲内の行為は寄与分ではなく、当事者の関係によってもその貢献の程度は異なる。共同相続人間で寄与分がまとまらない場合は、家庭裁判所での調停・審判によって解決を図ることになる。なお、被相続人の看護を長男の妻が行っていた場合も、長男の履行補助者として行ったと観念して、長男の寄与分が認められる場合があるほか、2018年相続法改正により、被相続人に対して無償で療養看護その他の労務の提供をしたことにより被相続人の財産の維持または増加について特別の寄与をした「被相続人の親族（特別寄与者）」は、相続人に対して寄与に応じた額の金銭（特別寄与料）の支払いを請求できる（同法1050条1項）。

（5）相続開始後の法定果実の取扱い

　相続開始から遺産分割までに相当の期間が存する場合、その間の預貯金利子や投資信託分配金、株式配当金、家賃等の法定果実が発生する。これらのうち請求権が相続開始後に生じた法定果実は相続人の債権に属するので遺産とは別個の財産というべきであって、遺産分割の対象外である。また、遺産分割の効果は相続開始時に遡るが（同法909条）、法定果実はこの影響を受けない（最判平成17・9・8金判1235号39頁）。

　しかし、金融資産については遺産分割協議時にこれら法定果実を遺産と分別して計算することが困難な場合が多く、通常は相続人全員の合意に基づき元本に併せて分割することが多い。

（6）債務

　債務のうち、不可分債務は遺産分割協議の対象となる。一方、判例の立場では、金銭債務その他の可分債務は法律上当然分割され、各共同相続人がその相続分に応じてこれを承継することになるが（最判昭和34・6・19民集13巻6号757頁）、実務上は遺産分割時に金銭債務の負担者を決めることが多い。特に賃貸マンションがプラス財産として存在し、一方でそのための借入れとしてアパートローンがある場合、当該マンションの取得者が

●図表3−1　遺産分割協議書例

遺産分割協議書

被相続人Ａ（20○○年○月○日死亡）の遺産について、同人の相続人全員（Ｂ、Ｃ、Ｄ）において遺産分割協議を行った結果、以下の通り各相続人がそれぞれ遺産を分割し、取得することを決定したので、本書3通を作成し、相続人は各1通を所持する。

1．遺産分割
　(1)相続人Ｂが取得する財産
　　①○○市○○区○○1丁目234番
　　　宅地　234.56㎡
　　②○○市○○区○○1丁目234番地
　　　木造瓦葺平家建居宅　89.01㎡
　　③○○銀行○○支店に預入中の預金債権のすべて

　(2)相続人Ｃが取得する財産
　　①□□銀行□□支店に預入中の預金債権および投資信託受益権のすべて

　(3)相続人Ｄが取得する財産
　　①△△証券△△支店にて保護預かり中の株式すべて

2．債務、費用の負担
　被相続人の未払租税公課および残存債務並びに被相続人に係る葬儀費用は、相続人Ｂが2分の1、相続人Ｃおよび相続人Ｄが各4分の1ずつ負担する。

3．後日判明した遺産、債務
　本遺産分割協議書に記載なき遺産・債務、後日判明した遺産・債務は、相続人Ｂがこれをすべて取得または負担する。

　20○○年○月○日

　　　　相続人Ｂ　　住所
　　　　　　　　　　氏名　　　　　　　　　　　　　　実印
　　　　相続人Ｃ　　住所
　　　　　　　　　　氏名　　　　　　　　　　　　　　実印
　　　　相続人Ｄ　　住所
　　　　　　　　　　氏名　　　　　　　　　　　　　　実印

その債務を承継することが通常だからである。ただし、債権者は相続人間の遺産分割協議の結果に拘束されないので、遺産分割協議がまとまれば、その結果を債権者と調整することになる。通常は金融機関の債権管理上もマンションの家賃収入からの元利返済を期待するので、当該マンションの取得者が多重債務者等でない限りは相続人の決定を金融機関が承諾することが多いであろう。

この承継の手法としては、免責的債務引受（債務承継者のみが新債務者となり、他の相続人は債務を免責される）と併存的債務引受（債務承継者以外の相続人も連帯して各々持分に応じた債務を負う）があるが、各相続人の実感にも合致する免責的債務引受で承継するのが通常である（本章第3節4参照）。

（7） 遺産分割協議書の作成

遺産分割協議が調ったら、遺産分割協議書を作成する（図表3－1）。これは、金融機関の手続きや法務局での登記手続の際に、遺産分割協議が調ったことの根拠となるからである。

通常の記載方法は、まず相続人全員で遺産分割協議が調った旨を記載し、次に、相続人毎にどの遺産を取得するかを記載する。そして、遺産分割協議後に発見された遺産の取扱いをどのようにするか等を記載する。

遺産分割協議書は全相続人が署名し、各々実印を押印するとともに印鑑証明書（原則、発行後3ヵ月以内）を添付する。遠隔地に居住するために同じ用紙に署名捺印できない場合、代表となる相続人と当該相続人が署名捺印した協議書を他の協議書に添付することが多い。また、相続人が海外居住の日本国籍者である場合は、原則として日本国大使館・領事館発行の署名証明書（サイン証明書）・在留証明書で、相続人が海外居住の外国籍者である場合は、その国の公証人による証明によって本人が自己の意思で作成・署名したことを確認する。

第3章 相続手続と金融実務

129

相続手続

（1）不動産の所有権等移転登記手続

　登記原因証明情報として遺産分割協議書に被相続人の出生から死亡までの経過が分かる戸籍全部事項証明書（戸籍謄本）または除籍全部事項証明書（除籍謄本）並びに相続人であることが分かる相続人の戸籍全部（個人）事項証明書（戸籍謄抄本）を添付して相続を原因とする所有権移転登記を申請する。

　なお、2017年5月29日から法務局において「法定相続情報証明制度」が開始されており、法務局発行の「法定相続情報一覧図の写し」を提示することで、法務局・金融機関等において相続人関係を証明するための戸籍謄本等の提示に代えることができる。

　また、2024年4月1日施行の改正不動産登記法により、相続や遺贈により不動産を取得した相続人に対し、自己のために相続の開始があったことを知り、かつ、その所有権を取得したことを知った日から3年以内に相続登記の申請をすることが義務付けられている（第2章第2節参照）。

（2）預貯金・有価証券等の名義変更・換金

　預貯金・有価証券等の名義変更・解約換金に際しては、遺産分割協議書、法定相続情報一覧図写し等を金融機関に提示して手続きを行う。なお、被相続人のＮＩＳＡ口座は、たとえそれを取得する相続人がＮＩＳＡ口座を開設している場合でもそこに移管することはできず、課税口座（特定口座または一般口座）に移管される。

　また、2024年1月から新NISA制度がスタートしているが、2023年までに開設された旧NISA口座で購入した株式・投資信託等の有価証券等は新NISA口座に移管（ロールオーバー）されない。購入した年を含め5年が経過すると各々の非課税期間が終了し、その後は、課税口座の特定口座（特定口座未開設の場合は一般口座）へ移管される。以後は、売却益や配当金・分配金は課税されることになるので、「非課税期間内に売却する」

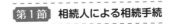

か、「課税口座へ移管する」かを選択することになる。

　一方、ジュニアNISA口座の場合は「継続管理勘定」にて1月1日時点で18歳である年の前年まで非課税で保有することができる（一括売却・口座閉鎖が可能）。なお、1月1日時点でNISA口座が自動的に開設されるが、ジュニアNISAの残高は移管されず、課税口座に払出される。

（3）債務の弁済、承継手続

　弁済期が到来している債務を債権者に弁済し、弁済期の到来していない債務、分割払い債務は債権者とその承継手続を行う。

3　税法に関する手続き

　所得税、相続税の申告・納付が必要な場合、民法上の相続手続と同時並行して所得税・相続税の申告手続を進めなければならない。

所得税の申告・納付（準確定申告）

　所得税は、毎年1月1日〜12月31日までの1年間に生じた所得に対する税額を算出して翌年の2月16日〜3月15日までの間に申告と納税をすることになっており、被相続人が給与所得以外に各種の所得金額（給与所得、退職所得を除く）の合計額が20万円を超える等の場合（年金収入が400万円以下で、かつ年金以外の所得が20万円を超える場合も同様）、生前に確定申告をしていたはずである。このような被相続人が年の中途で死亡した場合は、相続人が、1月1日から死亡した日までに確定した所得金額および税額を計算して、相続の開始があったことを知った日の翌日から4ヵ月以内に申告と納税をしなければならない（準確定申告、所得税法124条・125条）。

青色申告の申請手続

　確定申告している不動産所得、事業所得、山林所得のある納税者のうち、一定水準の記帳をし、その記帳に基づいて正しい申告をする場合に、所得

第❸章　相続手続と金融実務

金額の計算などについて有利な取扱いが受けられる制度を青色申告という。この青色申告制度の適用を受けている事業を承継した人が引き続き青色申告制度の適用を受ける場合は、図表3-2に記載の通りに納税地の所轄税務署長に青色申告承認申請書を提出しなければならない（所得税法144条、所得税基本通達144-1）。

●図表3-2　青色申告の提出期限

死亡日	提出期限
その年の1月1日～8月31日	死亡の日から4ヵ月以内
その年の9月1日～10月31日	その年12月31日
その年の11月1日～12月31日	翌年2月15日

相続税申告・納付

　相続税は、課税価格から基礎控除額を控除した課税遺産総額に対して課税され、相続の開始があったことを知った日の翌日から10ヵ月以内に申告書を提出しなければならない（相続税法27条・33条）。

　課税価格＝「相続または遺贈により取得した財産の価額」＋「みなし相続・遺贈により取得した財産の価額」－「非課税財産の価額」＋「相続時精算課税制度により贈与を受けた贈与金額」－「債務・葬式費用の額」＋「被相続人から相続開始前3年※以内に受けた贈与財産の価額」

　基礎控除額＝3,000万円＋600万円×法定相続人の数

※2027年から2031年までの間に、持戻し期間が3年から順次1年ずつ増加し、最終的に相続開始前7年以内に受けた贈与財産の価額が加算されることになる。ただし、延長された4年間に受けた贈与については総額100万円までは相続財産に加算しない（第2章第4節参照）。

　また、相続税の納付期限は原則として申告書の提出期限と同じであるが、延納・物納制度がある（第2章第4節1「延納と物納」参照）。

第2節

預貯金等に係る相続手続

1 相続開始時の初動対応

　金融機関の店頭や外訪先で、取引先について相続が開始されたとの情報を入手した際に、まずとるべき行動は何であろうか。それは「お悔やみと、生前の取引に対するお礼を述べる」ことである。大切な身内の方を亡くした相続人の心情は不安定な状態であり、これから処理せねばならない多くの相続手続についても不慣れで不安でいっぱいのはずである。そのような状態で金融機関行職員の気遣いに満ちた言葉は救いとなり、以降の相続手続についても協力してもらえる可能性が高まることとなる。これは、いわば「社会人としての常識」と認識すべきである。

　次に、開始された相続が複数名の相続人による共同相続の場合、被相続人に帰属していた財産は相続人による共有（不動産等の所有権の場合。所有権以外の財産権である預貯金債権は準共有とされ（民法264条）、法律上の効果は共有と同じ）となるため、預貯金債権や保護預かり物件の管理について、相続開始後はすべての相続人に対する善管注意義務を負うこととなる。そして、これに抵触する行為（たとえば合理的理由なしに、被相続人名義預金を特定の相続人に対し全額払戻すなど）は、金融機関が損害賠償義務を負うことがある。したがって、このような事態の発生を防ぐため、被相続人との取引について、とりあえず新たな取引、特に払戻取引が生じないための処置をとる必要がある。具体的には預貯金口座について「支払禁止登録」を施し、貸金庫契約については新規の入出庫が生じないための登録が必要である。その他に、投資信託、公共債、金投資等の取引につい

ても同様に新たな取引が生じないための措置が必要である。

　金融機関が取引先の相続開始の事実を知った後には、全相続人に対する善管注意義務が生じることとなるが、相続開始の事実を知る手段は、相続人からの申し出によるばかりではない。地域密着の営業を特色とする地域金融機関では、行職員の外訪活動中に町内会の掲示板への死亡通知掲載に気付いたり、取引先の葬儀の場に出くわすことがあればいずれも相続開始の事実を知ったことになる。また、有名人との取引がある場合はマスコミ報道によって相続開始の事実を知ることもある。支店長や営業担当者が葬儀に参列した場合は当然に相続開始の事実を知ったこととなるため、店内の情報連絡が不徹底で窓口業務担当者がその事実を知らず、無権限者に対する預貯金払戻や貸金庫の開扉請求に応じた場合は善管注意義務に抵触することとなる。

　また、金融機関が相続開始の事実を知って被相続人の預貯金口座に支払禁止登録を施すことは、必ずしも相続人に歓迎される行為ではなく、時にはその行為を非難されることもある。しかしながら、これは前述の通りすべての相続人に対する金融機関に課せられた義務の履行手段であり、要件さえ整えれば預貯金の払戻しに応じることが可能であることを説明し、理解を求めるべきである。そして、預貯金の払戻しに必要な要件は、すべての相続事案について同一ではなく、様々な内容に分かれるため、それらを正確に理解し、相続人に対して適切に案内することが求められるのである。

2　相続預貯金の払戻し

　相続開始後に被相続人に帰属していた預貯金の払戻しは、金融機関が最初に直面する課題であろう。しかも今日、金融機関に預貯金口座を持たない者は考えられない程に国民生活の中に根強く定着していることから、相続人が相続手続として手掛ける順序としては、かなり早い時期となるであろ

う。

　従前、共同相続における預貯金債権は、可分債権の特徴として相続開始と同時に各相続人がそれぞれの相続分に応じて分割して承継するとの「法定分割承継」の立場で処理されてきたが、前掲最高裁大法廷平成28年12月19日決定は「遺産分割の対象とする」として、法定分割承継を判例変更した（金融法務事情2058号6頁等）。このため、法定分割承継を前提としていた多くの相続手続は変更を余儀なくされることとなった。

　そこで、上記最高裁決定の立場を前提としたうえで、遺産分割方法・手段別に具体的な預貯金払戻方法を紹介し、次いで便宜扱いを含む異例な預貯金払戻方法について解説する。

遺産分割方法・手段別の預貯金払戻手続

　被相続人に帰属していた預貯金の払戻手続は、相続の形態、特に遺産分割方法・手段により、取引の相手方が一律ではなく、かつ相続人から受け入れるべき確認資料についても様々である。

　いうまでもなくこの分野は各金融機関によってそれぞれ組織内で適用するルールが定められているため、普遍的に適用すべき項目に絞ると図3－3～3－7の通りとなる。

異例な相続預貯金の払戻手続

（1）葬儀費用に充当するための一部の相続人による相続預金払戻請求

　相続が開始されると、社会通念として死者を弔うための葬儀が行われ、それに要する費用は故人や遺族の社会的地位や地域の慣習等により差異はあるものの、総じて多額となる。

　また、支払時期も相続開始から日を置かずに発生するため、相続人としては多額の葬儀費用を被相続人名義預金の払戻しを受けて充当したいとのニーズが発生する。ところが、この時期に法定の手続き通りに相続人を確定するための戸籍情報の収集や、遺産分割協議を成立させることは不可能に近く、共同相続人の一部からの払戻請求となることが多い。

●図表 3 - 3　遺産分割協議前（遺言書なく、遺産分割協議書も未作成）の預貯金払戻し

項　目	内　容
払戻取引の相手方 相続手続依頼書への署名・捺印者	法定相続人全員
確認資料	①戸籍情報（戸籍謄本、戸籍の全部事項証明） ・被相続人の誕生から死亡までの間が連続したもの。 ・兄弟姉妹が相続人の場合は、被相続人の両親の誕生から死亡までの間が連続したもの。 ・代襲相続の場合は、被代襲者（被相続人よりも先に死亡した法定相続人）の誕生から死亡までの間が連続したもの。 ・各相続人の戸籍情報（上記の戸籍情報と、相続人の印鑑証明書に表示された生年月日の一致をもって省略することがある）。 ・これらの戸籍情報に代わり、法定相続情報証明制度による登記官の証明文言付きの「法定相続情報」写しを受け入れることも可。 ②全相続人の印鑑証明書（相続手続依頼書へ実印押捺） ③預貯金払戻受領者の本人確認資料
留意事項	①遺言書、遺産分割協議書ともに作成されていない状態で、全相続人の依頼により相続人代表者への預貯金払戻が基本形。 ②提出を受けた戸籍情報によりすべての法定相続人を確定し、その全員から依頼を受ける。

●図表 3 - 4　遺産分割協議書による預貯金払戻し

項　目	内　容
払戻取引の相手方 相続手続依頼書への署名・捺印者	遺産分割協議書により、預貯金債権を取得することとされた相続人
確認資料	①遺産分割協議書（原本確認のうえ写しを受入） ②戸籍情報（図表 3 - 3 の「確認資料①」と同じ） ③全相続人の印鑑証明書（遺産分割協議書へ実印押捺） ④預貯金払戻受領者の本人確認資料
留意事項	①提出を受けた戸籍情報によりすべての法定相続人を確定し、その全員が遺産分割協議に参加していることを確認する。 ②遺産分割協議内容により、預貯金債権の取得者を確認する。

●図表3-5　遺言書による預貯金払戻し

項　目	内　容	
払戻取引の相手方 （相続手続依頼書へ の署名・捺印者）	遺言執行者	受益相続人
確認資料	①遺言書（自筆証書遺言については原本かつ検認証明書を、法務局による遺言書の保管制度を利用している場合は「遺言書保管所に保管されている遺言書について、遺言書保管ファイルに記録されている事項を証明した書面（遺言書情報証明書）」を、公正証書遺言については公証人発行の謄本をそれぞれ確認のうえ、その写しを受入） ②戸籍情報（遺言者について相続開始した事実と、受領者の血縁関係が分かる範囲のもの）	
	③遺言執行者選任の審判書写し（家庭裁判所による選任審判を受けた場合に必要） ④遺言執行者の印鑑証明書（相続手続依頼書に捺印。遺言執行者が弁護士の場合は所属の弁護士会発行のもので可） ⑤受遺者または受益相続人が、遺言者の相続開始時点で生存していることの確認資料（住民票等）	③受益相続人の印鑑証明書（相続手続依頼書に捺印）
留意事項	すべての事案について遺言執行者が対応可能。特に遺言書で第三者に遺贈されている場合は、金融機関に対する対抗要件具備の必要上、遺言執行者を払戻取引の相手方とすべきであり、受遺者を相手方とするのはリスクを伴う。	遺言書の表示内容が、当該金融機関の預貯金を特定の相続人に相続させるとの趣旨である場合に限り、それ以外の場合は遺言執行者を相手方とする。

●図表3-6 遺産分割調停、審判、訴訟による預貯金払戻

項　目	内　容
払戻取引の相手方 ［相続手続依頼書へ の署名・捺印者］	調停、審判、訴訟の結果、預貯金債権を取得することとされた相続人
確認資料	①調停調書、審判書（確定済）、判決書（確定済）、裁判上の和解調書等の写し ②預貯金払戻受領者の本人確認資料
留意事項	被相続人につき相続開始の事実や、法定相続人を確定するための戸籍情報の受入は不要（裁判所にて確認済）。

●図表3-7 遺産整理受任者に対する預貯金払戻

項　目	内　容
払戻取引の相手方 ［相続手続依頼書へ の署名・捺印者］	遺産整理受任者
確認資料	①戸籍情報（被相続人死亡と法定相続人確認可能なもの） ②遺産整理に関する委任契約書（全相続人と遺産整理受任者間で締結） ③委任状（上記委任契約の委任等を表示した全相続人発行のもの）
留意事項	①遺産整理受任者は個人・法人を問わず受任可能であり、信託銀行が業務の一環として手広く取り扱っている。 　この業務を「業として行う」場合、弁護士法に定める非弁活動禁止条項（弁護士法72条）の抵触が問題となる。この点につき一般社団法人信託銀行協会と日本弁護士連合会の間で平成6年に協定が締結され、以下のケースを除き信託銀行は遺産整理業務が取り扱えるとしている。 ・相続人間で法的紛争状態にある場合 ・相続人間で遺産分割協議がまとまらない場合 ・子の認知や相続人の廃除等に関する相続人の身分関係業務 ②このような協定・取り決めがなされていない法人・団体が業として遺産整理業務を受任する行為は弁護士法に抵触する可能性があるため、安易に取引の相手方とすることは避けねばならない。

　この申し出に応じるためには、金融機関のリスク判断の下で一種の「便宜扱い」で対応すべきこととなるが、相続預貯金について従前の「法定分割承継」の立場からすれば、払戻請求者の相続分の範囲内であれば事実上のリスクなしに応じることができた（たとえば、被相続人の配偶者からの請求であれば、最低限2分の1の相続分が確保されていることから、預貯金残高の2分の1まではリスク負担することなく払戻請求に応じることが可能であった）。

　ところが、前掲最高裁大法廷平成28年12月19日決定と、その後の判例（前掲最判平成29・4・6金判1521号8頁）により、相続預金の可分債権としての法定分割承継の立場が否定され、「遺産分割の対象とされる」旨判例変更されたことにより、リスク負担なしに払戻請求者の相続分範囲内の払戻しに応じることはできなくなった。

　相続開始後の相続人の心情は総じて不安定であり、特に葬儀費用支払いに対するニーズは強いものがあるため、従前多くの金融機関が事実上応じてきた方法が、ある日突然できなくなると感情面からの対立が生じる可能性が高い。同様に、故人が死を迎える場所が病院である場合には、入院治療費の支払いについても葬儀費用と同様のニーズと問題が生じる可能性が高い。

　この問題解決は、各金融機関のリスク判断によるほかなく、一律にコメントすることは不可能であるが、総じて可能とする範囲は、相続人が店勢圏内に居住し、従前から取引関係にあるか、もしくは遠方居住者であっても社会的立場等から勘案し、後日何か修正を必要とする事態となった際に確実に応じてもらえるとの確信が持てる相続人を対象とすべきであろう。また、すべての法定相続人の確定が不可能であっても、極力多くの相続人からの賛同を取り付けることがリスク軽減につながることとなる。また、預金払戻方法も、病院や葬儀社発行の請求書を確認し、それらの金融機関口座への振込によるのが望ましい。少なくとも、ある日突然見ず知らずの

人物が来店し、相続人であると称して多額の預貯金払戻を求められた場合、それが葬儀費用充当目的との説明であったとしても、その他に特段の事情がない限り応じるのは困難であろう。

（2）生計費に充当するための一部の相続人による相続預貯金払戻請求

　相続人が生計費を全面的に被相続人に頼っていた場合、相続開始後に当該相続人から預貯金の一部払戻請求を受けることが想定されるが、この場合も前述の葬儀費用に充当するための払戻しと同様に、全相続人による遺産分割協議の成立か、もしくは全相続人の同意と依頼による場合以外は便宜扱い対応となる。しかも、葬儀費用や被相続人の入院治療費の類は共同相続人に共通の債務と解釈される余地があるが、特定の相続人の生計費充当は当該相続人のみの利益に直結することとなるため、便宜扱いとして対応可能な対象はより限定されることとなろう。

　この種のニーズに対応するため、2018年相続法改正では以下の2つの手段が用意されており、2019年7月1日の改正法施行後は、相続開始時期が改正法施行の前後を問わず利用可能となった。

① 　家事事件手続法の保全処分としての仮分割の仮処分

　従前から設けられていた制度であるが適用されるための要件が極めて厳格であったものを、預貯金債権を対象とするものについて要件が緩和された規定が設けられ、利用しやすくなった（家事事件手続法200条3項）。

② 　預貯金の仮払い制度

　この方法は家庭裁判所の判断を経ることなく金融機関の窓口で預貯金の払戻しを受けることが可能なもので、以下の計算式での金額を上限とし、かつ同一の金融機関について150万円を限度とするものである。

　「相続開始時の預貯金残高×1/3×払戻を求める相続人の相続分」

（3）相続分相当額の一部払戻後の留保分の預貯金払戻請求

　共同相続人中に行方不明者が存在したり、相続人間での遺産分割協議が長期間にわたって成立しないため、一部の相続人から自己の相続分相当額

の払戻請求を受ける事態が従前はしばしば発生していた。そして、この種の請求について金融機関が正当事由なしに拒絶した場合、訴訟提起されれば間違いなく敗訴し、その結果法定利率による遅延損害金負担が生じ、場合によっては不法行為を形成したとの事由で原告が負担した訴訟提起のための弁護士費用負担との損害賠償請求が認められる事態も発生していた（大阪高判平成26・3・20金法2026号83頁）。

　しかしながら、前掲最高裁大法廷平成28年12月19日決定が出された以降は、この種の預貯金一部払戻を新規に行うことができなくなったことに加え、従前は合法的に一部払戻請求に応じ、払戻留保していた部分について、行方不明とされていた者から払戻請求を受けることがある。この場合は、当該申出人のみを相手方として払戻しに応じることはできず、改めて払戻留保分を含め全相続人間で遺産分割協議を成立させ、その結果に基づいて払戻しに応じることが必要となった。この点について新たな払戻請求者の立場からすれば容易に理解できないものと推定されるが、最高裁による判例変更は法律と同視すべき立場のため、説明のうえ理解を求めるほかない。

　現実的な問題解決手段として、ごく一部の相続人の相続分相当額のみが留保されているケースでは、他の多数の相続人を含めた遺産分割協議を改めて成立させることは困難視されるため、既に払戻済の各相続人に対し、留保分を請求者に払戻すことについて異議がなければこれに応じる旨を金融機関から文書で通知し、一定期限までに特段の異議申出がなければ、払戻しに応じる方法が考えられる。ただしこの場合、払戻済の相続人の1名からでも異議が主張された場合は、払戻しはできないこととなる。

　また、ごく一部の相続人に対してのみ払戻しに応じ、他の多数の相続人分を留保しているケースでは、改めて全相続人による遺産分割協議の成立を促すほかない。

（4）法定要件不備の自筆証書遺言が提示された場合の対応

　遺言書による遺産処分等の指定は、遺言書が法的に有効なものであれば

相続人等に対して拘束力を持ち、相続人は原則としてそれに従うべき義務がある（遺言内容に第三者への遺贈が含まれておらず、または第三者への遺贈を侵害しない範囲内で共同相続人全員が合意した場合は、遺言内容とは異なる内容での遺産分割協議を成立させる余地はある）。しかしそのためには遺言書としての法的要件が満たされている必要があり、瑕疵ある内容の遺言書の場合はその効力について問題視されることがある。

この点につき、公証人が作成した公正証書遺言について問題視されることは想定されないが、遺言者自身が作成した自筆証書遺言については、その内容の瑕疵につき問題となることがある。

自筆証書遺言は、全文自筆で作成日付の記載があり、遺言者の署名・捺印があること（民法968条1項。ただし、自筆証書と一体のものとする相続財産目録は自書を要せず、目録の毎葉に署名・捺印を要す（同条2項））、加除・変更場所の指示、変更した旨の付記・署名、変更場所への押印（同条3項）、2人以上の者による同一証書での作成禁止（同法975条）、家庭裁判所による検認（同法1004条）等の多くの要件を満たすことが求められている。

金融機関の実務上の問題点として、法定要件を満たしていない自筆証書遺言の提示を受け、遺言内容で預貯金債権を取得するとされた相続人からの預貯金払戻請求を受けた場合の対応があげられる。

自筆証書遺言での欠陥で最も多く見られるのは正しい訂正方法によらないものであるが、これについては訂正がなかったものとして取り扱うことができる余地がある。しかしながらその他の瑕疵内容に係る自筆証書遺言の有効性については、以下の通り多くの判例がみられる。

〈無効とした判例〉
① 作成日付を吉日とした遺言（最判昭和54・5・31民集33巻4号445頁）
② 斜線が引かれた遺言書は故意に遺言書を破棄したときに該当する（最判平成27・11・20金判1485号10頁）
③ 自筆証書に施された花押は押印とは認められない（最判平成28・6・3金判1501号8頁）

〈有効とした判例〉
① 自筆遺言証書の日付が真実の作成日付と相違しても、それが誤記であることおよび真実の作成の日が遺言証書の記載その他から容易に判明する場合（最判昭和52・11・21金判538号16頁）
② 氏名の自署は遺言者が何人であるかにつき疑いのない程度の表示があれば足り、必ずしも氏名を併記する必要はない（大判大正4・7・3民録21輯1176頁）
③ 自筆証書遺言における押印は指印をもって足りる（最判平成元・2・16金判819号13頁）

第3章　相続手続と金融実務

　このように、自筆証書遺言に不備がみられる場合は、金融機関の立場でその有効性について積極的に判断することは不可能であり、有効なものとして手続きをとることはできないであろう。また、自筆証書遺言に求められる家庭裁判所による検認手続は、単に遺言書の状態を保全するだけのものであり、その法的有効性を充足する証明手続ではないが、この点を誤解する相続人もみられる（自筆証書遺言書保管制度を利用した場合は、検認手続を要しない）。したがって、記載内容に瑕疵が認められる自筆証書遺言が提示され、その内容に従った預貯金払戻請求を受けた場合の実務対応は、瑕疵内容を指摘したうえでその有効性判断につき司法判断を求めるよう勧めるか、または全相続人に対して遺言内容の瑕疵を明示したうえで、それでも遺言者の遺志を尊重し、遺言内容通りに処理することに異議がないかどうかを金融機関から照会する程度の対応に留めざるを得ない。

（5） 遺言書で預貯金の遺贈指定を受けた者からの払戻請求

　遺言書で特定の相続人に特定の遺産を「相続させる」との指定がされている場合は、「遺贈であることが明らかでない限り、当該遺産を当該相続人をして単独で相続させる遺産分割の方法指定がなされたもの（最判平成3・4・19金判871号3頁）」とされることから、当該相続人を相手方として預貯金払戻手続をとることができる。一方、遺言の内容が相続人以外の第三者への遺贈の指定であって、その対象が預貯金債権の場合は「債務者（金融機関）に対する対抗要件の具備」が、受贈者（遺贈指定を受けた者）への預貯金払戻しのための必要要件となる。

　この点につき判例では「指名債権が特定遺贈された場合、遺贈義務者の債務者に対する通知または債務者の承諾がなければ、受贈者は遺贈による債権の取得を債務者に対抗することができない（最判昭和49・4・26金判524号41頁）」としている。この判例でいう「債権の譲渡の対抗要件」とは「債権の譲渡（現に発生していない債権の譲渡を含む。）は、譲渡人が債務者へ通知し、又は債務者が承諾をしなければ、債務者その他の第三者に対抗することができない（民法467条1項）」を意味する。したがって、上記判例の解釈は「遺言者名義の預金債権が相続人以外の第三者に遺贈（特定遺贈）された場合、遺言者の全相続人（遺贈義務者）の金融機関（債務者）に対する通知または金融機関の承諾がなければ、当該第三者は預金払戻請求ができない」とされることとなる（なお、2019年7月1日施行の民法改正により、従前、証券的債権と区別する意味で用いられてきた「指名債権」の用語は用いず、単に「債権」と表示するようになった）。

　しかしながら現実問題として、遺贈義務者である遺言者の相続人は自己にとって不利益となる遺言内容の実現のために金融機関への通知について積極的に協力するとは思われない。そのような場合は、遺贈指定された第三者が家庭裁判所に対して遺言執行者の選任申立てを行い、選任された遺言執行者が全相続人を代理して金融機関に対し預貯金債権の譲渡通知を行

えばよく、その要件が整えられれば金融機関は払戻請求に応じることが可能である。

（6）遺言内容に遺留分の侵害がある場合の対応

　法的に有効な遺言書による遺産の承継等の指定について、相続人は原則としてそれに従うべき義務があるが、その内容が極端に特定の相続人に手厚く相続させるものであったり、第三者への遺贈である場合は、他の相続人は遺留分を請求する権利がある。その内容は、直系尊属のみが相続人である場合は被相続人の財産の3分の1で、それ以外の場合は被相続人の財産の2分の1であるが、兄弟姉妹には遺留分は認められない（民法1042条。第2章第1節7参照）。

　ところで、被相続人の預貯金債権について遺留分を侵害する内容の遺言書が提示され、その内容に従った預貯金払戻請求を受けた場合の金融機関に課せられた義務や対応はどうであろうか。

　遺留分の権利を有する相続人は、その請求（遺留分侵害の請求権の行使）が可能であるが、相続の開始および遺留分を侵害する贈与または遺贈があったことを知った時から1年間行使しないときは、その請求権は時効により消滅し、または相続開始の時から10年を経過したときにも請求権は消滅する（同法1048条）。そして侵害請求する相手方は遺言書による指定によって利益を受けた者であって、単に遺言者から預貯金を受け入れていた金融機関は侵害請求を受けるべき立場にない。したがって、特段の事情がない限り、遺言内容が他の相続人に対する遺留分の侵害があったとしても、遺言内容に従って預貯金払戻に応じればよいこととなる。

　ただし、預貯金払戻手続の前に、遺留分を侵害された相続人から金融機関に対し、「遺留分侵害の請求権を行使する予定であり、遺留分に相当する金額の預貯金は払い戻さずに留保してほしい」との申し出があった場合はどうすべきであろうか。2018年相続法改正により、物権的効果を有する「遺留分減殺請求権」は債権としての「遺留分侵害額請求権」に改められ、

相続対象資産が不動産や事業用資産等の場合、受益相続人は別途金銭等による清算を前提に所有権移転登記手続が可能である。預貯金債権についても同様の解釈が成立する可能性を考慮し、2018年改正相続法の施行時期である2019年7月1日を基準として、それ以前に開始した相続については遺留分権利者の申し出内容に相当する金額は払戻しを留保し、それ以降に開始した相続については遺言内容通りの払戻しをすべきであろう。

（7）相続開始後の預貯金口座への振込

　預貯金口座への振込通知を受けた金融機関は、指定された預貯金口座に入金記帳し預貯金債権を発生させることが普通預（貯）金規定に定められており、日常の金融機関業務で多く発生している取引である。そして、預貯金者について相続開始後も、当該預貯金口座は相続人による準共有で維持されることから、口座への新たな入金取引を停止し、金融機関側で口座解約に及ぶ行為は普通預（貯）金規定にはみられない。

　また、相続開始後の振込は、遺産の変化（金銭債権の資金化）や、遺産から生ずる果実（賃貸不動産の家賃、株式配当金等）である可能性が高く、これらの事由からして相続開始後も預貯金口座への振込通知を受けた際には預貯金として入金記帳すべきである。

　ただし、厚生年金、国民年金等の公的年金が支給され、預貯金口座への振込で受給していた者が死亡した後は、国庫金振込の振込依頼人である日本銀行の金融機関に対する要請で相続開始した受給者の預貯金口座には入金せず、資金を返却することとされているため、例外扱いとして対応する必要がある。

　この問題については、従前の取扱いは金融機関によって様々であり、むしろ多くの金融機関では相続開始後の預貯金口座は入出金取引を含む一切の新規取引を停止する処置をとってきたのではないであろうか。そしてその処置をとっても、相続人との間で特段の問題が生じることは少なく、相続開始後の振込のうち、特に相続人からの依頼あるものに限って個別に入

金処理することで十分に相続手続が行えたとの現実がある。

したがって、今後どのように対応するのかについては、各金融機関の地域特性やシステム対応力その他の事情を勘案し決定する必要があるであろう。

ただし、前掲最高裁大法廷平成28年12月19日決定により、この問題の法的解釈がより明確化され、かつ世間一般もこの問題についての関心が従前よりも高まっているであろうことからして、相続開始後の預貯金口座への振込入金は一切認めないとの方針で対応する場合は預貯金規定の改定等で十分な説明責任が果たせるだけの用意が必要である。

当座勘定先について相続開始後の口座処理は、これとは異なる。当座勘定契約の法的性質は、他の預貯金契約と同様の「消費寄託契約」の性質とともに、当座勘定先が振り出したり引き受けた手形・小切手が支払呈示されたら金融機関は支払いに応じるとの「支払委託契約」の性質がある。そして後者は民法で定める委任契約に属すると解され、契約当事者の死亡は委任の終了事由に該当するため（民法653条1号）、当座勘定先について相続開始すると口座は直ちに閉鎖し、その後に振込通知を受けると「該当口座なし」を理由に返却することとなる。また生前に振り出したり引き受けた手形・小切手が相続開始後に交換呈示された場合は「振出人等の死亡」を不渡事由（0号不渡）として不渡返還することが手形交換所規則に定められている（電子交換所規則施行細則33条1項1号3）。

（8）借名預貯金や架空名義預貯金が遺産分割対象とされた場合

相続人間で成立した遺産分割協議書の提出を受け、分割対象に被相続人名義とは異なる名義の預貯金債権が含まれていることがある。

この事態の大半は、資産家が生前に推定相続人等への贈与目的で、それらの者名義の預貯金口座を開設し、毎年一定額の入金（多くの場合、贈与税の非課税限度額とされる年間110万円である）をするも、預貯金通帳等の管理は名義人でなく資産家自身が行っていた結果、相続開始後の税務調査によって名義人への贈与が否認され、借名預貯金のため相続対象の遺産

と認定されたものであろう。

　しかし、現在は預貯金口座開設時に厳格な取引時確認手続が求められるため、実在しない人物を名義人とする口座（架空名義預金）や他人名義での口座開設は不可能である。ただ、過去の残滓として稀に存在することがあり、相続開始を機にそれが判明することがある。

　いずれにしても、これらの預貯金債権が遺産分割協議の対象として明示されている場合は、その理由を相続人に質してみる必要がある。そして借名預貯金の名義が共同相続人の誰かであって、その者が遺産分割協議に参加している場合は、それ以上の事実解明は不要である。しかしながら、共同相続人以外の者の名義とされている場合は、当該名義人と連絡をとり、預貯金債権の帰属について確認すべきであろう。また実在しない人物が名義人である架空名義預貯金については、その届出住所地の該当と名義人の居住の有無は最低限確認すべきである。併せて、いずれのケースについても、当該預貯金を受け入れた際の金融機関担当者へも事情照会すべきである。

　それらの一連の確認手続を経ても、預貯金名義人に帰属するとの確証が得られない場合は、申し出通りに遺産分割協議の対象として処理せざるを得ないであろう。その場合、払戻しに際して、相続手続依頼書に「損害担保文言」を加え、後日この処理について問題が生じた場合は、相続人において解決するとの確約を得ておくべきであろう。

3　預かり資産の相続手続

　相続開始した際に預貯金債権だけでなくそれ以外の多種の金融商品が相続手続の対象となることも珍しくない。そのうち、被相続人を被保険者とする生命保険契約については、保険金受取人があらかじめ指定されているため、相続開始により保険事故が発生した後は当該保険金受取人が保険会

社に連絡をとり、保険金の給付手続を行うことになる。

　一方、金融機関が長期国債や公募地方債、個人向け国債等を販売した場合の相続手続は、預貯金の相続手続と同じく遺言書による指定または全相続人による遺産分割協議の結果、それを取得することとなった相続人との間で手続きすればよく、投資信託についても基本的には同様である。

　複数の相続人による共同相続の対象とされる預金債権については、前掲最高裁大法廷平成28年12月19日決定によって法定分割承継を否定する判例変更がなされたが、投資信託や個人向け国債については、いずれももっと早い時期に法定分割承継を否定する判例が登場している（委託者指図型投資信託受益権や個人向け国債に係る共同相続につき可分性を否定した判例として最判平成26・2・25金判1446号22頁）。

　以上の結果、預貯金を含む金融機関が取り扱う商品は、事実上すべて「遺産分割の対象とする」ことに統一されたことから、預貯金の相続手続で解説した内容に準じて処理すればよいこととなる。

　ところで、預貯金債権は元本が変動することはないが（外貨預貯金は為替相場変動によって円換算額に変化が生じる）、投資信託受益権は日々変動する基準価格により元本額が変動するとの特徴がある。国債についてはその変動幅は比較的小さいものの、市場金利の変動による影響を受けるとの特徴がある。したがってこれらの金融商品が相続手続の対象とされる場合は、取引の相手方が適法であることはもちろんのこと、手続き可能な条件等につき誤解が生じ、手続きが理由なく遅滞する事態を避けなければならず、万一そのような事態が発生し、その間に基準価格や市場金利に大きな変化が生じた結果、相続人の受け取るべき金額が減少すると、その損害賠償問題が生じることとなる。この点は預貯金の相続手続と根本的に相違するため、迅速で適法な対応が求められることとなる。

4　相続預貯金の残高証明書発行依頼と取引履歴開示請求

残高証明書発行依頼

　被相続人に帰属した遺産に含まれる預貯金債権について、相続開始時点での残高証明書発行依頼を受けることがある。その使用目的には様々なものがあり、「遺産分割協議のための遺産の把握手段」「相続税の納税申告のための添付資料」「遺留分侵害額請求権行使のための遺産の把握手段」などがあげられる。

　この残高証明書発行を請求できるのは相続人であれば単独で可能であり、たとえ証明対象の預貯金債権が遺言によって他の相続人への相続が指定されていたり、遺産分割協議の結果、他の相続人が取得することとされた場合であっても可能である。

　通常、金融機関が発行する預貯金の残高証明書は、証明基準日時点での元本残高が表示されるものが多いが、相続手続のものは、証明基準日現在の経過利息を証明対象に加えるニーズがあるため、定期預貯金や定期積金については経過利息についても証明対象とすることが一般的である。

取引履歴開示請求

　被相続人に帰属した預貯金口座について、生前の取引履歴の開示請求を受けることがある。特に普通預貯金については日々の入出金で残高が変動する性質を持っており、取引履歴開示請求を受ける頻度は他の種別の預貯金と比較すると圧倒的に高い。

　ところが、この種の開示請求を受ける背景事情に、相続人間の遺産相続争いが潜んでいることが多く、たとえば被相続人と生前同居していた相続人が不正に預貯金払戻を受けたのではないかとの疑念を解明する目的で開示請求に及ぶこともある。

　共同相続による預金口座の場合、取引履歴開示請求についての裁判所の

立場は、共同相続人全員によって請求することを求め、相続人が単独で請求することを認めないものが下級審でみられた。しかしながら、最高裁平成21年1月22日判決（金判1309号62頁）は、「相続人は単独で取引履歴開示請求ができる」としたことから、請求を受ける頻度がより増加している。

しかし同最高裁判例の対象とされた事件は、相続が開始された被相続人に帰属する預金債権が共同相続人による準共有状態にあることを前提に、共有物の保存行為に関する各共有者の権利行使との位置付けで開示請求を認めたものであり、その後に出された多くの判例解説では、預金債権そのものが遺言による相続の指定や遺産分割協議の成立等により承継する相続人が決定している場合には、それ以外の相続人からの開示請求は判例の射程外とするものがみられる（吉岡毅「判例速報」銀行法務21　700号24頁、三上徹他「〈座談会〉預金者の取引経過開示請求権に係る最高裁判決が金融実務に及ぼす影響」金融法務事情1871号6頁、関沢正彦「預金取引経過開示請求についての最高裁判決」金融法務事情1865号6頁など）。しかしながら、同判例の調査官解説によれば、「遺言により特定の共同相続人に預金債権の全部を相続させることとされても、預金契約上の地位まで当然に相続させるものではない」とされている。この見解に立脚すれば、遺言の受遺者以外の共同相続人からの取引履歴開示請求は、被相続人から承継した預金契約上の地位に基づくものと解釈されることからして、開示請求対象の預金口座に係る相続開始後の預金債権の帰属内容にかかわらず、共同相続人からの請求であれば応じることができると解釈される。また、同判例では、開示請求内容が権利の濫用に該当する場合は認められないとしており、「口座開設以降の長期間に亘る開示請求」「会計帳簿の法定保存期限（取引後10年間）を超える期間に係る開示請求」「特段の必要のない伝票類の開示請求」などがこれに該当すると解釈される。

また、被相続人の生前に口座解約され、相続開始時点では存在しない預金口座についての相続人からの開示請求についての裁判所の判断は、預金

者に対する受任業務内容の報告義務が金融機関にあることを前提に、金融機関がその報告義務を果たした後もいつまでも義務を負い続けるものではないとして、口座解約時に取引履歴を記帳した預金通帳を預金者に交付することによって報告義務は果たされたとし、相続開始後の相続人からの取引履歴開示請求に応じるべき義務はないとした（前掲東京高判平成23・8・3）。それでも金融機関の判断によって、この種の開示請求に応じることは可能であるが、前述の通り取引履歴開示請求を受ける背景事情として相続人間の遺産相続争いが存在する可能性が高いため、裁判所の判断が「開示義務なし」としたものについてあえて開示に応じると、金融機関が遺産相続争いに巻き込まれる可能性があるため、開示には応じないのが無難である。

5 相続預貯金に対する差押

被相続人名義預貯金に対する差押

　相続開始後の被相続人名義預貯金債権に対する差押には様々なケースがあり、それらへの対応内容はすべて異なることから、以下各ケースについて解説する。なお、預貯金債権に対する差押手続は、他の一般業務と比較すると特に「正確で迅速な処理」が求められるが、加えて相続開始後の預貯金債権については正しい処理のロジックを理解しておくことが必要である。

預貯金者の生前に受けた差押命令

　預貯金者の生前に、裁判所による強制執行の債権差押命令を受けた後に、差押対象とされた預貯金債権の預貯金者について相続開始し、次いで差押債権者から債権取立を受けた場合の対応はどうすべきであろうか。

　法人がその資産について差押命令を受け、債権者からの取立が完了していない状態で、差押債務者たる法人が破産手続開始、民事再生手続開始等

の法的破綻に至った場合、差押・仮差押等による債権取立手続の多くは手続きの中止またはその効力を失うとされる（個人の破産・民事再生手続開始についても同趣旨、破産法42条等）。

　しかしながら、個人を債務者とする場合は「強制執行は、その開始後に債務者が死亡した場合においても、続行することができる（民事執行法41条1項）」との定めからして、相続開始後も差押に係る効力は維持されている。

　よって、預貯金者の生前に有効になされた預貯金債権に対する差押命令に基づき、預貯金者の死亡後に差押債権者によってなされる債権取立に対しては、金融機関で預貯金者に対する貸金債権との相殺等の正当事由ある場合のほかは取立に応じなければならない。

被相続人を債務者とする新たな差押

　預貯金者について相続開始したことを金融機関が知っていた状況下で、当該預貯金者を差押債務者とし、相続手続未了中の預貯金債権に対し裁判所による強制執行差押命令を受けた場合、どう対応すべきであろうか。

　差押命令を発する際は、必ずその原因とされる債務名義が存在するが、債務者について相続開始したことにより同債務名義による弁済義務は各相続人が法定分割承継しており、請求の相手方が異なることとなる。また、通常の強制執行差押の場合に債務者に認められる請求異議の訴え等も、債務者が死亡したことにより自身で行うことは不可能である。

　差押命令を発する裁判所も、債務者について相続開始したとの前提であれば新たな差押命令は発しないであろうが、差押債権者が知らずに申立てした場合に、このような事態となることが想定される。

　これらの事由により、差押命令を受けた金融機関の対応は「債務者について相続開始」の旨の陳述書を作成し、裁判所と差押債権者宛に送付することとなる。

共同相続人の1人を債務者とする差押

　預貯金者について相続開始後に、共同相続人のうちの1人を差押債務者とし、当該預貯金債権のうち差押債務者の相続分相当額を対象とする、裁判所による強制執行差押命令が発せられることがかつては存在した。そしてこの種の差押命令を受けた金融機関では、差押債権者の債権取立に対し差押命令に表示された内容に沿って応じることとしていた。これは、複数の相続人による共同相続の場合、相続預貯金は法定分割承継されるとの前提で対応していたものであるが、それが否定され、「相続預金は遺産分割対象となる」との前掲最高裁大法廷平成28年12月19日決定により判例変更された後は、同様の対応はとれなくなった。

　このような場合、残された手段として預貯金の「持分」を対象とする差押が想定され、それ自体は有効なものと判断されるが、共同相続人による準共有状態にある預貯金の持分の資金化を金融機関自身で行うことはできないため、そのままでは差押債権者による取立には応じられないこととなる。

　そこで、差押債権者はその他財産権としての当該準共有持分の譲渡命令や売却命令の申立てを同時に行い、執行裁判所が差押債権者の申立てを相当と認めるときは譲渡価額を定めて譲渡命令を発令し、その効力が生じると請求債権および執行費用がその譲渡価額で弁済されたものとみなされ、差押債権者は譲渡命令対象の差押債権等を取得することとなる。

　よって、差押債権者がこの手続きを踏んでくれば、金融機関は差押債権者に対して差押対象となった預貯金相当額の支払いが可能となる。

　また、遺言で相続させる旨の指定がなされた預貯金債権について、相続指定された相続人の債権者による当該預貯金債権の差押については、有効な差押として、金融機関は差押債権者に支払うことができる。当該遺言について遺言執行者が選任されていても同様である。

被相続人に対する滞納処分差押

　相続開始後に被相続人に対する滞納処分として被相続人名義預貯金への差押がなされた場合は、裁判所からの強制執行による債権差押命令（本項「被相続人を債務者とする新たな差押」）とは対応を異にする。

　国税徴収法では「徴収職員は、被相続人の国税につきその相続人の財産を差し押える場合には、滞納処分の執行に支障がない限り、まず相続財産を差し押えるよう努めなければならない（国税徴収法51条1項）」としている。つまり、被相続人が滞納した国税債務については相続人が各相続分に応じて承継しており、徴収職員は相続人の固有財産に対する差押も可能であるが、その際には被相続人が残した積極財産に対する差押を優先すべきとしているのである。

　また「滞納者の死亡後その国税につき滞納者の名義の財産に対してした差押は、当該国税につきその財産を有する相続人に対してされたものとみなす。ただし、徴収職員がその死亡を知つていたときは、この限りでない（同法139条2項）」とされている。この前半部分については、被相続人の国税債務を承継した相続人に対する差押とみなされるとしており、この限りでは差押は有効といえる。またただし書による後半部分については、徴収職員が債務者の死亡の事実を知っていたか否かについて金融機関の立場で知ることはできないので、滞納処分差押については差押対象の預貯金者について相続開始後であっても取立に応じてよいこととなる。

6 貸金庫契約の相続

貸金庫契約の性質

　金融機関が店舗内に設置した貸金庫は、火災・盗難等の災害から貴重品を守る手段として需要が高く、個人・法人を問わず広く利用されている。また、その設備や利用方法も、店舗内に設置された保管函を、利用者が保

管する専用の鍵と、金融機関が保管するマスターキーの双方を使って取り出すものと、利用者が入力する暗証番号によって自動的に保管函が取り出されるものなど様々である。

　このように貸金庫の形態等は様々であるが、貸金庫契約の本質は金融機関と利用者との間の、保管函に係る賃貸借契約であり、金融機関は保管函に収納された物の詳細を知る立場にない。

　このような性質の貸金庫契約の契約者について相続開始した場合、預貯金取引等とは異なる注意事項があり、ある意味で最も注意を要する相続手続である。

貸金庫契約者死亡後の留意点

　前述の通り保管函の収納物について金融機関はその内容を知る立場になく、複数の相続人による共同相続の場合、収納物は相続人全員の共有状態にあると解される。預貯金取引について誤った相続手続を行った場合、その誤りの内容を把握し、本来あるべき姿に訂正するため相続人と交渉することが可能であるが、貸金庫については収納物の内容が不明であることから、相続開始後に無権限者に対して保管函の開扉請求に応じた結果、具体的にどのような物が持ち出されたのかを特定することは困難であり、金融機関の主導で誤りを修正することは事実上不可能となる。

　また、貸金庫契約を締結した際に、契約者の配偶者等を貸金庫取引の代理人として届出を受け、日常の保管函の開扉請求については代理人によるものも問題なく応じているが、代理は民法で定める委任契約の性質があり、かつ契約当事者の一方の死亡は委任契約の終了事由とされることから、貸金庫契約者の相続開始後は、代理人からの開扉請求には応じられないこととなる。

貸金庫契約の解約と収納物引渡し

　貸金庫契約自体は共同相続人による相続の対象と解釈される余地があるものの、保管函内の収納物の帰属問題があるため、多くの金融機関では貸

金庫利用契約中に「契約者の相続開始」を契約終了事由と定めている。そして相続手続の基本は、全相続人を相手に契約を解除して保管函の収納物を引き渡すこととなるため、法定相続人全員の立ち会いを求め、それが不可能な相続人については他の相続人に対する委任状を発行してもらう必要がある。

　この例外扱いとして、相続人による遺産分割協議を進めるために貸金庫収納物の内容確認や遺言書の存在の有無確認目的で、一部の相続人から開扉請求を受けることがある。そのような場合には、公証人の来店を求め、収納物目録を事実実験公正証書として作成してもらう手続きが望ましいが、より簡便な方法として、相続人、金融機関双方がそれぞれ複数人で立ち会い、収納物の内容確認のみに留め、外部へは持ち出さないとの約束で開扉に応じることがある。

　この場合、金融機関行職員が貸金庫収納物の内容を知ることとなる点についてあらかじめ承諾を得ておくべきである。そして開扉の結果、自筆証書遺言が発見された場合は、その後の遺言執行のために家庭裁判所での検認手続を行う必要上、遺言書に限って持ち出しを認め、残る収納物は再び保管函に収納してもらう必要がある。

　このように、貸金庫契約については相続手続の中でも最も慎重に進めねばならない性質のものである。

7 外国籍の被相続人の相続手続

　日本国籍者の相続手続は、民法と判例の立場で処理することとされており、本書の解説もその前提で行っている。しかしながら、外国国籍者の相続については、たとえ被相続人が永年にわたり日本に居住し、日本で相続開始したとしても、同様の取扱いはできない。

　法の適用に関する通則法36条では「相続は、被相続人の本国法による」

とされており、同法37条1項では「遺言の成立及び効力は、その成立の当時における遺言者の本国法による」とされている。このように外国国籍者の相続手続は、基本的には当該人が国籍を有する国の相続に係る法律の定めにより行わねばならないこととなる。ただし同法41条1項本文では「当事者の本国法によるべき場合において、その国の法に従えば日本法によるべきときは、日本法による」（この手続を「反致」という）とされており、結果として日本法による相続手続が例外として可能な場合がある。

　一方、遺言の方式の準拠法に関する法律2条3号では、「遺言者が遺言の成立又は死亡の当時住所を有した地の法」に適合するときは、方式に関し有効とするとしており、日本で作成された遺言書が遺言に係る民法の定めに適合していれば、遺言の方式については有効とされ、本国法の縛りの例外とされる。しかしながらこの場合も遺言の執行を日本でできるかとの点は疑問である。

　いずれにしても現実に外国籍の取引先について相続開始した場合は、その手続きは当該国の相続に係る法律の定めによるものとして進めざるを得ない。

　ところで、主要国の相続に係る法律は大別して以下の2つに区分される。

　まず英米法系の国では、相続財産が相続人に直接帰属するのではなく、遺言や裁判所で選任された人格代表者（遺産管理人や遺言執行者）に一旦帰属し、同人によって管理清算された後に積極財産がある場合に限って相続人に分配されることとなる。

　したがって、米国人や英国人を被相続人とする預貯金債権について、管理清算前に相続人と称する人物から払戻請求を受けても、直接払戻すことはできないものと解される。

　次に大陸法系の国では、相続は包括承継主義をとり、被相続人の残した積極財産、消極財産ともに相続人が承継することとなる。わが国の相続法である民法もこの立場をとっている。

以上のほかに両者の混合型とされる国もあるようである。

　ところで、具体的に当該国の相続に関する法律の内容を解明するのは容易ではなく、それが解明されたとしても、現実に発生した相続事案で具体的に相続人の範囲やその権利・義務の内容を特定することはさらに困難視される。そこで実務では、被相続人の預貯金払戻を求める相続人と称する者から当該国の在日大使館・領事館等に照会し、その取扱方法（相続人の範囲、順位、権利義務、戸籍に類する制度の有無）の確認と、「死亡診断書」「相続に関する証明書」などの関係書類の提出を受け、内容解明ができれば払戻しに応じることとせざるを得ない。また、在日外国人の数が比較的多数の韓国、台湾や、日本との国交がない北朝鮮については、在日領事館等に代わり民間団体がこの種のサービスを提供しているようである。

　これらの一連の手続きについて、相続人の協力が得られない場合は、「債権者不確知」を事由に預貯金債権を法務局に弁済供託することを検討すべきである。

　なお、日本国籍の被相続人について、共同相続人中に外国籍の者が存在する場合は、相続手続は日本の民法等の定めに従って行うこととなる。

第3節

融資・担保保証に係る相続手続

1 相続開始時の初動対応と主要事項の管理

相続開始時の初動対応

　融資先や保証人について相続開始した旨の情報を入手した際の初動対応として、遺族に対してお悔やみと生前の取引につき御礼を述べることは、預貯金先の場合と共通した事項であり、いわば社会人としての常識に属することである。わけても融資先の相続は残された相続人にとって、債務者死亡後の融資取引をどうすればいいのか、債権者である金融機関はどのような方針なのかなどの懸念事項が多く不安に駆られている場合が多い。多くの相続人にとって、預貯金の相続手続は過去に自身で経験したことや、知人等からの情報によりその概要を理解していることがあるが、こと融資取引の相続について経験ある相続人はほとんど存在しないであろうことが不安材料とされるのである。

良質な融資債権の防衛

　一方、金融機関側の事情としては、本業である融資業務はかなり厳しい環境下にあることが知られている。借入資金需要の低迷、低金利政策の持続による融資利率の低下、オーバーバンキング現象による融資の奪い合いといった諸要素のため、融資量の維持と、低下する一方の融資利率の引き上げなどのどれもかなり困難な課題達成のため四苦八苦しているのが実態である。

　そのため、金融機関の間で他の金融機関からの借入を自行・庫に肩代わりしようとする動きが活発化しており、特に債務者について相続開始した

際に、遺族の不安な心情に取り入っての肩代わり融資がとられがちである。それを防止し、借入債務を承継した相続人との間で引き続き円滑な融資取引を継続するには、まず遺族の不安を解消することが必要である。具体的には、初7日明けに自宅訪問し、改めてお悔やみを申し上げ、今後の取引についての遺族の質問や希望に対して丁寧に対応することがあげられる。

　併せて金融機関としての与信判断として、被相続人の大まかな家族構成や遺産の内容、融資対象の賃貸事業の採算等（いわゆる「アパ・マンローン」の場合）を把握し、どのような形で債務承継されるのが望ましいのか、場合によっては人的・物的担保の追加を必要とするかなどを検討する必要がある。相続開始した融資先のすべてが健全であるとは限られず、中には事業不振で債務超過状態にあったり、分割弁済約定が常時延滞しているような場合は、債務者の死亡を機に事態が激変することもあり得るので、状況変化に対する適切な対応が求められるのである。

借入債務の法定分割承継の理解

　被相続人の残した借入債務は、複数の相続人による共同相続の場合、相続開始と同時に各相続人がそれぞれの相続分に応じて分割して承継し、相続人間では連帯しない（法定分割承継）とするのが民法の立場であるが、この原則を理解している相続人はほとんどいない。そして遺言により債務の承継が具体的に指定されていたり、また相続開始後10ヵ月以内（相続税の申告・納税期限）に借入債務の承継者を遺産分割協議で決定すれば、債権者である金融機関は当然にそれらに応じて手続きをとってくれると誤解していることが多い。確かに民法では、この点について明示されていなかったため、2018年相続法改正により、相続債務の債権者は遺言による相続分の指定がされた場合であっても法定相続分に応じた権利行使を各相続人に対してすることができるとしている。ただし、その債権者が共同相続人の1人に対して遺言によって指定された相続分に応じた債務の承継を承認したときはこの限りでないとしている（民法902条の2）。

預貯金等の積極財産の相続であれば、債務者の立場にある金融機関は基本的に相続人の希望に沿った内容で手続きをとるのが原則であり、遺産分割協議の成立等を待っていればよいことになる。しかしながら融資取引については、相続人は誰しも借入債務を積極的に引き受けようとはせず、かつそれぞれの相続分に応じて分割承継したとの認識も薄いことから、債務承継者が決定するのは遅れがちとなる。そしてその間、預貯金取引とは異なり、融資取引は毎月一定日に分割返済約定が付されているのが通常であるから、相続人がそれらの手続きを放っておくと弁済遅滞状態となる。

　また、融資債権の保全措置として不動産に根抵当権の設定登記を受けている場合、根抵当権の債務者が死亡して6ヵ月経過すると、根抵当権で担保される被担保債権の元本が相続開始時に遡って確定してしまうため、引き続き相続人を相手に融資取引を継続し、根抵当権の機能を活用して新たに発生する債権を含めて担保するためには、相続開始後6ヵ月以内に根抵当権設定者との間で「指定債務者の合意の登記」手続きをとる必要がある。そのためには、被相続人の借入債務を相続人のうちの誰が承継するのかについて、債権者である金融機関と合意し契約締結する必要がある。

　なお、2024年4月から、不動産を相続した時の登記手続が義務化され、これに違反した場合は科料に処せられることがある（第2章第2節参照）。

　このため、被相続人名義であった不動産については、金融機関が担保権の設定登記を受けている場合はもちろんのこと、設定を受けていない不動産についても、債務者の資産状況把握のため、相続人によって所有権移転登記が迅速になされるようウォッチする必要がある。

主要な相続手続の案内

　金融機関にとって預貯金者の相続手続が「待ちの姿勢」で対応できるのに対し、融資先の場合は金融機関側から適切な時期に適切な内容で相続人に案内し、手続きを進めていく必要がある。

　融資先の相続開始により金融機関との間で手続きを踏まねばならない主

要な事項や留意すべき事項は図表 3 - 8 の通りである。

●図表 3 - 8　手続き開始による主要な事項や留意すべき事項

時　期	項　目	概要・留意事項
相続開始直後	相続開始情報入手	遺族に対する弔意、生前取引の御礼表明
	取引内容把握	被相続人との融資、預貯金、保証等の取引内容の全貌把握
	被相続人の戸籍情報、相続人の印鑑証明書等の入手依頼	法定相続人の内容把握手段、「法定相続情報証明制度」の利便性が高い
	借入債務の法定分割承継案内	相続開始と同時に各相続人が相続分に応じて借入債務を分割承継し相続人間では連帯しないとの事実の案内（文書での案内が望ましい）
1ヵ月以内	分割弁済の維持	新たな債務引受契約成立までの間の、分割弁済約定履行手段の確保。従前の預貯金口座からの弁済引落には、全相続人の同意を要する
3ヵ月以内	相続方法の確認	単純承認、限定承認、相続放棄の選択内容確認（熟慮期間3ヵ月）。ただし、相続開始後の分割弁済履行は、単純承認を選択したものとみなされる
4ヵ月以内	所得税の準確定申告	相続開始後4ヵ月以内の申告手続が必要
6ヵ月以内	債務承継方法の交渉	免責的または併存的債務引受契約の締結、必要に応じて追加の連帯保証等
	重要な利害関係者の承諾	法定分割承継と異なる免責的債務引受の場合は保証人（自然人、保証会社、信用保証協会等）、物上保証人（債務者以外の担保提供者）の承諾が必要
	債務引受契約の締結	全相続人と重要な利害関係者の契約参加が必要（例外あり）
	根抵当権の指定債務者の合意の登記	設定登記を受けた根抵当権につき、新たな債務者を相続人中の誰にするのかについて根抵当権者と根抵当権設定者の間で合意し、登記する
10ヵ月以内	相続税の申告・納税	

2 相続放棄、限定承認への対応

相続方法の内容と選択

　相続は包括承継主義をとっており、被相続人の遺産は積極財産（預貯金、不動産等のプラスの財産）・消極財産（借入債務等のマイナスの財産）を問わずそのすべてを相続人が承継することとなっている。そして何の条件もなく承継する相続方法を「単純承認」という。しかしながら、遺産の内容で消極財産が積極財産を上回る債務超過状態にある場合、そのすべてを承継した相続人は、消極財産を清算するためには自己の固有財産を投入せねばならない。そのような事態で相続人を救済するための手段として「限定承認」と「相続放棄」が用意されており、これらの制度の概要は図表3－9の通りである。

●図表3－9　限定承認と相続放棄

相続方法	制度内容	留意事項
単純承認	積極財産、消極財産のすべてを承継する	特段の留意事項なし
限定承認	積極財産の限度内で消極財産を承継・弁済し、残った消極財産の弁済は免除される	熟慮期間内に家庭裁判所へ申述 共同相続の場合は、相続人全員で申述する必要あり 相続債権者に対する保護手続あり
相続放棄	相続人としての地位を放棄するため、一切の相続手続から除外される	熟慮期間内に家庭裁判所へ申述 共同相続であっても、相続人は単独での申述が可能

（1）単純承認

　被相続人の遺産のすべてを相続人が承継するもので、この相続方法を選択するために特段の手続きを踏まねばならないとの制約はない。逆に、「自己のために相続の開始があったこと（自分が相続人になったこと）を知ったときから3ヵ月（この期間を「熟慮期間」という）」以内に、次に

解説する「限定承認」や「相続放棄」の手続きをとらなかった場合は、単純承認したものとみなされる。また相続人が遺産のうち積極財産の一部でも処分した場合も単純承認したものとみなされる。

現実にわが国で発生する相続事案の大半は単純承認が選択されている。

（2）限定承認

① 限定承認とは

積極財産の限度においてのみ、被相続人の消極財産や遺贈を弁済するとの条件付で相続の承認をする方式を限定承認といい、相続財産が債務超過かどうか不明の状態で限定承認による相続方法を選択した場合、結果として積極財産に剰余が生じた場合はそれを承継することができる。

限定承認を選択した場合は、被相続人の最後の住所地を管轄する家庭裁判所に限定承認する旨を申述する必要があり、かつ自己のために相続の開始があったことを知った時から3ヵ月以内の熟慮期間中に行う必要がある。この熟慮期間計算の起算点は必ずしも被相続人の死亡時期とは一致せず、自分が相続人となったことを知った時が起算点とされる。相続人が複数人の共同相続の場合、相続人全員が申述する必要があるが、熟慮期間は相続人によって異なる可能性があるため、熟慮期間の経過によって単純承認したとみなされる相続人が存在しても、熟慮期間が満了していない相続人がいる場合は、共同相続人全員で申述することが可能とされている。

ただし、遺産のうち積極財産を消費したり、特定の債権者に対してのみ債務弁済する行動をとった場合は限定承認は認められない。

② 限定承認の手続き

限定承認した場合、家庭裁判所から「限定承認通知書」の送達を受けてから5日以内にその旨を官報に公告する必要があり、共同相続で限定承認を選択した場合は家庭裁判所が相続人の中から選任した相続財産管理人が、選任後10日以内に公告せねばならない。

公告によって相続債権者や受遺者に対して、一定期間内に請求申出を求

め、別途知れたる債権者や受遺者に対しては個別に催告せねばならない。

　公告により2ヵ月以上の期間を設けた申出期間内に届出を受けた債権者に対し、遺産のうちの積極財産を処分し、債権額の割合に応じて弁済手続をとって完了することとなる。

　このように、限定承認を選択した場合、相続人がとるべき必要な手続きに要する負担はかなり大きいため、現実に限定承認が選択されることは少なく、もっと手軽な方法である「相続放棄」が選択されるほうが多い。

（3）相続放棄

　相続放棄は、相続開始によって取得した相続人の地位、権利・義務のすべてを放棄することにより、当初から相続人として存在しなかった状態とすることを意味する。したがって、相続放棄した者に子などの直系卑属がいても、代襲相続は発生しない。

　相続放棄は自己のために相続の開始があったことを知った時から3ヵ月以内の熟慮期間中に、被相続人の最後の住所地を管轄する家庭裁判所に申述する必要があり、それが受理されると「相続放棄申述受理通知書」または「相続放棄申述受理証明書」が発行される。

　相続放棄は共同相続の場合であっても各相続人は単独での申述が可能である。そして先順位の相続人全員が相続放棄手続をとった場合は、相続人としての権利・義務は次順位の相続人に移ることとなるが、遺産のうち積極財産の一部でも処分した相続人は単純承認を選択したものとされ、原則として相続放棄は認められない。

（4）承認・放棄の撤回と取消し

　一度行った相続の承認または放棄は、熟慮期間中といえども撤回することはできない（民法919条1項）。

　しかしながら、その取消しは民法で規定されている場合に限り可能であり、その主なものは以下の通りである。

① 未成年者が法定代理人の同意を得ないでした相続の承認・放棄
② 被保佐人が保佐人の同意を得ないでした相続の承認・放棄
③ 補助開始の審判を受けた補助人につき、被補助人に係る相続の承認・放棄について同意権が与えられている場合に、被補助人が補助人の同意を得ないでした相続の承認・放棄
④ 成年被後見人がした相続の承認・放棄
⑤ 詐欺・強迫によってなされた相続の承認・放棄

相続の承認・放棄の取消しは家庭裁判所への申述を必要とし（民法919条4項）、取消権は追認することができる時から6ヵ月間行使しないか、相続の承認または放棄の時から10年を経過すると、時効により消滅する（同条3項）。

金融機関の対応

（1）債権回収における留意点

融資先について相続開始し、相続人が限定承認や相続放棄を選択した場合は、債権回収手続として留意すべきことが多い。

まず、共同相続人全員が限定承認を選択した旨の通知・催告を受けた場合は、預金債権等の積極財産が消費されていないかどうかを調査し、その事実を発見した場合は限定承認無効の申立てを行う必要がある。その種の事実が発見されない場合は、定められた一定期間内に債権の届出をし、積極財産の処分代金から債権額に応じた弁済を受けることとなる。万一、申し出期間内に届出をしなかった場合は、弁済後の残余財産からのみ弁済を受けることとなるので注意が必要である。

なお、融資債権の原契約上で連帯保証を得ている保証人に対しては、保証債務履行請求が可能である。

（2）相続放棄した相続人の後順位相続人への催告

一方、相続放棄が選択された場合は、家庭裁判所が発行する「相続放棄申述受理通知書」などを確認し、当該相続人が遺産のうち積極財産を消費

した事実が確認できない場合は、当該相続人に対する債務弁済請求は行えず、除外せねばならない。そして同順位相続人全員が相続放棄したことが確認できれば、次順位相続人に対して債務弁済請求手続をとることとなる。

このような場合、次順位相続人が単純承認や限定承認を選択することはほとんど考えられず、同じく相続放棄を選択する可能性が高く、さらに後順位の相続人についても同様の事態が想定される。

ここで問題となるのは、次順位以下の相続人が「自己のために相続の開始があったことを知った時から3ヵ月以内」の熟慮期間の起算点がいつかである。すなわち、被相続人が死亡した事実を知ったのみでは起算点とはされず、先順位相続人全員が相続放棄し、自己が相続人となったことを知った時とされるため、起算点を巡り見解対立が生じることがある。

このため債権者である金融機関の立場からすれば、起算点を明確にして、債権回収のための手続きを迅速化する観点から、次順位相続人に対し、「相続人となった事実と、それによって承継した債務の内容を知らせ、相続放棄を選択する場合は迅速な手続を求める」との通知・催告を文書で行うのが効果的である。この手続きを適切に行わないと、第三順位相続人までの相続人全員が相続放棄し、相続人不存在となるには当初の相続開始から1年以上の期間を浪費する事態もあり得るのである。

そして、相続放棄の対象となった被相続人向けの融資債権が信用保証協会の保証付であって、代位弁済請求した場合、多くの信用保証協会では第三順位相続人までの全員が相続放棄したとの事実確認を金融機関に対して求め、それが実現するまでは代位弁済を留保するとの運用がなされている。そして代位弁済の対象は未払元本額の全額（責任共有制度下では80％相当額）と、期限の利益喪失後の遅延損害金は正常利率で120日分が限度であり、相続開始後1年以上経過する事態となれば利息・損害金を回収できない融資債権が発生することとなるため、手続きの迅速化は大きな意味を持つこととなる。

（3） 後順位相続人情報の早期把握

本来であれば先順位相続人が相続放棄すれば後順位相続人に連絡し、適切な対応を求めるべきであるが、総じて非協力的であり多くを期待できない。そこで、債権者である金融機関側であらかじめ債務者であった被相続人の第三順位相続人までの全員が特定可能な戸籍情報と、住所地を把握するために戸籍附票を入手し、前述の通知・催告書を作成すべきである。

また、これらの相続人中に融資契約上の連帯保証人が存在する場合は、相続放棄手続によって相続人の地位から離脱しても、連帯保証人としての義務には影響を及ぼさず、債権者である金融機関は保証債務履行請求が可能である。

3 相続人が存在しない場合の対応

相続人不存在の場合の問題点

被相続人に第三順位相続人までに該当する相続人が全く存在しない場合や、相続人全員が相続放棄手続をとった結果、相続人不存在状態となることがある。金融取引実務では、債務超過状態の被相続人のケースで相続人全員が相続放棄手続をとることが発生する。

このような場合、債権回収手続を進めて行くうえでの取引の相手方が存在しないこととなり、たとえば預貯金債権と貸金債権の相殺通知の出状先や、抵当権、質権等の担保権行使手続の相手方を誰にすればよいのかとの問題がある。また、担保取得されていない被相続人の自由財産からの債権回収をどうすればよいかとの課題もある。

相続財産管理人の選任

これらの問題を解消するための手段が相続財産管理人の選任である。

相続開始し、相続人のあることが明らかでないときは、相続財産は法人とされ（民法951条）、家庭裁判所は利害関係人または検察官の請求によっ

第**3**章 相続手続と金融実務

て相続財産管理人を選任しなければならない（同法952条）とされており、被相続人に対し融資債権を持つ金融機関は利害関係人として選任申立てが可能である。

相続財産管理人が選任された後は、同人に対し融資債権の請求、担保権行使等の手続きを踏んで債権回収を図ることとなる。

4 債務引受と相続

相続債務についての債務引受の重要性

複数名の相続人による共同相続では、被相続人が負担していた借入債務は各相続人が相続分に応じて分割して承継し、相続人間では連帯しないとするのが民法の原則である。しかしながらこの原則によると、従前は１人の債務者から受けていた弁済を複数の相続人から分割して受けることとなり、金融機関の債権管理負担が増加することとなる。また、相続人側でも多くの場合、特定の相続人が債務を引き受けたうえで弁済することを望んでいるため、金融機関との間で条件その他について合意に至れば、その内容に沿った債務引受契約を締結することとなる。

債務引受契約の種類と特徴

債務引受の種類には「併存的債務引受」と「免責的債務引受」の２種類が主たるもので、実務ではこれらの債務引受契約が多く用いられており、それらの内容は以下の通りである。

（１）併存的債務引受契約

共同相続人がそれぞれの相続分に応じて分割して債務を承継した状態を維持したまま、特定の相続人が他の相続人の承継した債務の全額を併せて引き受けるものである。そのため、各相続人は自己の承継した範囲内で債務の弁済義務を負い、他の相続人の債務を引き受けた相続人は債務の全額について弁済義務を負担する。そして、分割弁済約定に基づく弁済は、全

額の債務を引き受けた相続人から受けるのが一般的である。この関係を図式化すると以下の通りとなる。

〈共同相続の内容〉
被相続人Ａ
　　相続人Ｂ（Ａの配偶者　相続分２分の１）
　　相続人Ｃ（Ａの長男　　相続分４分の１）
　　相続人Ｄ（Ａの長女　　相続分４分の１）

相続人Ｂによる債務引受後もＣ・Ｄはそれぞれ2,500万円の債務を負う。

〈併存的債務引受契約例〉
被相続人Ａに対する融資債権額　100,000,000円
相続人Ｂが、Ｃ・Ｄの承継した債務を併せて引き受ける。
（各相続人の債務負担額）
相続人Ｂ（相続分２分の１）　　承継額50,000,000円
相続人Ｃ・Ｄ承継債務の引受　　引受額50,000,000円　◀
（Ｂが負担する債務合計額　　　　100,000,000円）

相続人Ｃ（相続分４分の１）　　承継額25,000,000円
相続人Ｄ（相続分４分の１）　　承継額25,000,000円

（２）免責的債務引受契約

　共同相続人がそれぞれの相続分に応じて分割して債務を承継した後に、特定の相続人が他の相続人の承継した債務の全額を併せて引き受け、他の相続人は債務を免除されるものである。その結果、特定の相続人が唯一の債務者となり、以降の弁済義務の全額を同相続人が負うこととなる。前述の事案での免責的債務引受契約例を図式化すると以下の通りとなる。

〈免責的債務引受契約例〉

被相続人Aに対する融資債権額　100,000,000円

相続人Bが、C・Dの承継した債務を併せて引き受ける。

（各相続人の債務負担額）

相続人B（相続分２分の１）　　承継額50,000,000円

相続人C・D承継債務の引受　　引受額50,000,000円　◀

（Bが負担する債務合計額　　　100,000,000円）

相続人C（相続分４分の１）　　承継額25,000,000円

相続人D（相続分４分の１）　　承継額25,000,000円

相続人Bによる債務引受後はC・Dの債務負担額は０円となる。

（３）併存的債務引受契約と免責的債務引受契約の選択と長所・短所

　各相続人がそれぞれの相続分に応じて分割して債務を承継する「法定分割承継」を出発点とし、相続人と金融機関の間の交渉によってどちらの債務引受契約を選択するのかを決定することとなるが、金融機関の立場からは、図表３-10に示したそれぞれの契約内容の長所・短所や留意事項を認識し、かつ保証人が存在する場合は、保証人の承諾の必要性と保証人の意向を踏まえつつ決定する必要がある。

5　連帯債務者の一方の相続開始による債務承継

　連帯債務者による融資契約は、実務上発生することは稀であるが、住宅ローン商品の中には親子を連帯債務者とするもの（「親子二世代住宅ローン」「親子リレー住宅ローン」などの名称のものがみられる）も存在する。そして、連帯債務者の一方について相続開始し、複数の相続人による共同相続の場合、連帯債務が相続によって各相続人にどのように承継されるのかを正確に理解しておく必要がある。

　相続が開始された場合、共同相続人はその相続分に応じて被相続人の権

●図表3-10 債務引受契約の長所と短所

契約種別	長　所	短　所	留意事項
併存的債務引受契約	債務弁済請求をBのみでなくC・Dに対しても行える。ただしC・Dに対する請求はそれぞれが承継した債務の範囲内に限られる。	債務者が複数となるため、事後の債権管理が複雑となる。 なお、併存的債務引受契約の重大な問題点とされていた債務免除の絶対効（改正前民法437条）と時効完成の絶対効（同法439条）は、改正債権法（平成29年6月2日法律第44号）では廃止され、いずれも相対効とされることとなった。	原融資契約上の保証人や物上保証人の承諾は、法定要件ではない。 実務上はこれらの利害関係者にも契約参加を求めるのが望ましい。
免責的債務引受契約	契約締結後の債権管理が容易となる。	C・Dは主債務者の地位から脱退するため、Bが弁済不履行となってもC・Dに対して請求できない。	原融資契約上の保証人や物上保証人の承諾は不可欠であり、これらの利害関係者の契約参加は必須条件である。 また、債務免除を受けるC・Dについても、「第三者の弁済問題」（同法474条）を避けるため、契約参加が必要である[※]。

（※）債権法（民法）の改正により免責的債務引受については、引受人と債権者との契約によってすることができるが、その場合には、債権者が債務者に通知をしなければ効力を生じない（民法472条2項）とされたため、2020年4月1日以降に締結される免責的債務引受契約からはC・Dの契約参加は必須条件でなくなった。しかしながら、相続開始に伴う債務引受は多数の相続人が当事者となり、中には行方不明者や相続人間の感情のもつれが原因で、債権者である金融機関からの通知を受領拒否する者も想定される。

　このように「債務者への通知が効力発生要件」とされる点は極めて重要であり、債権法改正後も債務免除を受ける相続人全員の契約参加を基本とし、特別の事情で契約参加できない者が存在する場合は、契約内容の通知が確実に送達される場合に限るべきであろう。

利義務を承継する（民法899条）のが原則であるが、連帯債務者の１人が死亡し、その相続人が数人ある場合には、相続人らは被相続人の債務の分割されたものを承継し、各自その承継した範囲において、本来の債務者とともに連帯債務者となるのが判例の立場である（前掲最判昭和34・６・19民集13巻６号757頁）。

　これを、以下の事例について解説する。

（連帯債務の内容）
Ａ（父）とＣ（長男）による連帯債務　50,000,000円
（それぞれの債務負担額）
Ａの債務負担額：Ｃと連帯して50,000,000円
Ｃの債務負担額：Ａと連帯して50,000,000円

（Ａについて相続開始後の債務承継の内容）
　Ａの法定相続人
　　Ｂ（配偶者　相続分２分の１）
　　Ｃ（長男　　相続分４分の１）連帯債務者の一方の当事者
　　Ｄ（次男　　相続分４分の１）

（それぞれの債務負担額）
　　Ｂの債務負担額：Ｃと連帯して25,000,000円
　　Ｃの債務負担額：Ｂ・Ｄと連帯して50,000,000円
　　　　　　　　　　［ただしＢとの連帯額25,000,000円
　　　　　　　　　　　　　　　Ｄとの連帯額12,500,000円］
　　Ｄの債務負担額：Ｃと連帯して12,500,000円

　このように、連帯債務の相続による承継内容は、相続人が一般的に理解できる範囲を超えた部分があることに注意を要する。

　たとえば、上記事例においてＡの死亡により団体生命保険金が支払われ、借入債務の半額に弁済充当されたような場合、相続人ＢやＤの感覚として

は、Ａの債務負担部分が弁済された結果、残るのはＣの単独債務であるとの誤解を生ずる可能性が高い。しかしながら、団体生命保険金による債務の一部弁済は、連帯債務の融資契約には何の影響も及ぼさないため、相続人Ｂ並びにＤは、残る債務について、自己の相続分に応じた金額の債務をそれぞれＣと連帯して負担しているのである。

6 相続人に対する債権を被相続人の遺産から回収する際の注意事項

相続人に対する融資債権が弁済遅滞した状態で相続が開始された場合、債権者の立場からすれば被相続人の残した遺産（相続人である債務者のために担保権設定を受けていない自由財産）を債権回収引当としたいとの発想が起こるが、それが実現できるのはごく限られた場合のみである。

相続放棄と詐害行為取消権行使の適否

事例

被相続人Ａについて相続開始し、共同相続人の１人であるＢに対し融資債権を持つ金融機関がＡの遺産のうちＢが相続によって承継するものを債権回収引当とすべく予定していたところ、Ｂは相続放棄手続をとったため、金融機関が目論んだ債権回収引当資産をＢは取得しないこととなった。

これに対して金融機関は、Ｂの行為は詐害行為に該当するとして、詐害行為取消権を行使できるであろうか。

判例は「相続の放棄のような身分行為については、民法424条の詐害行為取消権行使の対象とならない」とし、「取消権行使の対象となる行為は、積極的に債務者の財産を減少させる行為であることを要し、（相続放棄は）消極的にその増加を妨げるにすぎない」とし、さらに「相続の放棄のような身分行為については、他人の意思によってこれを強制すべきでないと解するところ、もし相続の放棄を詐害行為として取り消しうるものとすれば、相続人に対し相続の承認を強制することと同じ結果となり、その不当であ

ることは明らかである」としている（最判昭和49・9・20金判429号9頁）。

遺留分侵害額請求権を債権者代位の目的とすることの可否

事例

　被相続人Aについて相続開始し、共同相続人の1人であるBに対し融資債権を持つ金融機関が、Aの遺産のうち不動産についてBに代位してその法定相続分に従った共同相続登記を経由したうえで、Bの持分に対する強制執行を申し立てて差し押えた。ところがAは遺言によって当該不動産を他の共同相続人Cに相続させるとしていたため、Cが金融機関による強制執行の排除を求める第三者異議訴訟を提起した。金融機関は一部抗弁として、自己の貸金債権を保全するためBに代位して遺留分侵害額請求権行使の意思表示をし、その遺留分に相当するBの法定相続分の2分の1を限度に差押は有効であると主張した場合、認められるであろうか。

　判例は、「遺留分減殺請求権（遺留分侵害額請求権）は、遺留分権利者が、これを第三者に譲渡するなど、権利行使の確定的意思を有することを外部に表明したと認められる特段の事情がある場合を除き、債権者代位の目的とすることができない」としている（最判平成13・11・22金判1143号3頁）。

遺産分割協議と詐害行為取消権行使の可否

事例

　被相続人Aについて相続開始し、共同相続人の1人であるBに対し融資債権を持つ金融機関が、Aの遺産からの債権回収を目論んでいたところ、Bを含む相続人間で遺産分割協議を成立させ、Bは遺産を取得しないとしたうえで自己破産を申し立てた。金融機関はBを含む相続人らの行為は詐害行為取消権行使の対象となる旨主張したが、認められるのか。

　判例は、「遺産分割協議は、相続の開始によって共同相続人の共有となった相続財産……の帰属を確定させるものであり、その性質上、財産権を目的とする法律行為である」から、詐害行為取消権行使の対象となると

した（最判平成11・6・11金判1074号10頁）。

権利行使等可否の結論

　以上から得られる結論は、被相続人の遺産（担保権設定されていない自由財産）を特定の相続人に対する融資債権の回収引当として実現することはかなりハードルが高いことが理解できよう。すなわち、当該相続人が相続放棄を選択した場合、債権者は詐害行為取消権を行使できず、また遺言によって当該相続人以外の相続人に対して多くの遺産を相続させる趣旨の指定がなされていた場合で、当該相続人が遺留分侵害額請求権行使をしないことにつき債権者代位の目的とすることも、特段の事情ない限り認められないこととなる。そしてわずかに、共同相続人間で成立した遺産分割協議内容が、意図的に債権者を害すると認められる場合のみ、詐害行為取消権行使の対象とされるのである。

　したがって、たまたま発生した相続により、遺産を債権回収引当とできるのは僥倖でしかないと認識し、債権回収に懸念ある融資については、被相続人の生前に、保有資産に担保権設定を受けるか、または連帯保証契約を締結するのが債権管理の基本と認識すべきである。

　なお、2018年相続法改正により、相続による権利の承継は遺産の分割によるものかどうかにかかわらず、法定相続分を超える部分については登記、登録その他の対抗要件を備えなければ第三者に対抗することができないものとされている（民法899条の2第1項）。

7　相続財産から生じる賃料からの債権回収

アパート・マンションローン

　金融機関のこの種の融資は、債務者の生前に完済されることを当初から予定しておらず、途中で債務者について相続開始されることが前提とされている（しかも、相続開始時に借入債務が多く残っているほど相続税軽減

効果が高いとされている）。

　この種の融資取引では、賃貸アパート・マンションから生じる家賃収入が毎月の約定弁済原資とされており、家賃振込に指定された預貯金口座に入金された資金の一部を口座振替契約によって約定弁済が履行されているのが一般的な取引内容である。

相続開始後に発生する賃料債権の帰属

　ところで、このような状況下で複数名の相続人による共同相続が開始された後の賃料債権の帰属はどうなるのであろうか。

　判例は、相続開始から遺産分割までの間に共同相続に係る不動産から生ずる金銭債権たる賃料債権は、各共同相続人がその相続分に応じて分割単独債権として確定的に取得し、その帰属は、後にされた遺産分割の影響を受けないとしている（最判平成17・9・8金判1235号39頁）。

　よって、有効な遺言によって、賃料債権を生じる不動産が特定の相続人に「相続させる」旨指定されている場合は別として、相続人間での遺産分割協議によって賃貸不動産の所有権帰属を決定するまでの間に生ずる賃料債権は、各相続人が分割取得することとなるため、それを融資債権に弁済充当するためには全相続人の合意を得る必要がある。

　一方、預金債権を遺産分割の対象とするとした前掲最高裁大法廷平成28年12月19日決定では、決定事由や一部の裁判官による補足意見で、普通預金の性質から紐解き、相続開始後に普通預金口座に新たな資金が振り込まれると、既存の預金残高と合算して新たな預金債権が生じ、これまた遺産分割の対象とされるとしている。この点は大法廷決定にいう賃料債権が各相続人によって単独分割取得されるとの概念と調整の必要があるものの、それを融資債権の分割弁済資金に充当するとの最終目的を実現するためには、賃料債権が預金債権と化した場合も同様に全相続人の合意を得る必要があることに変わりはない。

実務上の留意点

　実務上は、全相続人を相手に、融資の分割弁済を被相続人の生前の状態通りに家賃振込口座からの自動引落によって履行する旨の契約を締結することで、新たな債務引受契約が成立するまでの間の約定弁済を確保する必要がある。ただし、この手段をとった場合、相続人は相続方法のうち限定承認や相続放棄を選択することができなくなる点に注意を要する。

8　根抵当権取引と相続

根抵当権の性質

　根抵当権は主として不動産を対象とした担保形態で、設定極度額の範囲内であれば継続する融資取引で生じる融資債権のすべてが担保される性質を持つ。特定の融資債権のみを担保する抵当権（住宅ローンの担保はその代表例）と異なり、継続的な融資取引を前提とした場合、債権者・債務者の双方にとって利便性の高い担保権である。また、設定登記された根抵当権は、複数の根抵当権者による共有や分割も可能であり、後順位の根抵当権との担保権設定順位変更も1つの順位変更契約書で登記が可能との性質を持つ。

根抵当権の元本確定

　ところで、根抵当権が担保する債権につき元本確定すると、その時点で存在する債権のみが担保される対象とされ、その後の継続的融資取引で新規に発生した融資契約による債権は、たとえ設定極度額に余裕が生じていても担保されないとの性質を持つ。つまり、元本確定後の根抵当権は抵当権に似た性質となるのである（ただし、抵当権は元本全額に加え最後の2年間の利息・損害金が担保される対象とされるのに対し、元本確定した根抵当権は、確定時に存在する元本に加え、そこから生じる利息・損害金が設定極度額の範囲内で担保されるとの性質を持つ）。

債務者の死亡と元本確定

　根抵当権の元本確定事由には幾つかあるが、根抵当権の債務者が死亡しても直ちには確定せず、相続開始後6ヵ月以内に後述する「指定債務者の合意の登記」をしない場合は、相続開始時に遡って元本が確定する（民法398条の8第4項）。

　債務者について相続開始後に、融資債務を承継した相続人との間で新たな融資契約を締結する予定がなければ、債権保全上の問題は生じないが、現在多く取り組まれている相続税軽減目的の賃貸住宅取得資金融資の場合、相続開始後も賃貸住宅の修繕費用や入居者の退去による敷金返還等の新たな資金需要が生じる可能性があり、それらを新規の融資取組で調達する場合は、設定登記済の根抵当権を元本確定させずに活用できるのが望ましい。

指定債務者の合意の登記

　根抵当権の元本確定を回避するためには、債務者の相続開始後6ヵ月以内に根抵当権者と根抵当権設定者との合意により定めた相続人が、相続の開始後に取得する債務を担保する（同条2項）旨の登記を経る必要があり、これを「指定債務者の合意の登記」という。

　指定債務者の合意の登記（以下「合意の登記」という）を行う際の留意事項は以下の通りである。

① 　合意の登記を行うべき時期は、債務者について相続開始後6ヵ月以内に限られ、それが経過すると相続開始時に遡って担保すべき債権は元本確定する。

② 　合意の登記の当事者は金融機関（根抵当権者）と根抵当権設定者（根抵当権付不動産の所有権者）となる。根抵当権設定者と債務者が同一人（被相続人）の場合は、相続人が原則として相続分割合に応じた担保付不動産の所有者となるため、共同相続人全員が当事者となる。

③ 　合意の内容は新たな根抵当権取引の債務者を決定し合意するものであり、新たな債務者は相続人の中から選ぶ必要がある。場合によっては複数名の相続人を債務者とすることも可能である。

④ 　合意の登記による根抵当権についての被担保債権の留意点は以下の通り

である。

イ　金融機関と相続人の間で合意し、締結した「免責的債務引受契約」による債権を担保するためには、根抵当権の被担保債権の範囲に「債務引受による債権」を追加登記する必要がある。

ロ　合意の登記によって新たに債務者となった者との間で、従前から融資取引が存在する場合、合意の登記を経た根抵当権で担保されるのは相続開始後に負担する債務に限られるため、既存の融資についても担保する場合は、被担保債権の範囲の変更登記を行う必要がある。

元本確定した根抵当権の取扱いの誤り

　また、相続開始後6ヵ月以内に指定債務者の合意の登記を行わず、債務者の相続開始時に遡って元本確定した根抵当権についても、その後の免責的債務引受契約等を経て債務者の変更登記を行うことがある。ところが時間の経過と、当初の事情に明るくない金融機関側の担当者の交替等により、根抵当権の確定を認識せず、設定極度額の余裕を見込んだ追加融資を取り組んだり、相続開始時に存在した融資契約内容を更改して全く新たな別の融資債権を誕生させることがある。

　このような場合、それらの融資債権は根抵当権では担保されないことに気付かず、債務者が破綻し、根抵当権を実行する段になって初めて気付くことがある。このような事態の発生を防止するためには、根抵当権の被担保債権が確定した事実と、担保される債権の内容を不動産担保記入帳等の管理資料に明示するなどの工夫が必要である。

⑨　保証契約と相続

はじめに

　金融機関での融資を含む与信取引において、主債務者の信用補完の手段として連帯保証人との間で保証契約を締結する機会が多い。これは不動産等の物的担保に対して人的担保と評価されるものであり、保証形態も特定

の融資契約に対する保証と、一定極度額を定めた契約（貸金等根保証契約）があり、後者の場合は契約時に被保証債務の元本確定期日を定めるのが通例であり、その期日は保証契約締結日から5年以内とする必要がある（民法465条の3第1項）。

保証債務の相続

保証契約の相手方である保証人について相続開始した場合、被相続人が負担していた保証債務は融資契約での借入債務の場合と同様に、共同相続人のそれぞれが相続分に応じて分割して承継するのが民法の立場である。もっとも、貸金等の契約に対する保証と異なり、入社した会社に対する従業員の身元引受保証等の、保証人にとって一身専属的性質を帯びる保証については相続人の承継すべき対象には含まれない。

実務上、保証人について相続開始した場合の対応は、融資契約の債務者の場合と同様に法定相続人の特定と相続方法（単純承認、限定承認、相続放棄の別）の確認が欠かせず、かつ相続人に対し承継した保証債務の内容を通知することが望ましい。

また、貸金等根保証契約による保証債務については、保証人の死亡は主債務の元本確定事由となるため、相続開始時に存在する被保証債務のみが対象となる。したがって、たとえ契約極度額に余裕があり、被保証債務の確定期日が未到来であったとしても、この原則は変わらない。

相続人に対する保証債務の通知

共同相続による被相続人の借入債務については、事後の債権管理の複雑さを回避するため、相続人との間で債務承継内容について交渉し、免責的（併存的）債務引受契約の締結を急ぐことがあるが、保証債務の相続については、弁済遅滞が生じていない限り、相続開始後に各相続人から分割弁済受領しなければならないような事情がなく、債権管理についても負担が生じることはないため、急いで特定の保証人に保証債務を集中せねばならない緊急性はない。

　むしろ大切なことは、相続人が被相続人の残した保証債務の存在やその内容を知らないことが多いため、金融機関側から各相続人に対して、承継した保証債務の内容を通知することである。通知を受けた相続人からは、保証債務の免除等の要望を受けることが予想されるが、その際には金融機関にとって望ましい債権保全手段として保証債務をどう取り扱うべきかを検討することとなる。また、信用保証協会等の保証機関による保証については、それぞれの保証に係る契約内容に沿った手続きを進めることとなる。

第 4 章

相続税対策

第1節

納税資金対策

1 相続対策

　相続対策に限ったことではないが、対策が必要かどうかは全体像を把握しなければ判断することができない。相続対策が必要かどうかを判断するためには、家族構成、資産、負債、そして、何より本人や関係者の意向を確認しなければならない。相続対策というと、「争族」対策といわれたり、「相続税」対策が重要視されたりしているが、やや相続人（遺族）の視点が先行しているように思われる。相続人（遺族）が困ることのないように準備することは年長者の務めかもしれないが、相続対策を講じることが本人の苦痛となったり、相続対策を講じたことにより本人が窮屈になったりしたのでは、本末転倒ではないだろうか。相続人には被相続人の財産を「相続する権利」があるといわれることがある。確かに、民法には相続人や法定相続分等の規定があり、相続人に相続に関する権利があることは事実であるが、円満な相続を望む場合、相続は、相続人によって「相続する権利」の主張がなされるのではなく、本人（被相続人）が自ら築いた資産をどのように承継させるかは本人の自由であるという、資産承継の大原則の延長線上にあることの認識が不可欠ではないだろうか。相続をさせる側と相続を受ける側での認識の相違、また、相続に関する「常識」は、意外にも、十人十色、千差万別であり、相続に関する「常識」が異なる人たちが1つの相続の当事者となることにより、残念ながら「争族」を引き起こしてしまうのではないだろうか。

　ところで、本当に相続対策や相続税対策が必要な人はどのような人であ

ろうか。相続税の負担は慎重に検討すべき重要な問題であるが、相続税の負担を懸念するあまり本人の意向が曲げられてしまったり、実施すべき的確な対策が取り止められたとしてもまた本末転倒ではないだろうか。2015年に相続税が増税されたことに伴い、相続税を不安に思っている人は少なくないが、相続税は相続により承継される資産に対して所定の割合により課される税金である。承継する資産があるからこそ相続税が課されるのであり、また、居住や事業のために活用している土地については評価額が減額される配慮もなされている（小規模宅地等についての相続税の課税価格の計算の特例）。相続税の負担を過度におそれることがあってはいけないと思われるし、資産を次世代に承継するためには一定程度の税金を負担することは避けられないことでもある。したがって、承継する資産が多いほど相続対策や相続税対策の必要性が高く、承継する資産が少なければ相続対策や相続税対策の必要性が低いとはいえない。相続対策の必要性が高い場合というのは、借金が多い場合（特に債務が超過している場合）、保有している資産が不動産に集中していて遺産分割が難しい場合（この場合には納税資金の準備にも苦労することが想定される）、資産や負債の状況にかかわらず親族関係がもつれている場合等といえるのではないだろうか。また、相続税の納税資金が確保できることは、「争族」を和らげる要因として期待することができるのではないだろうか。

2　相続税対策

　課税価格の合計額と相続人の構成が分かれば、相続税の負担額をおおよそ知ることができる（図表4-1）。想定される相続税の負担を知ることが相続税対策の第一歩である。相続において承継される資産のうち、相続税の納税に充てることができる現金等（流動性が高い金融商品等を含む、以下同じ）が十分にあれば、相続税は大きな障害とはならない。相続税の納

第4章　相続税対策

●図表4-1　相続税額早見表

相続財産 （課税価格・基礎 控除前）	配偶者あり			配偶者なし		
	子ども 1人	子ども 2人	子ども 3人	子ども 1人	子ども 2人	子ども 3人
基礎控除額	4,200万円	4,800万円	5,400万円	3,600万円	4,200万円	4,800万円
4,000万円	―	―	―	40	―	―
6,000万円	90	60	30	310	180	120
8,000万円	235	175	138	680	470	330
1億円	385	315	263	1,220	770	630
2億円	1,670	1,350	1,218	4,860	3,340	2,460
3億円	3,460	2,860	2,540	9,180	6,920	5,460
4億円	5,460	4,610	4,155	14,000	10,920	8,980
5億円	7,605	6,555	5,963	19,000	15,210	12,980
7億円	12,250	10,870	9,885	29,320	24,500	21,240
10億円	19,750	17,810	16,635	45,820	39,500	35,000
20億円	46,645	43,440	41,183	100,820	93,290	85,760

（注）被相続人の遺産を法定相続人が法定相続分通りに相続した場合の相続税額を示している
（配偶者ありの場合、配偶者の相続分について「配偶者の税額軽減の特例」を適用することを
想定している）。なお、課税価格が1億6,000万円以下の場合、配偶者がすべてを相続すれば、
相続税の納税額は生じないことになる。税額は万円単位、万円未満を四捨五入。

付に充てることができる現金等が十分ではない場合に、納税資金をどのように準備するか、また、相続税の納税額を軽減させることができないか（相続財産の評価額を引き下げることができないか、相続財産を減らすことができないか）など、相続税対策が必要になるといえる。

3 納税資金対策

相続税対策には、納税資金をどのように確保するかという問題と、相続

税額をどのように抑えるか（相続財産の評価額をどのように引き下げるか、相続財産をどのように減らすか）という問題がある。納税資金対策は前者の問題である。たとえ納税しなければならない相続税額が高額であったとしても、納税資金の確保ができれば、相続税は大きな障害とはならない。納税資金対策は、相続において承継される資産の中に相続税の納税に充てることができる現金等を用意しておくという側面と、相続人において相続税の納税資金に充てることができる現金等を用意しておくという側面がある。

不動産の売却処分

相続において承継される資産の中に相続税の納税に充てることができる現金等を用意しておくという側面からは、相続人が所有している不動産を、相続の前に売却処分して換金することも考えられる。相続税対策においては、相続財産の評価額を引き下げるために、不動産を購入して不動産有効活用を図ることが検討されがちであるが、納税資金を確保する観点からは、むしろ不動産を売却処分して換金することも検討に値する。

相続開始前に不動産を売却処分して換金する場合と、相続開始後に不動産を売却処分して換金する場合とでは、税金の取扱いが異なるため留意しなければならない（図表4-2）。相続開始前に不動産を売却処分した場合、当該不動産に値上がり益がある場合には、譲渡所得に対して所得税および住民税が課税される。所得税および住民税の課税において、土地建物等の譲渡所得は分離課税とされており、譲渡した土地建物等の譲渡した年の1月1日までの所有期間が5年超の場合は長期譲渡所得（所得税15%・住民税5%）、5年以下の場合は短期譲渡所得（所得税30%・住民税9%）と区分される。譲渡代金として手元に残った現金は、相続開始により相続財産となり、相続税の課税対象となる。これに対して、相続開始後に不動産を売却処分した場合、まずは相続において相続税が課税された後、不動産の処分に際しては、当該不動産に値上がり益がある場合に、譲渡所得に対

第4章 相続税対策

●図表4-2 相続開始前の不動産売却と相続開始後の不動産売却の比較

	相続開始前に不動産を売却処分した場合	相続開始後に不動産を売却処分した場合
相続税	（譲渡所得に対する所得税および住民税を除いた）現金に対して課税	相続税評価額に対して課税
所得税および住民税	値上がり益に対して課税	値上がり益に対して課税（相続税額の取得費加算の特例の適用を受けることができる）

〈相続税額の取得費加算の特例により取得費に加算される相続税額〉

　相続税額の取得費加算の特例により取得費に加算される相続税額は、次の算式で計算した金額となる。譲渡した財産ごとに計算する。ただし、その金額がこの特例を適用しないで計算した譲渡益（土地、建物、株式等を売った金額から取得費、譲渡費用を差し引いて計算する）の金額を超える場合は、その譲渡益相当額となる。

$$\text{その者の相続税額} \times \frac{\left(\begin{array}{c}\text{その者の相続税の課税価格の計算の}\\\text{基礎とされたその譲渡した財産の価額}\end{array}\right)}{\left(\begin{array}{c}\text{その者の相続}\\\text{税の課税価格}\end{array}\right) + \left(\begin{array}{c}\text{その者の債務}\\\text{控除額}\end{array}\right)} = \begin{array}{c}\text{取得費に加算}\\\text{する相続税額}\end{array}$$

〈計算例〉

　不動産の相続税評価額が不動産の時価を下回る場合、相続開始前の処分に比べて相続開始後の処分のほうが、所得税および住民税並びに相続税のトータルでの税負担は軽減される傾向になる。たとえば、時価1億円の土地の相続税評価額が8,000万円、当該土地に係る値上がり益が譲渡収入金額の80％相当額、所得税および住民税の税率が合計20％、相続税の実質税率が20％であると仮定した場合、以下のように試算することができる。

（1）相続開始前に処分した場合
① 譲渡収入金額　　　　　　　　　　　　　　1億円
② 譲渡所得に対する所得税および住民税　1,600万円
　　1億円×80％×20％＝1,600万円
③ 相続税の課税価格　　　　　　　　　　　8,400万円（現金）

④ 当該現金に係る相続税額　　　　1,680万円（8,400万円×20％）
⑤ 相続税納税後の手取金額　　　　6,720万円（①－②－④）
（2）相続開始後に処分した場合
　① 相続税の課税価格　　　　　　8,000万円（土地）
　② 当該土地に係る相続税額　　　1,600万円（8,000万円×20％）
　③ 譲渡収入金額　　　　　　　　1億円
　④ 譲渡所得に対する所得税および住民税　1,280万円
　　（1億円×80％－1,600万円）×20％＝1,280万円
　⑤ 所得税および住民税納税後の手取金額　7,120万円（③－②－④）

〈被相続人の居住用財産（空き家）に係る譲渡所得の特別控除の特例〉

　被相続人の居住用財産（空き家）に係る譲渡所得の特別控除の特例は、2023年度税制改正により、適用期限が2027年まで延長された。この特例と相続税額の取得費加算の特例は併用することができない。被相続人の居住用財産（空き家）に係る譲渡所得の特別控除の特例の内容は、以下の通りである。

　相続または遺贈により取得した被相続人居住用家屋または被相続人居住用家屋の敷地等を売却し、一定の要件を満たすときは、譲渡所得の金額から最高3,000万円（2024年以後に行う譲渡で被相続人居住用家屋および被相続人居住用家屋の敷地等を相続または遺贈により取得した相続人の数が3人以上である場合は2,000万円）まで控除することができる。

（1）特例の対象となる被相続人居住用家屋、被相続人居住用家屋の敷地等
　① 被相続人居住用家屋とは、相続の開始の直前において被相続人の居住の用に供されていた家屋で、次の3つの要件すべてにあてはまるもの（主として被相続人の居住の用に供されていた一の建築物に限る）である。1981年5月31日以前に建築されたこと。区分所有建物登記がされている建物でないこと。相続の開始の直前において被相続人以外に居住をしていた人がいなかったこと。
　② 被相続人居住用家屋の敷地等とは、相続の開始の直前において被相続人居住用家屋の敷地の用に供されていた土地またはその土地の上に存する権利である。なお、相続の開始直前においてその土地が用途上不可分の関係にある2以上の建築物（母屋と離れなど）のある一団の土地であった場合には、その土地のうち、その土地の面積にその2以上の建築物の床面積の合計のうちに一の建築物である被相続人居住用家屋（母屋）の床面積の占める割合を乗じて計算した面積に係る土地の

部分に限る。

（２）特例の適用を受けるための要件

　①　売った人が、相続または遺贈により被相続人居住用家屋および被相続人居住用家屋の敷地等を取得したこと。

　②　次のいずれかに該当する売却をしたこと。

（Ａ）相続または遺贈により取得した被相続人居住用家屋を売るか、被相続人居住用家屋とともに被相続人居住用家屋の敷地等を売ること。

（注）被相続人居住用家屋は次のⓐおよびⓑの要件に、被相続人居住用家屋の敷地等は次のⓐの要件に当てはまることが必要である。
　　ⓐ相続の時から譲渡の時まで事業の用、貸付けの用または居住の用に供されていたことがないこと。
　　ⓑ譲渡の時において一定の耐震基準を満たすものであること。

（Ｂ）相続または遺贈により取得した被相続人居住用家屋の全部の取壊し等をした後に被相続人居住用家屋の敷地等を売ること。

（注）被相続人居住用家屋は次のⓐの要件に、被相続人居住用家屋の敷地等は次のⓑおよびⓒの要件に当てはまることが必要である。
　　ⓐ相続の時から取壊し等の時まで事業の用、貸付けの用または居住の用に供されていたことがないこと。
　　ⓑ相続の時から譲渡の時まで事業の用、貸付けの用または居住の用に供されていたことがないこと。
　　ⓒ取壊し等の時から譲渡の時まで建物または構築物の敷地の用に供されていたことがないこと。

（Ｃ）相続または遺贈により取得した被相続人居住用家屋を売るか、被相続人居住用家屋とともに被相続人居住用家屋の敷地等を売る場合で、次のⓐおよびⓑまたはⓐおよびⓒの要件に当てはまること（2024年以後に行う譲渡について本項の適用がある）。

　　ⓐ相続の時から譲渡の時まで事業の用、貸付けの用または居住の用に供されていたことがないこと。
　　ⓑ譲渡の時からその譲渡の日の属する年の翌年2月15日までの間に、一定の耐震基準を満たすこととなったこと。
　　ⓒ譲渡の時からその譲渡の日の属する年の翌年2月15日までの間に、被相続人居住用家屋の全部の取壊し等を行ったこと。

　③　相続の開始があった日から3年目の年の12月31日までに売ること。

　④　売却代金が1億円以下であること。

　この特例の適用を受ける被相続人居住用家屋と一体として利用していた部分を別途分割して売却している場合や他の相続人が売却している場合における1億円以下であるかどうかの判定は、相続の時からこの特例の適用を受けて被相続人居住用家屋または被相続人居住用家屋の敷地等を売却した日から3年目の年の12月31日までの間に分割して売却した部分や他の相

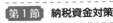

続人が売却した部分も含めた売却代金により行う。このため、相続の時から被相続人居住用家屋または被相続人居住用家屋の敷地等を売却した年までの売却代金の合計額が１億円以下であることからこの特例の適用を受けていた場合で、被相続人居住用家屋または被相続人居住用家屋の敷地等を売却した日から３年目の年の12月31日までにこの特例の適用を受けた被相続人居住用家屋または被相続人居住用家屋の敷地等の残りの部分を自分や他の相続人が売却して売却代金の合計額が１億円を超えた場合には、その売却の日から４ヵ月以内に修正申告書の提出と納税が必要となる。

 ⑤ 売った家屋や敷地等について、相続財産を譲渡した場合の取得費の特例や収用等の場合の特別控除など他の特例の適用を受けていないこと。

 ⑥ 同一の被相続人から相続または遺贈により取得した被相続人居住用家屋または被相続人居住用家屋の敷地等について、この特例の適用を受けていないこと。

 ⑦ 親子や夫婦など特別の関係がある人に対して売ったものでないこと。

 特別の関係には、このほか生計を一にする親族、家屋を売った後その売った家屋で同居する親族、内縁関係にある人、特殊な関係のある法人なども含まれる。

して所得税および住民税が課税されるが、相続や遺贈により財産を取得した人（相続税が課税されている人）が、相続や遺贈により取得した財産を、相続開始のあった日の翌日から相続税の申告期限の翌日以後３年を経過する日までに譲渡した場合、相続税額のうち一定の金額を譲渡資産の取得費に加算することができ（相続税額の取得費加算の特例）、相続開始前に不動産を処分する場合と比べて、譲渡所得に対する所得税および住民税は軽減されることになる。

生命保険の活用

 相続財産のほとんどが不動産や自社株式等の換金がはばかられる資産である場合（現預金が少ない場合）において相続が開始すると、納税資金を準備することができず、やむを得ず相続財産の売却を迫られることが少なくない。そこで、納税資金を確保するための方法の１つとして生命保険を活用することが考えられる。死亡保険金は、受取人固有の財産となること

第4章　相続税対策

から、相続において承継される資産の中に相続税の納税に充てることができる現金等を用意しておくという側面と、相続人において相続税の納税資金に充てることができる現金等を用意しておくという側面の両面を満たすことができるといえる。

　相続と生命保険は切っても切り離せない密接な関係がある。生命保険は、元来、生命保険が持ち合わせている機能に加えて、相続において様々な機能を発揮する。生命保険には、大きく分けて３つの基本形（死亡保険・生存保険・生死混合保険）がある。死亡保険は、死亡や高度障害状態となった場合に保険金が支払われる。このタイプには、終身保険、定期保険、また、これらを組み合わせた定期付終身保険等がある。生存保険は、契約してから満期まで生存していた場合に保険金が支払われる。このタイプには、個人年金保険やこども保険等がある。生死混合保険は、死亡保険と生存保険とを組み合わせたもので、保険期間の途中で死亡または高度障害になった場合、満期まで生存していた場合に保険金が支払われる。生命保険の基本形は上記３つのタイプであるが、最近では、生命保険会社各社から死亡保険と生存保険を組み合わせた祝金の支払われるタイプのものや、病気やケガ等の際に給付金が支払われる第３分野と呼ばれる商品、さらには重い病気に罹った場合に一時金が支払われるタイプなど、様々な保険商品が提供されている。また、生命保険には、大きく分けて２つの基本機能（保障機能・貯蓄機能）がある。保障機能は、生命保険の本来的な機能であり、保険契約に基づき万が一の際に保険金や給付金が支払われる機能である。貯蓄機能（資産運用機能）は、保険会社に預けられた保険料は保険会社により運用されており、運用されることを前提として保険料や保険金および給付金の水準が定められている機能である。特に生命保険会社が運用する資金は莫大な資金であり、生命保険会社は機関投資家としての側面を持っている。

　納税資金対策として生命保険を活用する場合には、一生涯にわたって保

障が続く終身保険が適している。また、期間を定めて保険料を払い終える有期払込等の払込方法が適しているといえる。保有している資産の状況から相続税額および必要とされる納税資金を試算し、保険金および受取人を指定することで相続税の納税資金対策を講じることができるといえる。

　また、生命保険を活用することにより、税制の恩恵を享受することができる。支払う保険料については所得税および住民税の計算において生命保険料控除の仕組みが、また、受け取る死亡保険金については相続税の計算において非課税とされる仕組みが用意されている。生命保険の活用は、税制の恩恵を活用しつつ、相続税等の税負担の面と、遺産分割等の法的な面の両面を考慮して検討しなければならないといえる。

退職金の活用

（1）退職金の準備

　経営者の相続対策および相続税対策において退職金は重要な要素であるといえる。退職金を支給することにより会社にとっては現金が減少し、また、適正な範囲内における退職金の支給は法人税の計算において損金となることで利益が減少することになる。この結果、株式の評価額が低くなり、後継者に対して株式を移転するよい機会を作り出すことができる。退職金は、会社から経営者に対して現金を移転する機会となるが、退職金に対する所得税の課税においては、勤続年数に応じた退職所得控除額の適用を受けることができ、また、退職所得は、原則として、2分の1が課税対象となり、分離課税とされていることから、給与として受け取る場合に比べてメリットがある。会社から経営者に対して移転された現金は、経営者の相続の際に相続税の納税資金とすることが期待される。なお、不動産管理会社や資産管理会社を設立して相続対策および相続税対策を実施する場合においても、退職金は重要な要素であるといえる。

　会社が退職金（特に経営者に対する役員退職金）を支給するためには、手続面における準備と、資金面における準備が必要である。手続面として

第4章 相続税対策

は、役員退職金の支給に際しては、原則として、株主総会の決議が必要である（会社法361条1項）が、役員退職金の支給基準を明確にするために、事前に役員退職金規程を制定しておくことが望ましい。事前に役員退職金規程を制定しておくことにより、実際に退職金を支給する際には、株主総会においては、役員退職金を支給すること、支給額および支給方法等については取締役会に委ねることを決議し、取締役会において、役員退職金規程に基づき、支給額および支給方法等を決議することができると考えられる。また、資金面としては、在任期間が長い役員や、会社に対する功績が大きい役員に対する役員退職金は高額になることがあるため、計画的な財源準備が必要である。計画的に内部留保を増やしていくことでも対応はできるが、生命保険契約を活用することもできる。この場合の生命保険の種類としては、終身保険、長期平準定期保険、逓増定期保険等が活用されている。業績のよい会社の場合、生命保険料の一部が法人税の計算において損金となることにより、法人税の税負担を軽減しつつ、役員退職金の支給財源を準備することができるといえる。

　なお、2019年6月28日付にて国税庁から新たな通達が出され、2019年7月8日以後の契約に係る定期保険または第三分野保険の保険料については新通達による取扱いが適用されている。新通達による取扱いは、保険の種類によって経理処理の方法が定められるのではなく、最高解約返戻率によって経理処理の方法が定められている。2019年7月7日以前に締結された保険契約については、従前の取扱いが継続される。

（2）退職金の適正額

　役員退職金は、当該役員の業務従事期間、退職の事情、同業種で事業規模が類似する会社の役員退職金の支給状況等に照らして、不相当に高額な金額は法人税の計算において損金の額に算入されないこととされている。そこで、役員退職金は適正額を支給しなければならないが、適正額の合理的な計算方法として、一般に、功績倍率による計算方法「退職時の最終報

酬月額×勤続年数×功績倍率」が採用されている。役員退職金規程において、この算式を参考に、役員退職金の具体的な算定方法を明記しておくことが望ましい。なお、国税庁の通達によれば、会社が役員の分掌変更または改選による再任等に際して当該役員に対して退職給与として支給した給与（未払金等に計上した場合の当該未払金等の額は含まれない）について、その支給が、たとえば、以下のような事実があったことによるものであるなど、分掌変更等により当該役員としての地位または職務の内容が激変し、実質的に退職したと同様の事情にあると認められることによるものである場合には、これを退職給与として取り扱うことができるとされている。すなわち、退職により会社と無関係になるのではない場合であったとしても、以下のような退職給与として取り扱うことができる場合には、役員退職金を支給することができるといえる。

① 常勤役員が非常勤役員（常時勤務していないものであっても代表権を有する人および代表権は有しないが実質的にその会社の経営上主要な地位を占めていると認められる人を除く）になったこと。
② 取締役が監査役（監査役でありながら実質的にその会社の経営上主要な地位を占めていると認められる人およびその会社の株主等で使用人兼務役員とされない役員に掲げる要件のすべてを満たしている人を除く）になったこと。
③ 分掌変更等の後におけるその役員（その分掌変更等の後においてもその法人の経営上主要な地位を占めていると認められる人を除く）の給与が激減（おおむね50％以上の減少）したこと。

（3）相続税における非課税

わが国においては、経営者、特に創業経営者個人の能力や資産に依存している会社が多数見受けられる。そのため、経営者はいつでも退職することができるわけではなく、残念ながら死亡により退職することとなることも珍しくない。役員の死亡退職に限ったことではないが、被相続人の死亡によって受ける弔慰金や花輪代、葬祭料等については、通常、相続税の課

● 図表 4 - 3　弔慰金等に相当する金額

被相続人の死亡が業務上の死亡であるとき	被相続人の死亡当時の普通給与（俸給、給料、賃金、扶養手当、勤務地手当、特殊勤務地手当等の合計額をいう）の3年分に相当する額
被相続人の死亡が業務上の死亡でないとき	被相続人の死亡当時の普通給与の半年分に相当する額

税対象になることはないが、被相続人の雇用主等から弔慰金等の名目で受け取った金銭等のうち、実質上退職手当金等に該当すると認められる部分は相続税の課税対象になる。原則として、図表4-3の金額は弔慰金等に相当する金額とされ、これらの金額を超える部分に相当する金額は退職手当金等として相続税の課税対象となる。

　被相続人の死亡によって被相続人に支給されるべきであった退職手当金、功労金その他これらに準ずる給与（これらを「退職手当金等」という。また、退職手当金等とは、受け取る名目にかかわらず実質的に被相続人の退職手当金等として支給される金品をいい、現物で支給された場合も含まれる）を受け取る場合で、被相続人の死亡後3年以内に支給が確定したものは、相続財産とみなされて相続税の課税対象となる。死亡後3年以内に支給が確定したものには、死亡退職で支給される金額が被相続人の死亡後3年以内に確定したもののほか、生前に退職していて支給される金額が被相続人の死亡後3年以内に確定したものが該当する。

　退職手当金等の受取人が相続人（相続の放棄をした人や相続権を失った人は含まれない）である場合、「500万円×法定相続人の数」で計算される非課税枠を活用することができる（相続税法12条1項6号）。すべての相続人等が受け取った退職手当金等の合計額が非課税限度額を超えるとき、超える部分が相続税の課税対象になる。この非課税枠を活用することにより、相続税の負担の軽減を図りつつ、納税資金を確保することができるといえる。

第2節

不動産の活用

1 不動産の取得

不動産有効活用と相続税対策

　不動産の取得による不動産有効活用は、有力な相続税対策であるといわれることがある。確かに、更地において不動産有効活用を図ると、土地や建物の相続税評価額は軽減される。更地上において貸家（貸家と土地は同一名義）を新築して賃貸すると、土地は貸家建付地として、建物は貸家として評価され、評価額がそれぞれ下がる。貸家建付地の相続税評価額は「自用地とした場合の価額−自用地とした場合の価額×借地権割合×借家権割合×賃貸割合」により評価され、貸家の相続税評価額は「固定資産税評価額−借家権の評価額×賃貸割合」により評価される（図表4-4）。

●図表4-4　貸家建付地および貸宅地の相続税評価額

貸家建付地の相続税評価額	自用地とした場合の価額−自用地とした場合の価額×借地権割合×借家権割合×賃貸割合
貸家の相続税評価額	固定資産税評価額−借家権の評価額×賃貸割合

　借地権割合（30％〜90％）および借家権割合（原則として30％）は、地域により異なる。これらは路線価図や評価倍率表により確認することができ、路線価図や評価倍率表は国税庁ウェブサイト等において閲覧することができる。また、賃貸割合は、貸家の各独立部分（構造上区分された数個の部分の各部分をいう）がある場合に、その各独立部分の賃貸状況に基づいて、「Aのうちの課税時期において賃貸されている各独立部分の床面積の合計÷当該家屋の各独立部分の床面積の合計（A）」により計算される。この算式における各独立部分とは、建物の構成部分である隔壁、扉、階層（天井および床）等によって他の部分と完全に遮断されている部分で、独立した出入口を有する

など、独立して賃貸その他の用に供することができるものをいう。なお、継続的に賃貸されていたアパート等の各独立部分で、たとえば、次のような事実関係から、アパート等の各独立部分の一部が課税時期（相続の場合は被相続人の死亡の日）において一時的に空室となっていたに過ぎないと認められるものについては、課税時期においても賃貸されていたものとして取り扱うことができる。

① 各独立部分が課税時期前に継続的に賃貸されてきたものであること。
② 賃借人の退去後速やかに新たな賃借人の募集が行われ、空室の期間中、他の用途に供されていないこと。
③ 空室の期間が、課税時期の前後のたとえば1ヵ月程度であるなど、一時的な期間であること。
④ 課税時期後の賃貸が一時的なものではないこと。

不動産有効活用の留意点

本来、不動産有効活用は、相続税対策のためだけに行われるものではない。今後の人口減少社会を念頭に考えるとき、不動産有効活用が常に成功するとは断言できない。どのような用途の有効活用をどのような規模で実行するのか、法的規制、交通条件（立地）、環境適性、市場性、競合状況、将来性等を勘案して、事業収支を慎重に検討しなければならない。

借入金により賃貸不動産（賃貸アパートや賃貸マンション等）を取得することが相続税対策となるわけではないことにも留意しなければならない。確かに、借入金は相続税の計算において控除することができるが、借入金の分だけ現金も増加するため、借入することが相続税の軽減に直結するものではない。（借入金により）取得する建物が固定資産税評価額（一般に、建築費の60％程度）により評価され、さらに、当該建物が貸家として評価されることにより相続税評価額は軽減されるのである。したがって、借入金は、事業収支計画において許容される範囲内において活用されるべきであり、相続税対策だからという理由で借入金比率を増大させることに合理性は認められない。

不動産有効活用（特に現物不動産投資）には諸経費が伴うことにも留意しなければならない。建物の建築に際しては、設計料や監理料、不動産取

得税や登録免許税、関係する専門家に対する報酬その他の費用が発生する。その後、建物の維持および管理のためにも費用がかかり、火災保険料、固定資産税および都市計画税、税務申告のための税理士報酬その他の費用が発生する。不動産有効活用（特に現物不動産投資）には少なからぬ費用が伴い、また、実行すると簡単には後戻りはできない。さらに、賃貸不動産は年数の経過により劣化し競争力を落としていくことになるため、賃貸開始当初はまずまずの状況でも、年数の経過により収支が悪化することがある。不動産有効活用は、これらを先々まで予測し、中・長期の計画の下、実行しなければならない。「こんなはずではなかった」という結末にならないように、あるいは、良かれと思って実行した不動産の有効活用が、後々、相続人の負担となることがないように、慎重に検討しなければならないといえる。

不動産有効活用と納税資金対策

　不動産有効活用を実行するうえでは、借地および借家に関する法律の知識も念頭に置いておかなければならないし、不動産の流動性（換金の可能性）を高めておき、必要な場合には売却処分することができる状況にしておくという視点も持ち合わせておかなければならない。借地借家法において借り手の保護に重点がおかれていることを背景として、不動産有効活用が図られていることが、不動産の流動性を阻害する場合があることも否定できない（図表4-5）。相続財産が不動産に偏重している場合、相続人における遺産分割の合意が得られにくかったり、相続税の納税において苦労したりということも想定される。不動産有効活用を図り相続税評価額の減額をねらうばかりに相続人の苦労が増してしまったのでは本末転倒である。このような視点から、借地関係や借家関係（特に借地関係）は、次世代に持ち越すことなく本人において解決を図るべき課題として、時機をみて解消しておくべき課題であると考えることもできる。借地関係や借家関係を解消させるためには、いわゆる立退料を必要とすることがある。立退料を

●図表4-5 留意しなければならない借地借家法の規定

借地契約の更新	借地権の存続期間が満了する場合において、借地権者が契約の更新を請求したときは、建物がある場合、従前の契約と同一の条件で契約を更新したものとみなされる（借地借家法5条1項）。借地権設定者（土地の所有者）が借地契約の更新を拒むためには、契約の更新に対して異議を述べなければならないが、この異議は、借地権設定者および借地権者（転借地権者を含む）が土地の使用を必要とする事情のほか、借地に関する従前の経過および土地の利用状況並びに借地権設定者が土地の明渡しの条件としてまたは土地の明渡しと引換えに借地権者（転借地権者を含む）に対して財産上の給付をする旨の申し出をした場合におけるその申し出を考慮して、正当の事由があると認められる場合でなければ述べることができない（同法6条）。借地権は、ひとたび設定すると、この土地を再び利用することができるように借地権を消滅させることは難しいという実情がある。
借家契約の更新	建物の賃貸借について期間の定めがある場合において、当事者が期間の満了の1年前から6ヵ月前までの間に相手方に対して更新をしない旨の通知または条件を変更しなければ更新をしない旨の通知をしなかったときは、原則として、（賃貸借の期間を除いて）従前の契約と同一の条件で契約を更新したものとみなされる（借地借家法26条1項）。建物の賃借人が建物の賃貸借の解約を申し入れるためには、建物の賃貸人および賃借人（転借人を含む）が建物の使用を必要とする事情のほか、建物の賃貸借に関する従前の経過、建物の利用状況および建物の現況並びに建物の賃貸人が建物の明渡しの条件としてまたは建物の明渡しと引換えに建物の賃借人（転借人を含む）に対して財産上の給付をする旨の申し出をした場合におけるその申し出を考慮して、正当の事由があると認められる場合でなければならないとされている（同法28条）。ひとたび建物を賃貸すると、この建物を再び利用することができるように建物の賃借権（借家権）を消滅させることは難しいという実情がある。

次世代の負担とするのではなく、本人の資産から負担して精算しておくのも1つの考え方ではないだろうか。

不動産の買換と相続税対策

　不動産を買い換えることが相続税対策となることがある。たとえば、事業の用に供している土地から賃貸建物に買い換えることで、相続税評価額を引き下げることができ、相続税の課税対象額が減少することがある。賃貸建物は「当該建物の固定資産税評価額－固定資産税評価額×借家権割合

×賃貸割合」により評価され、建物の固定資産税評価額は、一般に、建築費の6割程度で評価されることが多い。また、単価の低い地域の土地から単価の高い地域の土地に買い換えることで、小規模宅地等の特例の評価減を大きく活用できることがある。小規模宅地等の特例は、適用を受けることができる上限面積が決まっているため、土地の単価が高いほうが有効に適用を受けることができる。

　ただし、このような不動産の買い換えは、買い換えによって不動産有効活用の効率性が高まったり、将来における流動性が高まったりすることが望ましいといえる。相続税対策を講じたばかりに、不動産の保有が対策前よりも非効率になることがないよう、買換資産の選定は、買換資産の収益性や流動性等を慎重に見極めて行わなければならない。また、不動産の取引に係る経費（仲介手数料等）や、登録免許税や不動産取得税等の税金の負担が生じることにも留意しなければならない。

　ところで、不動産の買い換えに際して、譲渡する不動産に値上がり益がある場合には、譲渡所得に対して所得税および住民税が課税される。一定の要件を満たす場合には、特定の事業用資産の買換えの特例の適用を受けることにより、課税を繰り延べることができる。この特例の適用を受けて取得した買換資産の取得価額は、実際の取得価額ではなく、課税の繰り延べを受けた金額に対応する金額だけ減額される。建物等の減価償却資産を取得した場合には、毎年の減価償却費が少なくなり、また、将来において買換資産を譲渡する場合には譲渡所得の計算において取得費が小さくなる。その結果、毎年の所得税や譲渡時の譲渡所得に対する税負担が大きくなる。課税の繰り延べは、課税の減免とは異なる。

> **〈特定の事業用資産の買換えの特例〉**
>
> 　個人が、事業の用に供している特定の地域内にある土地建物等（譲渡資産）を譲渡し、一定期間内に特定の地域内にある土地建物等の特定の資産（買換資産）を取得し、その取得の日から1年以内に買換資産を事業の用に供したときは、一定の要件のもと、譲渡益の一部に対する課税を将来に繰り延べることができる（譲渡益が非課税となるわけではない）。これを、事業用資産の買換えの特例という。この特例を受けると、売った金額（譲渡価額）より買い換えた金額（取得価額）の方が多いときは、売った金額に20％の割合（課税割合）を掛けた額を収入金額として譲渡所得の計算を行う。売った金額より買い換えた金額の方が少ないときは、その差額と買い換えた金額に課税割合を掛けた額との合計額を収入金額として譲渡所得の計算を行う。

2 定期借地権の活用

定期借地権の活用

　定期借地権は、定期借地権ではない借地権（普通借地権）とは異なり、更新がない借地契約である。定期借地権には、一般定期借地権（借地借家法22条）、事業用定期借地権等（同法23条）、建物譲渡特約付借地権（同法24条）の3種類がある。土地の所有者（地主、借地権設定者）にとっては、将来、この土地を再び自ら活用する方策を持ちつつ土地を貸し付けることができる手法であるといえる。定期借地権を活用することにより、ひとたび借地権を設定するとこの土地を再び利用することができるように借地権を消滅させることは難しいという状況には陥らず、契約において定められた期間についてのみ借地関係を保持することができる。また、建物の建設は借地権者が行うため、土地の所有者の事業リスクは限定されるといえる。他方で、定期借地権は期間の満了により土地の返還を受けることができるという特徴から、普通借地権とは異なり、税務上、残存期間に応じて評価される。

定期借地権の種類

（1）　一般定期借地権

　一般定期借地権は、存続期間を50年以上として借地権を設定する場合において、借地借家法9条および16条の規定にかかわらず契約の更新（更新の請求および土地の使用の継続によるものを含む）および建物の築造による存続期間の延長がなく、同法13条の規定による建物買取りの請求をしないこととする旨を定める借地権である。これらの特約は公正証書によるなど、書面によってしなければならないものとされている。

（2）　事業用定期借地権等

　事業用定期借地権等は、専ら事業の用に供する建物（居住の用に供するものを除く）の所有を目的とし、かつ、存続期間を30年以上50年未満として借地権を設定する場合においては、借地借家法9条および16条の規定にかかわらず契約の更新（更新の請求および土地の使用の継続によるものを含む）および建物の築造による存続期間の延長がなく、同法13条の規定による建物買取りの請求をしないこととする旨を定める借地権であり、存続期間を10年以上30年未満として借地権を設定する場合においては、同法3条〜8条まで、13条および18条の規定は適用しないとする借地権である。事業用定期借地権等の設定を目的とする契約は公正証書によってしなければならないものとされている。

（3）　建物譲渡特約付借地権

　建物譲渡特約付借地権は、借地権を設定する場合において、借地借家法9条の規定にかかわらず、借地権を消滅させるため、その設定後30年以上を経過した日に借地権の目的である土地の上の建物を借地権設定者に相当の対価で譲渡する旨を定める借地権である。なお、建物譲渡特約付借地権を設定する契約の方式について、借地借家法は特に規定を設けていない。

定期借地権と相続税対策

（１）定期借地権の目的となっている宅地の相続税評価額

　定期借地権においては、期間の更新がなく、期間の満了により当該土地の返還を受けることができるため、定期借地権の目的となっている宅地は、定期借地権の残存期間に応じて評価される。そのため、定期借地権を設定した当初は相続税評価額の引き下げ効果が大きいが、期間の満了が近づくにつれて評価額は上昇し、最終的には自用地としての価額に近い評価額となる。

（２）一般定期借地権の目的となっている宅地の相続税評価額

　定期借地権の目的となっている宅地のうち、一般定期借地権の目的となっている宅地の相続税評価額は、課税上弊害がない限り、財産評価基本通達の定めにかかわらず、当分の間、図表４－６、図表４－７の算式により評価することとされている。

●図表４－６　一般定期借地権の目的となっている宅地の相続税評価額

課税時期における自用地としての価額－定期借地権に相当する価額^(※1)

（※1）定期借地権に相当する価額 ＝ 課税時期における自用地としての価額 × （1－底地割合^(※2)） × $\dfrac{課税時期におけるその一般定期借地権の残存期間年数に応ずる基準年利率による複利年金原価率}{一般定期借地権の設定期間年数に応ずる基準年利率による複利年金原価率}$

※2　一般定期借地権が設定された時点の底地割合

借地権割合	路線価図	C地域	D地域	E地域	F地域	G地域
	評価倍率表（％）	70	60	50	40	30
底地割合（％）		55	60	65	70	75

※A地域、B地域および借地権の取引慣行のない地域については、財産評価基本通達25(2)の評価方法による。

（3）その他の定期借地権の目的となっている宅地の相続税評価額

　上記（2）「一般定期借地権の目的となっている宅地の相続税評価額」の評価方法の対象とならない定期借地権の目的となっている宅地は、原則として、「自用地としての価額－定期借地権等の価額」によって評価される。ただし、この方法により評価した金額が「自用地としての価額－自用地としての価額×定期借地権等の残存期間に応じた割合（図表4-8）」により求めた金額を上回る場合には、「自用地としての価額－自用地としての価額×定期借地権等の残存期間に応じた割合」により求めた金額が定期借地権の目的となっている宅地の評価額とされる。

●図表4-7　定期借地権等の価額

　定期借地権等の価額は、原則として、課税時期（相続の場合は被相続人の死亡の日）において借地人に帰属する経済的利益およびその存続期間を基として評定した価額によって評価される。ただし、定期借地権等の設定時と課税時期とで、借地人に帰属する経済的利益に変化がないような場合等、課税上弊害がない場合に限り、その定期借地権等の目的となっている宅地の自用地としての価額に、次の算式により計算した数値を乗じて計算することができる。

$$\frac{\text{定期借地権等の設定の時における借地権者に帰属する経済的利益の総額}}{\text{定期借地権等の設定の時におけるその宅地の通常の取引価額}} \times \frac{\text{課税時期におけるその定期借地権等の残存期間年数に応ずる基準年利率による複利年金現価率}}{\text{定期借地権等の設定期間年数に応ずる基準年利率による複利年金現価率}}$$

●図表4-8　定期借地権等の残存期間に応じた割合

残存期間が5年以下のもの	5％
残存期間が5年を超え10年以下のもの	10％
残存期間が10年を超え15年以下のもの	15％
残存期間が15年を超えるもの	20％

3 不動産管理会社の活用

不動産管理会社と相続税対策

　不動産有効活用が成功した場合には、家賃等の収入により現金が増加し、相続財産が増大することが考えられ、相続税対策においては懸念事項ともなり得る。家賃等の収入を相続人の収入とするために、土地を相続人に貸し渡して相続人において建物を取得して不動産有効活用を図ること（たとえば、親の土地を子に貸し渡して子が建物を取得すること）も考えられるが、このような場合において土地の貸し借りが使用貸借（無償での貸借ないしは固定資産税相当額程度の地代での貸借）の場合には、土地の評価額は自用地の価額のまま軽減されないことになる。そこで、相続・事業承継対策を併せて考慮して、相続人が中心となる不動産管理会社を設立し、家賃等の収入を不動産管理会社に移転させることにより、家賃等の収入を相続人等に移転させることを検討することができる。これにより世代交代を図ることができると考えられる。不動産管理会社には、形態により、管理委託方式、サブリース方式（一括賃貸借方式）、不動産所有方式がある。

不動産管理会社の種類と特徴

（1）管理委託方式

　管理委託方式は、不動産所有者と不動産管理会社との間で賃貸不動産の管理委託契約を締結し、不動産管理会社は、管理や家賃徴収等の業務を担い、管理料を徴収する方式である。

（2）サブリース方式（一括賃貸借方式）

　サブリース方式（一括賃貸借方式）は、不動産所有者と不動産管理会社との間で賃貸不動産の一括借上げ契約を締結し、不動産管理会社が入居者と賃貸借契約を締結する方式である。管理委託方式に比べて、不動産管理会社が空室リスクを負担する方式であるといえる。

（3） 不動産所有方式

　不動産所有方式は、不動産管理会社が不動産所有者から賃貸不動産を取得し、不動産管理会社自身の賃貸不動産として、賃貸、管理、運営する方式である。いずれの形態も、家賃等の収入を不動産所有者から切り離し、不動産管理会社を活用して相続人等に移転させる（不動産管理会社が相続人等に対して給与等を支払う）ことを目的としているが、この効果が最も大きいのは不動産所有方式である。ただし、不動産所有方式においては、不動産管理会社に賃貸不動産を取得するための資金が必要とされ、また、賃貸不動の敷地について地代を支払わなければならないことになる。

不動産管理会社の留意点

　不動産管理会社が実態を伴わない場合には、税務調査等により指摘を受けて問題となることが懸念される。特に、管理委託方式において、不動産所有者が、不動産管理会社とは別の不動産管理業者に管理料を支払っている状況において、重ねて同族会社である不動産管理会社に管理料を支払っている場合、同族会社である不動産管理会社については、管理業務の実態を伴わないものとして、税務上、否認される可能性がある。また、サブリース方式（一括賃貸借方式）も含めて、不動産所有者と不動産管理会社とが同族関係にあることから、管理料等の設定は恣意的になりがちである。不動産管理会社は、管理や家賃徴収等の業務を実際に担う、実態の伴ったものでなければならないし、税務上の疑念を持たれないように、業務内容に即した適正な管理料等を設定するとともに、契約関係等は書類により明確にしておかなければならない。不動産管理業務においては、ＩＴ化によるコストダウンも進んでおり、業界として競争も厳しい状況が続いている。賃貸不動産が所在する地域における不動産管理に関する相場は、定期的に把握しておく必要があるといえる。

　ところで、不動産管理会社の設立には登録免許税等の費用がかかり、不動産管理会社を継続していくためには法人税等の税負担、社会保険の加入

義務が伴うことによる社会保険料の負担、税理士等の専門家を活用するための費用がかかる。ある程度の規模がないと費用倒れになってしまうことにも留意しなければならない。

不動産所有方式と相続税評価額

不動産所有方式を採用し、賃貸不動産（建物）を不動産管理会社に売却または不動産管理会社が新たに取得する場合、土地の所有者（被相続人）と土地の賃貸借契約を締結するが、この際、不動産管理会社に借地権の認定課税が発生しないように、税務署に対して「土地の無償返還に関する届出書」を提出することが一般的である。同届出書は、土地の所有者（被相続人）と不動産管理会社が連名で所轄税務署長に対して提出する。同届出書を提出することにより、当該敷地の相続税評価額は自用地としての価額の80％相当額とされ、貸家建付地としての評価とほぼ同様に、土地の評価額の減額の効果を受けることができる。

なお、土地の無償返還に関する届出書を提出した場合であっても、土地の所有者と建物の所有者（不動産管理会社）が授受する地代が当該土地の固定資産税相当額を下回るなど、地代が低廉な場合には使用貸借契約と判断される懸念があることには留意しなければならない。使用貸借に係る土地については、土地の無償返還に関する届出書が提出されている場合であっても、自用地としての価額によって評価される。そこで、使用貸借と判断されないように、地代は、固定資産税相当額の2～3倍程度の金額とすることが多いようである。

第3節

生命保険の活用

1 生命保険と課税関係

　生命保険の死亡保険金や満期保険金に対する課税関係は、契約者（保険料負担者）・被保険者・保険金受取人の三者の関係により異なる（図表4-9）。契約者（保険料負担者）と被保険者が同じ人である生命保険の死亡保険金に対しては、保険金受取人が法定相続人であっても法定相続人でなくても、相続税が課税される。契約者（保険料負担者）と保険金受取人が同じ人である生命保険の死亡保険金に対しては、一時所得として所得税・住民税が課税される。契約者（保険料負担者）・被保険者・保険金受取人がすべて異なる生命保険の死亡保険金に対しては、贈与税が課税される。なお、損害保険において死亡保険金が支払われる場合についても、上記と同様に、契約者（保険料負担者）・被保険者・保険金受取人の三者の関係により、課税関係が決まる。

　相続税や贈与税が資産の承継に対して課税される税金であるのに対して、

第④章 相続税対策

●図表4-9　死亡保険金や満期保険金に対する課税関係

契約者 （保険料負担者）	被保険者	保険金受取人	課税関係
A	A	B	相続税（※）
B	A	B	一時所得
C	A	B	贈与税

（※）死亡保険金の受取人が相続人（相続の放棄をした人や相続権を失った人は含まれない）である場合、「500万円×法定相続人の数」で計算される非課税枠を活用することができる。

211

所得税・住民税は所得に対して課税される税金である。これらは課税対象や考え方に違いがあるため一概に比較することはできないが、特に比較的高い相続税の税率が適用されることが想定される場合においては、相続税が課税される契約形態としたほうが税務上有利か、所得税・住民税が課税される契約形態としたほうが税務上有利かについて、検討されることがある。なお、一時所得の課税関係を活用する事例は、第5章で取り上げる。

2 死亡保険金に係る非課税

　被相続人の死亡によって取得した生命保険金や損害保険金で、その保険料の全部または一部を被相続人が負担していたものは相続税の課税対象となり、死亡保険金を受け取ることは相続税の課税対象財産が増加することにもなるが、死亡保険金の受取人が相続人（相続の放棄をした人や相続権を失った人は含まれない）である場合、「500万円×法定相続人の数」で計算される非課税枠を活用することができる（相続税法12条1項5号）。すべての相続人等が受け取った保険金の合計額が非課税限度額を超えるとき、超える部分が相続税の課税対象になる。この非課税枠を活用することにより、相続税の負担の軽減を図りつつ、納税資金を確保することができるといえる。

　一般に、死亡保険金の受取人は被保険者（被相続人）の配偶者とされていることが多いが、配偶者に対する相続税の課税においては、相続税の負担が大きく軽減される配偶者の税額軽減という制度がある。相続税の計算における配偶者の税額軽減とは、相続人である配偶者が遺産分割や遺贈により取得した正味の遺産の額が、1億6,000万円または配偶者の法定相続分相当額のいずれか多い金額までであれば、配偶者に相続税の納税額が生じないように税額控除するという制度である。被相続人の配偶者においては、この税額控除の適用を受けることにより、相続税の負担は大きく軽減される。そこで、死亡保険金の受取人を配偶者としている場合、死亡保険

〈計算例〉

　たとえば、相続人が被相続人の配偶者および子2人（長男および長女）の合計3人であり、下表のように死亡保険金を受け取った場合、死亡保険金に係る非課税は、下表のように適用を受けることができる。

相続人	死亡保険金の受取金額	死亡保険金に係る非課税	備考
配偶者	3,000万円	0	相続の放棄をしている
長男	1,500万円	900万円	
長女	1,000万円	600万円	

　死亡保険金に係る非課税限度額の計算における「法定相続人の数」は、たとえ相続の放棄をした相続人がいたとしても、その相続の放棄はなかったものとして、当初から想定されていた法定相続人の数によることとされている。また、相続税の計算における法定相続人の数には養子の数に制限があり、被相続人に実子がいる場合には1人、被相続人に実子がいない場合には2人までとされている。本例では、配偶者は相続の放棄をしているが、死亡保険金に係る非課税限度額は1,500万円（500万円×3人）であり、死亡保険金に係る非課税限度額は影響を受けない。他方で、相続の放棄をした配偶者が受け取る死亡保険金については非課税の適用を受けることができず、他の相続人が取得した死亡保険金において非課税の適用を受けることになる。生命保険金に係る非課税金額は、すべての相続人が受け取った生命保険金の合計額に対するその相続人が受け取った生命保険金の額の割合により按分して適用される。

金に係る非課税が有効に機能しないことがある。このような場合、死亡保険金の受取人を配偶者から他の相続人（子等）に変更することにより、死亡保険金に係る非課税を有効に活用することを検討できる。なお、死亡保険金の受取人を配偶者から他の相続人（子等）に変更したほうが常に有利であるとはいえない。また、配偶者が受取人となる死亡保険金には配偶者のその後の生活保障を目的とするものも多いと思われることから、生命保険の本来の目的、また、相続を取り巻く諸環境にも留意しなければならない。

生前贈与の活用

1 生前贈与と相続税対策

　相続税対策には、納税資金をどのように確保するかという問題と、相続税額をどのように抑えるか（相続財産の評価額をどのように引き下げるか、相続財産をどのように減らすか）という問題がある。生前贈与の活用は、相続財産をどのように減らすかという観点における対策であるといえる。

　相続税の計算においては、被相続人から贈与された財産のうち相続開始前7年（2024年以降漸次3年から7年に延長）以内に贈与されたものが加算される贈与財産となる。3年以内に贈与されたものであれば贈与税の納税の有無に関係なく加算されるため、基礎控除額110万円以下の贈与財産や死亡した年に贈与されている財産の価額も加算されることには留意しなければならない。しかし、被相続人から生前に贈与された財産であっても、贈与税の配偶者控除の特例を受けているまたは受けようとする財産のうち配偶者控除額に相当する金額、直系尊属から贈与を受けた住宅取得等資金のうち非課税の適用を受けた金額については加算されないため、これらの非課税措置等の適用を受けて贈与するという方法を検討することができるといえる。

　ところで、相続税の課税価格に加算された贈与財産に係る贈与税（暦年課税）の税額は、加算された人の相続税の計算において控除される（ただし、加算税、延滞税、利子税の額は含まれない）。したがって、贈与税と相続税が二重に課税されるのではない。しかし、相続税額が納税した贈与税額よりも少なくなった場合、相続税額はゼロとなるが、控除しきれな

かった贈与税額は切り捨てられ、控除しきれなかった贈与税額は還付されない。そのため、結果として、贈与税と相続税が二重に課税されるかのような状況となってしまうことがある（控除しきれなかった贈与税額の取扱いは、相続時精算課税を選択した場合とでは取扱いが異なる）。贈与税と相続税が二重に課税されるかのような状況となってしまわないようにするためには、相続または遺贈により財産を取得しない人が受贈者となる贈与財産は相続税の課税価格に加算されないため、相続の時期が近いと思われる贈与については、相続または遺贈により財産を取得しない人（相続人ではない人、たとえば、孫、子の配偶者等）に対して贈与するという方法を検討することができるといえる。

2　夫婦の間で居住用の不動産を贈与したときの配偶者控除

制度の概要

　婚姻期間が20年以上の夫婦の間で、居住用不動産または居住用不動産を取得するための金銭の贈与が行われた場合、基礎控除110万円のほかに最高2,000万円まで控除できるという特例である（相続税法21条の6）。

配偶者控除を受けるための適用要件

　次の要件のすべてを満たす贈与がこの配偶者控除の対象となる。なお、この配偶者控除は同じ配偶者からの贈与については一生に一度しか適用を受けることができない。

〈配偶者控除を受けるための要件〉
① 夫婦の婚姻期間が20年を過ぎた後に贈与が行われたこと。
② 配偶者から贈与された財産が、自分が住むための国内の居住用不動産であることまたは居住用不動産を取得するための金銭であること。
③ 贈与を受けた年の翌年3月15日までに、贈与により取得した国内の居住用不動産または贈与を受けた金銭で取得した国内の居住用不動産に、贈与を受けた者が現実に住んでおり、その後も引き続き住む見込みであること。

居住用不動産の範囲

　この配偶者控除の適用を受けることができる居住用不動産は、贈与を受けた配偶者が居住するための国内の家屋またはその家屋の敷地である。居住用家屋の敷地には借地権も含まれる。なお、居住用家屋とその敷地は一括して贈与を受ける必要はない。したがって、居住用家屋のみあるいは居住用家屋の敷地のみ贈与を受けた場合もこの配偶者控除の適用を受けることができる。ただし、居住用家屋の敷地のみの贈与についてこの配偶者控除の適用を受けるためには、夫または妻が居住用家屋を所有していること、または、贈与を受けた配偶者と同居する親族が居住用家屋を所有していること、いずれかの要件を満たさなければならない。

配偶者控除を受けるための手続き

　この配偶者控除の適用を受けるためには、財産の贈与を受けた日から10日を経過した日以後に作成された戸籍謄本または抄本、財産の贈与を受けた日から10日を経過した日以後に作成された戸籍の附票の写し、居住用不動産の登記事項証明書その他の書類で贈与を受けた人がその居住用不動産を取得したことを証するものを添付して、贈与税の申告をしなければならない。なお、金銭ではなく居住用不動産の贈与を受けた場合には、その居住用不動産を評価するための書類が必要となる。

3 直系尊属から住宅取得等資金の贈与を受けた場合の非課税

制度の概要

　父母や祖父母など直系尊属からの贈与により、自己の居住の用に供する住宅用の家屋の新築、取得または増改築等（以下「新築等」という）の対価に充てるための金銭（以下「住宅取得等資金」という）を取得した場合において、一定の要件を満たすときは、次の非課税限度額までの金額について、贈与税が非課税となる（租税特別措置法70条の2）。

非課税限度額

非課税限度額は、原則として、新築等をする住宅用の家屋が「省エネ等住宅」に該当する場合は1,000万円、それ以外の住宅の場合は500万円である。「省エネ等住宅」とは、省エネ等基準（断熱等性能等級5以上かつ一次エネルギー消費量等級6以上であること、耐震等級（構造躯体の倒壊等防止）2以上もしくは免震建築物であることまたは高齢者等配慮対策等級（専用部分）3以上であること）に適合する住宅用の家屋であることにつき、一定の書類により証明されたものをいう。

受贈者の要件

次の要件のすべてを満たす受贈者が非課税の特例の対象となる。

① 贈与を受けた時に贈与者の直系卑属（贈与者は受贈者の直系尊属）であること。なお、配偶者の父母（または祖父母）は直系尊属には該当しないが、養子縁組をしている場合は直系尊属に該当する。
② 贈与を受けた年の1月1日において、18歳以上であること。
③ 贈与を受けた年の年分の所得税に係る合計所得金額が2,000万円以下であること。ただし、新築等をする住宅用の家屋の床面積が40平方メートル以上50平方メートル未満の場合は、贈与を受けた年の年分の所得税に係る合計所得金額が1,000万円以下であること。
④ 2009年分から2021年分までの贈与税の申告で「住宅取得等資金の非課税」の適用を受けたことがないこと（一定の場合を除く）。
⑤ 自己の配偶者、親族などの一定の特別の関係がある人から住宅用の家屋の取得をしたものではないこと、またはこれらの人との請負契約等により新築もしくは増改築等をしたものではないこと。
⑥ 贈与を受けた年の翌年3月15日までに住宅取得等資金の全額をあてて住宅用の家屋の新築等をすること。受贈者が「住宅用の家屋」を所有する（共有持分を有する場合も含まれる）ことにならない場合は、この特例の適用を受けることはできない。
⑦ 贈与を受けた時に日本国内に住所を有していること（受贈者が一時居住者であり、かつ、贈与者が一時居住贈与者または非居住贈与者である場合を除く）。なお、贈与を受けた時に日本国内に住所を有しない人であっても、一定の場合には、この特例の適用を受けることができる。
⑧ 贈与を受けた年の翌年3月15日までにその家屋に居住することまたは同

日後遅滞なくその家屋に居住することが確実であると見込まれること。なお、贈与を受けた年の翌年12月31日までにその家屋に居住していないときは、この特例の適用を受けることはできないため、修正申告が必要となる。

居住用の家屋の新築、取得または増改築等の要件

「住宅用の家屋の新築」には、その新築とともにするその敷地の用に供される土地等または住宅の新築に先行してするその敷地の用に供されることとなる土地等の取得を含み、「住宅用の家屋の取得または増改築等」には、その住宅の取得または増改築等とともにするその敷地の用に供される土地等の取得が含まれる（図表4-11）。また、対象となる住宅用の家屋は日本国内にあるものに限られる。

●図表4-11　居住用の家屋の取得または増改築等

① 新築または取得の場合の要件
新築または取得した住宅用の家屋の登記簿上の床面積（マンションなどの区分所有建物の場合はその専有部分の床面積）が40平方メートル以上240平方メートル以下で、かつ、その家屋の床面積の2分の1以上に相当する部分が受贈者の居住の用に供されるものであること。
取得した住宅が次のいずれかに該当すること。 ・建築後使用されたことのない住宅用の家屋 ・建築後使用されたことのある住宅用の家屋で、1982年1月1日以後に建築されたもの。 ・建築後使用されたことのある住宅用の家屋で、地震に対する安全性に係る基準に適合するものであることにつき、一定の書類により証明されたもの ・上記のいずれにも該当しない建築後使用されたことのある住宅用の家屋で、その住宅用の家屋の取得の日までに同日以後その住宅用の家屋の耐震改修を行うことにつき、一定の申請書等に基づいて都道府県知事などに申請をし、かつ、贈与を受けた翌年3月15日までにその耐震改修によりその住宅用の家屋が耐震基準に適合することとなったことにつき一定の証明書等により証明がされたもの

② 増改築等の場合の要件
増改築等後の住宅用の家屋の登記簿上の床面積（マンションなどの区分所有建物の場合はその専有部分の床面積）が40平方メートル以上240平方メートル以下で、かつ、その家屋の床面積の2分の1以上に相当する部分が受贈者の居住の用に供されるものであること。
増改築等に係る工事が、自己が所有し、かつ居住している家屋に対して行われたもので、一定の工事に該当することについて、「確認済証の写し」「検査済証の写し」または「増改築等工事証明書」などの書類により証明されたものであること。
増改築等に係る工事に要した費用の額が100万円以上であること。

非課税の特例の適用を受けるための手続き

　非課税の特例の適用を受けるためには、贈与を受けた年の翌年2月1日〜3月15日までの間に、非課税の特例の適用を受ける旨を記載した贈与税の申告書に戸籍の謄本、登記事項証明書、新築や取得の契約書の写しなど一定の書類を添付して、納税地の所轄税務署に提出する必要がある。

4 直系尊属から教育資金の一括贈与を受けた場合の非課税

制度の概要

　30歳未満の者（受贈者）が、教育資金に充てるため、金融機関等との一定の契約に基づき、受贈者の直系尊属（贈与者）から、①信託受益権を取得した場合、②書面による贈与により取得した金銭を銀行等に預入をした場合、③書面による贈与により取得した金銭等で証券会社等で有価証券を購入した場合には、その信託受益権または金銭等の価額のうち1,500万円までの金額に相当する部分の価額については、取扱金融機関の営業所等を経由して教育資金非課税申告書を提出することにより、受贈者の贈与税が非課税とされる（租税特別措置法70条の2の2）[※1]。

なお、契約期間中に贈与者が死亡した場合には、原則として、その死亡日における非課税拠出額[※2]から教育資金支出額[※3]を控除した残額のうち一定の金額（管理残額）を、贈与者から相続等により取得したこととされる[※4][※5]。

　また、受贈者が30歳に達するなどにより教育資金口座に係る契約が終了した場合には、非課税拠出額から教育資金支出額を控除（管理残額がある場合には管理残額も控除する）した残額があるときは、その残額はその契約終了時に贈与があったこととされ、贈与税が課税される[※6]。

（※1）2019年4月1日以後に取得する信託受益権または金銭等については、信託受益権または金銭等を取得した日の属する年の前年分の受贈者の所得税に係る合計所得金額が1,000万円を超える場合、この非課税制度の適用を受けることができない。
（※2）「非課税拠出額」とは、教育資金非課税申告書または追加教育資金非課税申告書にこの非課税制度の適用を受けるものとして記載された金額の合計額（1,500万円を限度とする）をいう。
（※3）「教育資金支出額」とは、金融機関等の営業所等において、教育資金の支払いの事実を証する書類等（領収書等）により教育資金の支払いの事実が確認され、かつ、記録された金額の合計額をいう。学校等以外の者に支払われる金銭については500万円を限度とする。
（※4）贈与者の死亡日において受贈者が23歳未満である場合や2019年4月1日以後に取得した信託受益権または金銭等がない場合、2019年4月1日〜2021年3月31日までの間に取得した信託受益権または金銭等がある場合であっても、その贈与者の死亡前3年以内に取得したものではない場合には、相続等により取得したこととはされない。ただし、贈与者の死亡に係る相続税の課税価格の合計額が5億円を超える場合は、相続等により取得したこととされる。
（※5）2021年4月1日以後にその贈与者から取得をした信託受益権または金銭等がある場合には、その取得分に対応する管理残額に相当する相続税額について、相続税額の2割加算の規定が適用される。
（※6）2023年4月1日以後に取得した信託受益権または金銭等に係る贈与税については、一般税率が適用される。

一括贈与時に非課税の適用を受けるための申告手続

　「教育資金の非課税の特例」の適用を受けるためには、その適用を受けようとする受贈者が、教育資金非課税申告書をその教育資金非課税申告書に記載した取扱金融機関の営業所等を経由して、信託がされる日、預金もしくは貯金の預入をする日、有価証券を購入する日までに、その受贈者の納税地の所轄税務署長に提出しなければならない（教育資金非課税申告書は、取扱金融機関の営業所等を経由して提出しなければならない。税務署

で行う手続きはない)。

教育資金の払出しおよび教育資金の支払い

「教育資金の非課税の特例」の適用を受ける受贈者は、教育資金の支払いに充てた金銭に係る領収書その他の書類(電磁的記録を含む)でその支払いの事実を証するもの(以下「領収書等」という)を、受贈者が選択した方法ごとに定められた所定の提出期限までに、取扱金融機関の営業所等に提出または提供しなければならない。

教育資金の範囲

この特例において、教育資金とは、次のいずれかの金銭をいう。

① 学校等に直接支払われる入学金、授業料その他の金銭で一定のもの。
② 学校等以外の者に、教育に関する役務の提供として直接支払われる金銭その他の教育を受けるために直接支払われる金銭で一定のもの。

教育資金管理契約が終了した場合の手続き

教育資金管理契約が終了した場合において、その教育資金管理契約に係る非課税拠出額から教育資金支出額(学校等以外の者に、教育に関する役務の提供として直接支払われる金銭その他の教育を受けるために直接支払われる金銭で一定のものについては500万円を限度とする)を控除した残額があるときは、その残額については、その教育資金管理契約の終了事由に該当する日の属する年の贈与税の課税価格に算入されることになるため、贈与税の申告義務がある者は、その年の翌年の2月1日〜3月15日までの間に贈与税の申告書を納税地の所轄税務署長に提出しなければならない。なお、受贈者の死亡により教育資金管理契約が終了した場合には、その残額は贈与税の課税価格に算入されない。

この非課税の特例を活用する際の留意点

扶養義務がある人の間において生活費または教育費に充てるために贈与により取得した財産のうち通常必要と認められるものについては、この

「教育資金の非課税の特例」を受けなくても、贈与税は非課税とされる。したがって、祖父母から孫へ、または、父母から子へ、生活費や教育費の援助があったとしても、通常必要と認められる場合は、贈与税は非課税とされる。非課税とされる教育費は義務教育に限定されるものではないため、たとえば、大学進学の際の入学金や授業料、留学の渡航費等の援助があったとしても、通常必要と認められる場合は、贈与税は非課税とされる。ただし、贈与税が非課税とされるためには、生活費または教育費として必要とされる都度、直接これらの用に充てるために贈与がなされなければならない。そこで、教育資金を一括して前もって贈与したい場合には、この「教育資金の非課税の特例」の適用を検討することになる。

5 直系尊属から結婚・子育て資金の一括贈与を受けた場合の非課税

制度の概要

18歳以上50歳未満の者（受贈者）が、結婚・子育て資金に充てるため、金融機関等との一定の契約に基づき、受贈者の直系尊属（贈与者）から、①信託受益権を付与された場合、②書面による贈与により取得した金銭を銀行等に預入をした場合、③書面による贈与により取得した金銭等で証券会社等で有価証券を購入した場合には、信託受益権または金銭等の価額のうち1,000万円までの金額に相当する部分の価額については、取扱金融機関の営業所等を経由して結婚・子育て資金非課税申告書を提出することにより、受贈者の贈与税が非課税とされる（租税特別措置法70条の2の3）[※1]。

なお、契約期間中に贈与者が死亡した場合には、死亡日における非課税拠出額[※2]から結婚・子育て資金支出額[※3]を控除した残額（管理残額）を、贈与者から相続等により取得したこととされる[※4]。

また、受贈者が50歳に達することなどにより、結婚・子育て口座に係る契約が終了した場合には、非課税拠出額から結婚・子育て資金支出額を控

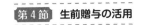
除（管理残額がある場合には管理残額も控除する）した残額があるときは、その残額はその契約終了時に贈与があったこととされ、贈与税が課税される[※5]。

（※1）2019年4月1日以後に取得する信託受益権または金銭等については、信託受益権または金銭等を取得した日の属する年の前年分の受贈者の所得税に係る合計所得金額が1,000万円を超える場合、この非課税制度の適用を受けることができない。

（※2）「非課税拠出額」とは、結婚・子育て資金非課税申告書または追加結婚・子育て資金非課税申告書にこの制度の適用を受けるものとして記載された金額の合計額（1,000万円を限度とする）をいう。

（※3）「結婚・子育て資金支出額」とは、取扱金融機関の営業所等において、結婚・子育て資金の支払の事実を証する書類（領収書等）により結婚・子育て資金の支払の事実が確認され、かつ、記録された金額の合計額をいう。結婚に際して支払う金銭については300万円を限度とする。

（※4）2021年4月1日以後にその贈与者から取得をした信託受益権または金銭等がある場合には、その取得分に対応する管理残額に相当する相続税額について、相続税額の2割加算の規定が適用される。

（※5）2023年4月1日以後に取得した信託受益権または金銭等に係る贈与税については、一般税率が適用される。

一括贈与時に非課税の適用を受けるための申告手続

「結婚・子育て資金の非課税の特例」の適用を受けるためには、その適用を受けようとする受贈者が、結婚・子育て資金非課税申告書を、その結婚・子育て資金非課税申告書に記載した取扱金融機関の営業所等を経由して、信託がされる日、預貯金の預入をする日、有価証券を購入する日までに、その受贈者の納税地の所轄税務署長に提出しなければならない（結婚・子育て資金非課税申告書は、取扱金融機関の営業所等を経由して提出しなければならない。税務署で行う手続きはない）。

結婚・子育て資金の払出しおよび結婚・子育て資金の支払い

「結婚・子育て資金の非課税の特例」の適用を受ける受贈者は、結婚・子育て資金の支払いに充てた金銭に係る領収書その他の書類（電磁的記録を含む）でその支払いの事実を証するもの（以下「領収書等」という）を、受贈者が選択した方法ごとに定められた所定の提出期限までに、取扱金融機関の営業所等に提出または提供しなければならない。

結婚・子育て資金の範囲

この特例において、結婚・子育て資金とは、次のいずれかの金銭をいう。

① 結婚に際して支出する次のような金銭（300万円が限度となるもの）
・挙式費用、衣装代等の婚礼（結婚披露）費用（婚姻の日の1年前の日以後に支払われるもの）
・家賃、敷金等の新居費用、転居費用（一定の期間内に支払われるもの）
② 妊娠、出産および育児に要する次のような金銭
・不妊治療、妊婦健診に要する費用
・分べん費等、産後ケアに要する費用
・子の医療費、幼稚園・保育所等の保育料（ベビーシッター代を含む）など

結婚・子育て資金管理契約が終了した場合の手続き

結婚・子育て資金管理契約が終了した場合において、その結婚・子育て資金管理契約に係る非課税拠出額から結婚・子育て資金支出額（結婚に際して支出する費用については300万円を限度とする）を控除した残額があるときは、その残額については、その結婚・子育て資金管理契約の終了事由に該当する日の属する年の贈与税の課税価格に算入されることになるため、贈与税の申告義務がある者は、その年の翌年の2月1日〜3月15日までの間に贈与税の申告書を納税地の所轄税務署長に提出しなければならない。なお、受贈者の死亡により結婚・子育て資金管理契約が終了した場合には、その残額は贈与税の課税価格に算入されない。

6 相続時精算課税の活用と留意点

制度の概要

相続時精算課税（住宅取得等資金ではない場合）は、60歳以上の親または祖父母から18歳以上の子または孫に対する贈与について、選択することができる（相続税法21条の9）。配偶者の親や祖父母からの贈与については、選択することができない。これらの年齢は贈与の年の1月1日時点で

判断される。なお、住宅取得等資金に係る相続時精算課税の適用において
は、贈与者の年齢制限は排除され、60歳未満の者からの贈与であっても相
続時精算課税の適用を選択することができる。

　相続時精算課税における贈与税の課税価格は、相続時精算課税適用者が
特定贈与者から1年間に受けた贈与財産の価格の合計額である（同法21条
の10）。相続時精算課税における贈与税額は、この課税価格から基礎控除
額を控除し、さらに、特別控除額を控除した金額に税率20％（一律）を乗
じて求められる（同法21条の11～13）。基礎控除は、同一年中に2人以上
の特定贈与者から贈与により財産を取得した場合には、特定贈与者ごとの
贈与税の課税価格で按分する。特別控除は、累計で2,500万円であり、既
にこの特別控除を適用している金額がある場合にはその合計額を控除した
残額となる。たとえば、賃貸不動産（賃貸アパートや賃貸マンション等）
を贈与する場合や、支配権を後継者へ集中させるために自社株式をまとめ
て贈与する場合に、暦年課税によると贈与税の負担が非常に重くなる。こ
のような場合、相続時精算課税を活用することにより、2,500万円の特別
控除を活用することができ、2,500万円を超える部分についても贈与税は
20％相当額で済むことになる。

　相続時精算課税を選択しようとする受贈者（子または孫）は、選択しよ
うとする最初の贈与を受けた年の翌年2月1日～3月15日までの間（贈与
税の申告書の提出期間）に、納税地の所轄税務署長に対して「相続時精算
課税選択届出書」を受贈者の戸籍の謄本等の一定の書類とともに贈与税の
申告書に添付して提出することとされている（同法21条の9）。相続時精
算課税は、受贈者（子または孫）が贈与者（父母または祖父母）ごとに選
択できるが、一旦選択すると選択した年以後贈与者が亡くなる時まで継続
して適用され、暦年課税に変更することはできない。

　相続時精算課税は、直系尊属（父母や祖父母等）が直系卑属（子や孫
等）に対して行う、住宅取得等資金、教育資金、結婚・子育て資金の贈与

第4章 相続税対策

225

について贈与税が非課税となる仕組みと併用することもできる。

相続時精算課税を活用する際の留意点

　相続時精算課税を選択した生前贈与は、原則として、将来の相続税を軽減させる効果を期待することができるものではない。相続時精算課税による贈与財産は、相続時に贈与時の価額で相続税の課税価格に加算されるため、確実に値上がりが予想されるものについて相続時精算課税を選択する場合には相続税が軽減される効果も期待することができるが、逆に、値下がりした場合にはかえって増税となる結果ともなりかねない。また、相続税の納税資金を準備することも併せて検討しておかなければならない。なお、既に納付した相続時精算課税における贈与税相当額が相続税額から控除しきれない場合には、控除しきれない贈与税相当額は還付を受けることができる（相続開始前7年（2024年以降、漸次3年から7年に延長）以内に贈与されたものが相続財産に加算される場合とは取扱いが異なる）。

第 5 章

相続対策アドバイス

第1節

民法上の対策

1 遺言を活用した相続対策

【事例1】 各種遺言方式の特徴を生かした遺言書の作成

Aさん（78歳）には、妻Bさん（75歳）との間に、結婚して別居している長女Cさん（48歳）および独身で同居している二女Dさん（45歳）がいます。Aさんは、自宅以外にも不動産や株式など相応の資産を所有しているため、妻から後々相続のことで困らないように遺言書を書くことを勧められています。Aさんも自分の死後に妻や娘たちが相続のことで争うことは避けたいと思うようになり、遺言することを考えていますが、何から始めたらよいかも分かっていません。

このようなときは、どのように遺言書を作成すればよいでしょうか。

解説

（1）遺言で遺産分割を円滑に

民法は、法定相続分の割合しか決めていないため、遺言書がなければ具体的に誰がどの財産を相続するか話し合い、相続人全員が合意しなければ遺産分割をすることができません。このため、被相続人の意に反して遺産が分割されることや、協議がまとまらずに何年も放置されることもあります。

実際、生前は「兄弟仲はよいし、いさかいなどするはずがない」「そもそも奪い合うほど財産はない」と口にしていても、いざ相続となれば遺産の分割方法をめぐって、揉めることはよくあります。相続人が多忙な中で手続面の煩雑さも相俟って、ちょっとした行き違いから感情的にもつれ、

遺産分割が進まなくなることもあります。

　配偶者と複数の子が相続人となるケースでは、配偶者が元気なうちは子達にも抑止力が働き比較的スムーズに遺産分割が進みますが、二次相続になるとこれまで無意識に抑圧されていた感情が一気に噴き出し、一次相続で既に分割した遺産まで蒸し返され、まとまる話もまとまらなくなることがあります。

（2）遺言の活用

　遺言は、所有財産の処分の自由を遺言者の死後にまで認める制度であり、遺言書という形で書面にすることで、その内容に従って遺産を分割できるという効果があります。遺言書は民法で厳格な方式が定められ、普通方式と特別方式がありますが、特別方式は危急時などに普通方式の遺言ができない場合に認められる簡便な方式で、通常は普通方式です。普通方式の遺言書は、自筆証書、公正証書、秘密証書の3つの方式があります。

①　自筆証書遺言の書き方

　自筆証書遺言は、遺言者が遺言の全文、日付および氏名を自署し、これに押印するという要件を満たしていればよいので、比較的簡単に作成でき、費用もさほどかからず、遺言の存在や内容を秘密にしておくことができます。しかし、書き方や内容に不備があると、遺言が無効になったり、遺言者の意思通りに効力が生じなかったりすることもあります。他人によって偽造・変造されたり、紛失したりするリスクもあります。

　自筆証書遺言は証人が不要なので、遺言の内容だけでなく遺言をすることも秘密にしておきたいとの考えから作成される方がほとんどです。自筆証書遺言を作成する際には、まずは財産目録や一覧表等を作り、誰にどの財産を渡すか、財産の分け方を決めておきましょう。そして、自筆証書遺言は特に方式に不備がないように注意が必要です。

　なお、自筆証書遺言に基づいて相続手続を行う際には、家庭裁判所の検認を必要（自筆証書遺言書保管制度を利用した場合は不要）としますが、

第**5**章　相続対策アドバイス

●図表5-1 自筆証書遺言の例

```
                    遺  言  書
遺言者日本太郎は次の通り遺言する。
第1条  私は、私の自宅を妻日本花子に相続させる。
第2条  私は、私の所有する預貯金のうち、金300万円を妻日本花子に相続
        させ、その残額を長女東京みや子、二男日本次郎に均等に相続さ
        せる。
第3条  私は、第1条および第2条記載の財産を除く私の有する一切の財
        産を長男日本一郎に相続させる。
第4条  私は、祖先の祭祀を主宰すべき者として、長男日本一郎を指定する。
第5条  私は、本遺言の遺言執行者として次の者を指定する。
        弁護士  ○田○男
        住所      東京都港区○○町○番○号
付  言  自宅は妻花子が今後住む所に困らないように相続させます。長男
        一郎には日本家を守ってもらいたいと思い、多めに相続させます。
        私の気持ちを理解して家族仲良く暮らしてください。
                        20○○年○月○日
                        東京都新宿区○○町○丁目○番○号
                        遺言者  日本  太郎      ㊞
```

検認手続は有効無効を判断するものではないことをあらかじめ認識してお
きましょう。

　前述したように、2018年相続法改正（2019年1月13日施行）により、自
筆証書遺言の方式が緩和され、自筆証書に、パソコン等で作成した目録を
添付したり、銀行通帳のコピーや不動産の登記事項証明書等を目録として
添付したりして遺言を作成することができるようになりました。ただし、
財産目録の各頁に署名押印することを要します。

　②　公正証書遺言の作成方法

　公正証書遺言は、遺言者が公証人の面前で、遺言の内容を口授し、それ
に基づいて公証人が遺言者の真意を正確に文章にまとめ、作成された遺言
です。公正証書遺言は、公証役場で原本、正本、謄本が作成されますが、

このうち、原本は公証役場に保管され、遺言者には正本と謄本が渡されます。公正証書遺言は、次の手順で作成されます。

① 証人2人以上が立ち会い、遺言者が公証人と証人の前で遺言内容を口授する。
② 公証人が筆記したものを遺言者と証人に読み聞かせ、または、閲覧させる。
③ 遺言者と証人は、遺言書の筆記が正確であることを承認した後、遺言者、証人が各自署名押印する。
④ 公証人は、遺言書が所定の方式に従って作成された旨を付記し、これに署名押印すれば遺言書が完成する。

上記①について、実際には、事前に遺言書の原案を公証人に伝え、チェックしてもらって内容を確認・検討し、作成する公正証書遺言の内容をつめておいてから、証人2人を決めて改めて公証役場に行くことが多いようです。

公正証書遺言の証人は、一定の判断能力を必要とし、遺言者や公証人と利害関係があってはならないため、次の欠格事由が定められています（民法974条）。

① 未成年者
② 推定相続人および受遺者並びにこれらの配偶者および直系血族
③ 公証人の配偶者、四親等内の親族、書記および使用人

③ 秘密証書遺言の特徴

秘密証書遺言は、遺言者が遺言書を作成し署名・押印して、その遺言書を封印し、証人2人以上が立ち会って公証人に提出します。自筆証書遺言と異なり、パソコンなど自筆以外で作成することもできます。証人の欠格事由は、公正証書遺言の場合と同様です。

秘密証書遺言は、遺言をした事実は明確にしたくても、遺言の内容は知

らせたくない場合に利用されますが、遺言書自体は公証されていないため、遺言に基づいて相続手続を行う際には、自筆証書遺言と同様に家庭裁判所の検認を必要とします。

アドバイス

（1）公正証書遺言のメリット

　遺言に関する相談を受ける専門家の多くは、公正証書遺言を勧めています。日本公証人連合会によると、公正証書遺言は2014年以降作成件数が年間10万件を超えていましたが、2020年は新型コロナウイルス感染対策による外出自粛の影響もあり、97,700件と7年ぶりに10万件を下回りました。その後は作成が先送りされた分も加わり、2021年は106,028件、2022年は111,977件、2023年は118,981件と10万件の大台を回復し、さらに増加しています。

　公正証書遺言は、作成に費用がかかることや2人以上の証人が必要なことなどがデメリットとしてあげられますが、公証人という法律の専門家が関与して作成される遺言書であるため、形式上の問題を懸念しなくて済むのは一般の方にとって大きなメリットです。また、遺言書の原本が公証役場に保存されるので、紛失・盗難・偽造などの心配もいりません。

　公正証書の原本の保存期間は20年ですが、公正証書遺言はその性質上、遺言者が120歳など一定の年齢に達するまで保管する公証役場が多く、半永久的に保存しているところもあるようです。また、1989年以降に作成された公正証書遺言については、公正証書遺言検索システムに登録されています。遺言者の死亡後であれば、相続人、受遺者、遺言執行者などの利害関係者は、どの公証役場でも無料で遺言の検索を請求することができます。遺言書はせっかく作っても発見されなければ浮かばれませんが、公正証書遺言であれば未発見を防ぐことができます。

　なお、秘密証書遺言も公証役場に行けば存在の有無を検索できますが、

保管はされていないので、遺言書の在処は相続人が探さなければなりません。

（2）自筆証書遺言は保管場所に注意

　公正証書遺言は、証人の立会いが必要であるため、遺言の内容を証人に知られることに抵抗感のある方もいらっしゃいます。無論、証人には守秘義務がありますが、Ａさんが誰にも知られずに遺言をしたいのであれば、自筆証書遺言が適しています。また、今後、遺言内容を変える可能性がある場合、自筆証書遺言であれば手軽に書き換えることができます。

　自筆証書遺言を作成された方が、よく悩むのは保管場所です。実際、遺言は誰にも分からないように作成し、自分しか開けられない自宅の金庫や金融機関の貸金庫などに保管される方もいます。しかし、誰にも分からない場所に保管すると、いざというときに見つけられずにせっかくの意思が伝わらなくなってしまいます。その反対に、誰にでも分かる場所では破棄されたり、偽造・変造されたりするリスクがあります。できれば、生前に特に親しかった方や特定の親族、事業を営んでいる場合は顧問弁護士・税理士など、自分の死をすぐに知ることができる立場にあり信頼できる第三者に預けたり、次に説明する自筆証書遺言書保管制度を利用したほうがよいでしょう。

（3）自筆証書遺言書保管制度の活用

　遺言書保管法では、法務局において自筆証書遺言に係る遺言書を保管する制度（自筆証書遺言書保管制度）が設けられています（2020年7月10日施行）。自筆証書遺言書保管制度では、遺言の中身が法定の書式通りとなっているか法務局によるチェックが入りますので、遺言の日付を「吉日」などと書く間違いを防ぐことができます。

　この保管制度を活用すれば、自筆証書遺言のデメリットといわれる保管場所の問題や形式不備による遺言の有効性の問題などが解消されます。さらに、相続発生後の「検認」も不要になります。

第**⑤**章 相続対策アドバイス

233

なお、保管制度が開始する前に作成された遺言書であっても、保管申請することが可能です。

（4）付言事項の活用と死後事務委任

　遺言書に記載すべき事項は法律で定められているため、それ以外のことを書いたとしても法律上の効力はありません。遺言者の気持ちを伝えたい場合には、付言事項として「○○に多く相続させることにしたのは××店の暖簾を守ってほしいからです」「よい家族に恵まれたことを感謝します」「喧嘩をしないように仲良く暮らしてください」などと記しておくとよいでしょう。

　付言事項は、道徳的な教示や家訓の継承を記すなど精神的な引継ぎには適しています。通常、遺言書を開封するのは通夜・告別式よりも後なので、付言事項として「葬儀に際しては、ごく近しい方だけで質素なものにしてください」などと記しても、せっかくの意思が伝わりません。祭祀承継者は遺言書で指定することができますが、自身の葬儀に関することは遺言書ではない書面に記し、確実に実行してくれる人に託すほうがよいでしょう。あるいは、死後事務委任契約を結ぶ方法もあります。死後事務委任契約とは、自分の死後の葬儀や埋葬等の事務についての代理権を与えて、死後の事務を委託する委任契約です。

【事例2】 遺言書を作成したほうがよい場合① （子どもがいない夫婦の場合）

　Aさん（68歳）は、妻Bさん（58歳）と2人暮らしで、子どもはいません。両親も既に他界しています。Aさんは、10年前に先祖代々続く実家の土地と建物を相続し、しばらく空き家にしていましたが、勤務先の定年をきっかけに自宅マンションを賃貸に出し、生まれ育った実家の建て替えをしてBさんと生活しています。

　また、Aさんには、離れた場所で暮らす妹Cさん（65歳）と弟Dさん（60歳）がいて、Cさんは地元に戻る予定はないのですが、Dさんの子Eさん（Aさんの甥、23歳）が実家近くの地元企業に就職したため、最終的にはEさんに実家を継いでほしいということも頭をよぎっています。一方で、平均余命で計算するとAさんが亡くなった後にBさんの老後が長くなるため、Bさんには住まいも含め財産のほとんどは残したいと思っています。

　このようなときは、どのような対策が有効でしょうか。

●Aさんの親族関係図

●Aさんの現在の資産状況

実家の土地・建物	2,500万円
賃貸マンション	3,500万円
金融資産	4,000万円
（金融資産の内訳）	
定期預金	2,000万円（3つの金融機関に分散）
定額貯金	300万円
国内株式	1,000万円（ネット証券3社で取引、NISA口座もあり）
外国株式	200万円（外国株式を取引しやすい証券会社で購入）
投資信託	500万円（大手証券会社で購入）
合計	1億円

※その他に終身保険200万円（解約返戻金相当額、死亡保険金額は300万円で受取人はBさん）がある。

解説

（1）実家の相続の問題

事例2は、第3順位の相続人となりますので、法定相続分では、遺産の4分の3は妻Bさんが相続し、妹Cさんと弟Dさんは8分の1ずつ相続する権利があります。甥のEさんは、Aさんと養子縁組をするかDさんの代襲相続人とならない限り、現時点では相続権がありません。

このようなケースでは、兄弟姉妹には遺留分がないため、配偶者に財産のすべてを相続させる遺言が有効になり、実際に配偶者が互いにこうした遺言をするケースもあります。事例2についても、妻のBさんに全部相続させる旨の遺言書を作成しておけば、CさんとDさんは何も相続することができなくなります。しかし、Aさんは、先祖代々続く土地を自分の血族に継いでほしいという希望があります。近年、相続をきっかけに実家が空き家になるケースが増えており、さらに、相続登記が行われないまま年月が経過し、「所有者不明土地」となる問題が生じています。このため、2021年4月には所有者不明土地の解消に向け、不動産登記法と民法の改正法および相続土地国庫帰属法が成立し、2024年4月1日からは土地や建物の相続を知った日から3年以内の登記が義務付けられました。いずれにしろ、Eさんが将来実家を継いでくれるのはありがたい話です。

法定相続を前提にすれば、Aさんの現在の資産は1億円で、そのうち実家の土地・建物は4分の1の2,500万円なので、残りをすべて妻のBさんが相続すれば、Bさんの相続分は確保できます。この場合、実家の土地・建物をとりあえずCさんとDさんが2分の1ずつ共有することで法定相続分通りの遺産分割は可能です。しかし、Cさんは地元に戻る予定がないし、そもそも不動産を兄弟で共有すること自体に問題が多いので、この方法は勧められません。

（2）甥を養子にすれば解決できるか

配偶者と兄弟姉妹が相続人の場合、配偶者の遺留分は相続財産全体の2

分の１なので、Ｂさんには3,500万円の賃貸マンションに加え金融資産のうち1,500万円以上を相続させれば、Ｂさんの遺留分は確保できます。甥のＥさんに実家を継がせることで、自分の血族間の公平性を考慮してＣさんにもある程度相続させたければ、Ｂさんの遺留分を侵害しない範囲で兄弟への相続分を増やす旨の遺言をすることはできます。その際には、遺留分を算出するときの遺産の価額は相続開始時の時価で行うのが原則なので、資産価値の変動に備えて余裕をもっておく必要があります。

　しかし、Ｂさんには住まいも含め財産のほとんどは残したい、というＡさんの希望はかなえられません。Ａさんが死亡した後の問題は、実家と金融資産です。実家の土地・建物の相続については、Ｅさんと養子縁組をする方法もありますが、そうすると第１順位の相続となり、Ｂさんの法定相続分は２分の１に減少し、ＣさんとＤさんは相続人でなくなるため、Ａさんの希望とは異なる結果になる可能性があります。

（3）円滑な相続に向けて

　事例２の場合は、甥のＥさんに実家の土地・建物を遺贈し、その他の財産はすべてＢさんに相続させる旨の遺言をすることが解決方法の１つです。もっともこの方法は、Ｅさんに実家を相続させることで、Ｄさんはよいとしても、Ｃさんに何も残さなければ不満につながるかもしれません。また、Ａさん夫婦が自己所有のマンションに戻り、Ｅさんに実家の土地・建物を生前贈与する方法もありますが、子や孫への贈与ではないため贈与税に関する各種特例制度が利用できず、贈与税が割高になるのがデメリットです。

　いずれにしても、推定相続人同士の関係によっても対策は異なり、ベストな答えはありません。まずは、多くの金融機関に分散されている金融資産をＢさん以外にも少し残すかどうかを含め、生前に話し合っておくことが大切です。このままでは、万一のときの相続手続が困難になることが想定されます。今のうちに取引金融機関を絞り込むことも検討したいところです。そして、Ａさんが元気なうちに財産目録を作成し、誰にどの遺産を

相続させるか、分割内容を決めて遺言しておくとよいでしょう。その際に、付言事項で実家は自分の係累に残しておきたい旨を記しておくとＡさんの気持ちが伝わり、相続手続が円滑に進みます。

　なお、事例２のようなケースでは、信託を活用して対策することも１つの方法です。

アドバイス

（1）分散された金融資産の相続対策

　Ａさんの金融資産は、多くの金融機関に分散され、株式や投資信託などのリスク商品も金融資産全体の４割以上を占めています。取引コストや金利優遇、ペイオフなどを考慮して取引金融機関を分散することは、ＩＴの活用を含め金融リテラシーが高い方にとってはベターな方法ですが、相続人も同レベルの金融リテラシーがあるとは限りません。また、資産運用に対する考え方は、夫婦間でも異なるケースが少なくありません。いざ投資経験のない人が相続したときに、遺産の中にリスク商品が含まれていると、「どうしたらよいか分からない」と放置してしまうことがあります。

　Ａさん自身も、いわゆる終活の一環として、資産を相続に備えたポートフォリオに変えていくことを検討したいところです。安全資産とリスク資産のバランスをどうするか、Ｂさんと話し合い、資産だけでなく運用方法も引き継げるようにしましょう。

（2）デジタル遺産の相続対策

　2017年に法定相続情報証明制度が開始されたことで、この制度を活用すれば相続手続は軽減されますが、金融機関ごとに相続手続が必要なことは、これまでと同じです。今後、大きな問題となりそうなのが、金融機関とのインターネット取引などデジタル遺産（デジタル遺品とも呼ばれる）の相続です。相続が発生すると、インターネットの便利さが遺産を把握するうえでは不便なものとなることがあります。Ａさんの場合、ネット証券３社

での取引をＢさんが把握していなければ、万一のときに途方に暮れることになりかねません。

　かつては、被相続人が大体どこの金融機関にお金を預けているかくらいは相続人も把握していましたし、離れて暮らしていて知らなくても、大方、身近な金融機関などに見当をつけることで調べることができました。最近は、高齢者もインターネットによる預貯金や有価証券の取引が増えており、被相続人が取引していた金融機関を相続人が把握しきれないケースも生じています。取引している金融機関からの郵便物や預貯金通帳が見つかればよいのですが、近年は通帳レスなどペーパーレス化が進んでいますし、被相続人が「取引に関する書面はＷＥＢ上で確認しているから郵便物は見ない」といって廃棄している場合もあります。

　もちろん、デジタル管理は便利ですし、ＩＤやパスワードを厳重に管理することは必要不可欠です。しかし、セキュリティを強化すればするほど、本人以外の人がこじ開けるのは困難を極めることになります。ＩＤやパスワードの一覧表をすぐに見つかるところに置くことは、セキュリティ上の問題がありますが、デジタル遺産リストを作り、取引金融機関名や口座番号などはアナログで残しておきましょう。

　生前にネット取引の存在を家族に知らせておかないと、相続人が誰も気付かないまま時が経ってしまい、せっかくの資産が相続されないままになってしまうおそれがあります。

　デジタル遺産を所有している方は、生前対策として、遺言書にその旨と誰に相続させるかなどを記載し、詳細については預け先ごとの資産の状況をエンディングノートに記しておくなど、紙ベースで何かしらの情報を残しておくことが大切です。

第**5**章　相続対策アドバイス

【事例３】遺言書を作成したほうがよい場合②（内縁配偶者の場合）

　資産家のＡさん（80歳）は、10年前に妻に先立たれましたが、長女Ｂさん（52歳）、長男Ｃさん（48歳）、二女Ｄさん（46歳）の３人の子がいます。３人の子はそれぞれ結婚して遠方で暮らしており、Ａさんは妻の死後しばらくの間１人暮らしをしていましたが、その後、知り合った女性・Ｅさん（56歳）と同居を始めました。Ｅさんとは年が離れていることもあり籍を入れていませんが、Ａさんは１年前から足が不自由になり、Ｅさんの介護を受けるようになりました。

　こうした中、Ａさんは、現在約６億円ある資産のうち、少しはＥさんにも遺しておきたいと思うようになりました。Ｅさんはこれまで独身で子どもはいません。

　このようなときは、どのような対策が有効でしょうか。

●Ａさんの親族関係図

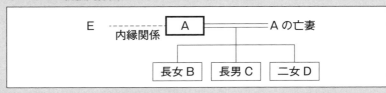

●Ａさんの現在の資産状況

自宅	１億円
賃貸マンション	３億円
金融資産	２億円
債務	特になし

解説

（１）内縁配偶者に資産を残すには

　Ａさんの推定相続人は３人の子であり、内縁配偶者のＥさんに相続権はありません。ＡさんとＥさんのように事実上の夫婦関係を続ける人は少なくありませんが、民法では法律婚主義を採用しているため、長い間一緒に

生活しているなど事実上の婚姻関係にあったとしても内縁配偶者は法定相続人にはなりません。逆に婚姻期間がどんなに短くても法律上の夫婦であれば、正式な配偶者として常に相続人になります。

このため、事例 3 のようなケースでは、内縁関係を続けた後に籍を入れたもののすぐに他界し、他の相続人と相続争いになることが少なくありません。Ａさんも妻の死後、子ども達との関係を考えてＥさんとは内縁関係を続けており、今から籍を入れるのはハードルが高いでしょう。Ａさんの死後、Ｅさんに資産を確実に残すには、遺言をする必要があります。

なお、遺言書には、相続人に対しては「相続させる」と記しますが、法律上の相続人ではないＥさんに対しては「遺贈する」と記します。

（2）遺言による方法

遺言書は、民法の規定に従って作成されるものであり（民法960条）、基本的には遺産を相続する者や資産の配分方法を自由に決めることができるので、Ａさんは、遺産をすべてＥさんに遺贈する旨の遺言をすることが可能です。Ａさんが遺留分を侵害する内容の遺言書を書いても、当然に無効になるわけではありません。ところが、遺留分を有する相続人は、遺留分侵害額に相当する金銭の支払いを請求することができるため、遺言者の希望がかなえられなくなるかもしれません。

逆に遺留分を考慮しても、子の遺留分は 2 分の 1 なので、Ｅさんには最大 3 億円分の財産を遺贈することも可能です。しかし、Ｅさんと籍を入れず内縁のまま関係を続けているのは、自身の相続を考慮してのことであり、現在約 6 億円ある資産のうち、少しはＥさんにも遺しておきたいとの考えからと思われます。

Ａさんは、経済的にこれまでと同水準の生活をＥさんが維持できる程度の資産に介護などの貢献度を加味した分を、Ｅさんに遺贈することを検討し、子ども達とも話し合うことが大切です。

第 **❺** 章

相続対策アドバイス

（3） 包括遺贈と特定遺贈

遺贈には包括遺贈と特定遺贈があり、遺言者は、包括または特定の名義で、その財産の全部または一部を処分することができる（民法964条）と定めています。

① 包括遺贈

包括遺贈とは、遺産の全部または一部を割合によって明示し受遺者に遺贈することをいいます。Ａさんが、たとえば「全財産の５分の１をＥに遺贈する」と遺言書に記載すると包括遺贈になります。

② 特定遺贈

特定遺贈とは、遺贈の目的物（財産的利益を含む）を特定して受遺者に遺贈することをいいます。Ａさんが、たとえば「自宅の不動産をＥに遺贈する」と遺言書に記載すると特定遺贈になります。特定遺贈があった場合には、受遺者の死亡と同時に遺贈の効力が生じ、遺贈財産は受遺者に移転します。

アドバイス

（1） 内縁配偶者への贈与の検討

ＡさんがＥさんに資産を承継させるには、遺言だけでなく、贈与による方法もあります。贈与には、生前に贈与する方法だけでなく、死亡により効力が発生する死因贈与による方法もあります。ただし、生前贈与の場合、贈与が実行された後に何らかの事情で内縁関係が破たんしても取り戻すことができないので、念のため負担付贈与を検討してもよいでしょう。

死因贈与の場合は、贈与者の死亡によって効力が生じます。贈与者の死亡後に受遺者に資産が移転する点では遺贈と同様の効果がありますが、死因贈与は贈与者の死亡によって受贈者が財産を取得する契約（死因贈与契約）ですので、遺言者の単独行為である遺贈とは法的性格が異なります。

税制面では、生前贈与は贈与税の課税対象となりますが、死因贈与は相

続財産に加算して相続税の課税対象となる点が異なります。どちらにしても相続人に対する贈与・相続に比べて税制面では不利ですが、早めに財産の移転方法を検討することが大切です。

（2）内縁配偶者の住居の確保

内縁配偶者が被相続人の自宅に同居していた場合、相続人から明渡しを請求される可能性があります。その場合、内縁の配偶者は、立ち退かなければならないのでしょうか。借地借家法では、被相続人と同居していた内縁配偶者が借家権を承継できる旨を規定しています。しかし、被相続人が所有する不動産の場合、内縁配偶者が遺贈を受けていなければ、法律上は相続人の共有財産となります。2020年4月に施行された配偶者居住権も、内縁配偶者は使えません。

ただし、このようなケースについて、裁判例では、「内縁の夫死亡後その所有家屋に居住する寡婦に対して亡夫の相続人のした家屋明渡し請求が権利の濫用に当たるとされた事例」（最判昭和39・10・13判タ169号114頁）など、相続人による明渡し請求は権利濫用に当たるとしたものがあります。権利乱用に当たるかどうかの判断は、個別の事情によりますが、内縁配偶者が救済される可能性はあります。

とはいえ、事例3の場合、残された内縁の配偶者のEさんを保護しなければならないほど切実な事情があるとは考え難いところです。Aさんの自宅がどのような不動産かは不明ですが、1億円の価値があり、そもそもEさんが1人で住むには適さない物件かもしれません。また、自宅を贈与や遺贈などによってEさんに移転すると、Aさんの血族には戻ってこない可能性があります。

まずはAさんの子ども達が実家をどうしたいのかを話し合うことが大切です。Aさんはほかにも多くの資産があるので、Eさんには住宅を購入できる程度の金融資産を遺贈するか、賃貸マンションに空室があれば住めるようにしておくなどの対策をしておくとよいでしょう。

【事例４】 遺言書を書き換えたい場合

　　Ａさん（87歳）には、妻Ｂさん（86歳）との間に長男Ｃさん（60歳）、長
女Ｄさん（58歳）がいます。Ａさんは、５年前に公正証書により、自宅の
土地・建物はすべてＣさんに相続させ、残りは法定相続分で相続させる旨
の遺言書を作成していました。その当時は、Ｃさんが勤務先の定年後に実
家の後を継ぐことを口にしていたからです。

　　ところが、２年前に妻Ｂさんが認知症気味になり、Ｄさんは献身的に介
護してくれる一方、Ｃさんは遠隔地に居住しているためほとんど顔を見せ
に来ることがありません。さらに、Ｃさんは今年、勤務先の関連会社の役
員になり、将来的に地元に戻って生活するようになるかどうかも分からな
くなりました。このような状況の変化により、Ａさんは自宅の土地・建物
をＤさんに相続させたいと思うようになってきました。

　　そこでＡさんは、遺言を撤回して実情に合った遺言書を新たに作成した
いと考えています。このようなときは、どのような方法で遺言書を書き換
えればよいでしょうか。

解説

（１）遺言の撤回

　遺言者は、いつでも、遺言の方式に従って、その遺言の全部または一部
を撤回することができます（民法1022条）。その場合、撤回された遺言
（一部撤回の場合はその部分）は効力を失います。遺言を撤回する場合は、
遺言の方式に従って行わなければなりません。

　Ａさんが遺言を撤回する場合、新たな遺言を作成し、その中でまず前の
遺言を撤回する旨を記載します。遺言の撤回は、部分的に撤回する旨を記
載することも、全部撤回することも可能ですが、紛らわしさや解釈の相違
を防止するうえで、全部撤回するほうがよいでしょう。

　また、遺言によって撤回しなくても、前の遺言が後の遺言と抵触すると
きは、その抵触する部分については、後の遺言で前の遺言を撤回したもの
とみなします（同法1023条１項）。Ａさんが、前の遺言で「長男Ｃに自宅
の土地・建物をすべて相続させる」と記載していたものを、後の遺言で

「長女Dに自宅の土地・建物をすべて相続させる」と記載した場合、前の遺言の「長男Cに自宅の土地・建物をすべて相続させる」条項が撤回されたことになります。

（2）遺言書を書き換える際の注意点

　Aさんが作成した遺言書が自筆証書によるものであれば、その遺言書を破棄することで遺言を撤回したことになります。遺贈の目的物を故意に破棄した場合、贈与や売却した場合も同様です。しかし、Aさんが作成した遺言書は公正証書ですので、その原本は公証役場に保管されており、Aさんが交付を受けた正本や謄本を自ら破棄しても、遺言を撤回したことにはなりません。Aさんが自宅の土地・建物をDさんに相続させるには、現在の公正証書遺言を撤回するための遺言書を新たに作成する必要があります。

　遺言は、その種類を問わず新しい日付のものが有効なので、公正証書遺言を自筆証書遺言や秘密証書遺言によって撤回することも可能です。ただし、自筆証書遺言に書き換えても、書き換えた遺言書が発見されなかったり、形式に不備があって効力が発揮されなかったりする懸念があります。最初の遺言が公正証書なら、書き換えるときも公正証書によるほうが無難です。

アドバイス

（1）遺言の撤回は明確に

　複数の遺言書が存在する場合、どの遺言書が有効なのかが争われることが少なくありません。撤回された遺言の効力について、「撤回された遺言は、その撤回の行為が、撤回され、取り消され、又は効力を生じなくなるに至ったときであっても、その効力を回復しない。ただし、その行為が錯誤、詐欺又は強迫による場合は、この限りでない」（民法1025条）とされています。つまり、第1の遺言を撤回した第2の遺言を撤回しても、これが遺言者の錯誤によるものや詐欺または強迫により行われたものでなけれ

第⑤章 相続対策アドバイス

ば、一旦撤回された第１の遺言の効力は回復しません。

　しかし、遺言が効力を発揮するときは、遺言者の死後であるため、遺言の撤回が詐欺や強迫によるものか遺言者の意思によるものかは判断が分かれてしまうこともあります。前述の民法1025条のただし書の法意に鑑み、遺言者の真意を尊重して当初の遺言の効力を復活させた最高裁判例があります。

> 遺言者が遺言を撤回する遺言をさらに別の遺言をもって撤回した場合において、遺言書の記載に照らし、遺言者の意思が当初の遺言の復活を希望するものであることが明らかなときは、当初の遺言の効力が復活する（最判平９・11・13金判1037号41頁）。

　遺言の解釈をめぐって争うことは遺言者の本意ではないはずです。遺言は、その趣旨を明確にしておくことが大切です。特に２番目以降の遺言については、前の遺言の効力を明確にする必要があります。前の遺言はすべて撤回して新たに遺言する意思なのか、前の遺言の一部を撤回するがその他の部分は前の遺言を有効とする意思なのか、あるいは前の遺言はすべて有効でその補足をする意思なのかなど、相続人等の判断が分かれないように明確に記載しましょう。

（2）負担付遺贈への変更

　Ａさんが妻Ｂさんよりも先に亡くなった場合、Ｄさんがこれまでと同じようにＢさんを献身的に介護してくれるかどうかは不安が残るかもしれません。したがって、遺言書を書き換える際には、負担付遺贈への変更を検討するとよいでしょう。負担付遺贈とは、受遺者が財産をもらう代わりに一定の義務を負担するものです。たとえば、「Ｄさんに自宅の土地・建物をすべて遺贈する代わりに、その自宅に妻Ｂさんを居住させ、一生その面倒をみること」といった負担付遺贈があります。

　負担付遺贈を受けた者がその負担した義務を履行しないときは、相続人

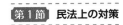

は、相当の期間を定めてその履行の催告をすることができ、この場合、その期間内に履行がないときは、その負担付遺贈に係る遺言の取消しを家庭裁判所に請求することができます（同法1027条）。Dさんがもし、Bさんの面倒をみないようであれば、Dさんは自宅の土地・建物の相続ができなくなることもあるわけです。もっとも、2018年相続法改正（2020年4月1日施行）により、配偶者居住権が定められたので、自宅については「Dさんに自宅の土地・建物をすべて相続させ、自宅建物の配偶者居住権を妻Bさんに遺贈する」という内容の遺言書に書き換える方法もあります。ただし、その遺言で妻Bさんが配偶者居住権を取得するためには、Aさんの相続開始時点で自宅建物に妻Bさんが居住していたことが必要になります。さらに、配偶者居住権の効力を発揮させるためには登記をしなければならず、妻Bさんに介護が必要な現状を考えると、無理に配偶者居住権を設定せずに負担付遺贈への変更がベターであると考えられます。

　なお、負担付遺贈を受けた場合、受遺者は遺贈の目的物の価額を超えない限度においてのみ、負担する義務を履行する責任を負い、受遺者が与えられた遺産以上の責任を負うことはありません。

第5章 相続対策アドバイス

2 生前贈与を活用した相続対策

【事例1】 特別受益者の相続分

Aさん（77歳）は、妻Bさん（72歳）との間に長男Cさん（48歳）、長女Dさん（46歳）、二男Eさん（40歳）の3人の子がいます。また、Aさんの姉Tさん（80歳）夫婦には子がなく、Eさんが小さい頃から自分の子のようにかわいがっていました。Eさんは、5年程前にTさん夫婦の養子に入ることになり、その際にAさんはEさんに現金500万円を贈与しています。

AさんはこさんやDさんにも生前贈与をしようと思い、相続対策に関するセミナーに参加したところ、生前贈与が特別受益として相続争いになったケースを聞きました。また、贈与する方法として、「自分が死んだら資産を譲る」という契約をする方法があることも知りました。Aさんは、贈与には色々な方法があることが分かりましたが、どのようにすればよいか悩んでいます。

このようなときは、どのような対策が有効でしょうか。

●Aさんの親族関係図

解説

（1）生前贈与と特別受益

生前贈与は、贈与税を気にして躊躇される人もいますが、自分の死亡後の争いを避けたいという思いで積極的に行う人も少なくありません。配偶者や子など推定相続人にとっても、遺産をうまく分割できるのか気になるところです。自分が残した財産をどのように引き継いでもらうかは、遺言

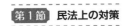

で示す方法もありますが、生きているうちに贈与することで、次世代にその財産を活用してもらうこともできます。

　相続税と贈与税の違いなど税制上のメリット・デメリットは、第5章第2節3「生前贈与を活用した相続税対策」で触れますので、ここでは民法上の特別受益に関する問題を取り上げます（第2章第1節3参照）。

　特別受益者は、相続分の前渡しを受けたものとみなされます。特別受益者の具体的な相続分を計算する際には、他の相続人との公平を期すために、本来の相続分から特別受益分を差し引きます。

　遺贈を受けた相続人は、特別受益者となります。また、「生計の資本として贈与」とは、広く生計の基盤となるような贈与をいい、婚姻や養子縁組に限らず被相続人からまとまった資金をもらった場合や不動産の贈与を受けた場合も、特別受益者に当たります。通常、生活費の援助など扶養義務の範囲内であれば贈与とはいえませんが、他の相続人との差が著しい場合には、特別受益者として取り扱われることもあります。

　なお、事例1では、現時点で特別受益に該当する贈与は、EさんがTさん夫婦と養子縁組する際に贈与した500万円だけです。

〈民法903条1項〉

　共同相続人中に、被相続人から、遺贈を受け、又は婚姻若しくは養子縁組のため若しくは生計の資本として贈与を受けた者があるときは、被相続人が相続開始の時において有した財産の価額にその贈与の価額を加えたものを相続財産とみなし、第900条から第902条までの規定により算定した相続分の中からその遺贈又は贈与の価額を控除した残額をもってその者の相続分とする。

（2）死因贈与は書面で

　「自分が死んだら資産を譲る」というように、贈与者の死亡によって効力が生じる贈与のことを死因贈与といいます。死因贈与は遺贈と似ていますが、遺贈は遺言者が単独で行う行為ですので、受遺者に事前に知らせる

必要がありません。しかし、死因贈与は、贈与者と受贈者の意思が合致することによって成立する契約ですので、互いの合意が前提となります。

　また、死因贈与は贈与契約の一種ですので、口頭であっても互いの意思が合致していれば成立しますが、相続人に対しては証拠の問題があります。したがって、死因贈与の有無をめぐって相続人と争うことのないよう、通常は書面を作成します。さらに、互いの住所・氏名は直筆で残し、後から作ったのではないかとの疑念を抱かれないようにしておくことが大切です。

アドバイス

（1）遺産分割トラブルを避けるために生前贈与を

　生前贈与による遺産分割トラブルを避けるには、不公平な生前贈与をしないことが一番ですが、公平性の基準も明確にしておきたいところです。必ずしも法定相続分通りに遺産を分割することがよいとは限りません。そもそも完全に均等・公平に分割することは困難です。

　Ａさんの法定相続分は、Ｔさんの養子となったＥさんもＣさん、Ｄさんと同じです。しかし、Ｅさんは当然Ｔさんの相続人でもあるため、均等に遺産分割することはＣさんとＤさんにとって心情的に納得がいかないかもしれません。Ａさんもそのような気持ちであるなら、遺言書にはＣさんやＤさんへの生前贈与の持戻しを免除する旨を明記し（第2章第1節3参照）、付言事項としてその気持ちを記しておくとよいでしょう。

　2018年相続法改正（2019年7月1日施行）により、相続人に対する贈与（特別受益に当たるもの）は、相続開始前の10年間にされたものに限り、その価額を、遺留分を算定するための財産の価額に算入することとされています。ただし、当事者双方が遺留分権利者に損害を与えることを知って行った贈与については、期限を問わず遺留分を算定するための財産の価額に算入されます（民法1044条1項・3項）。

【事例2】 特別受益者がある場合の具体的計算方法

Aさん（80歳）は、13年前に夫を亡くし、6年前には長男Bさんに先立たれました。Aさんの現在の親族関係は次のようになっています。

●Aさんの親族関係図

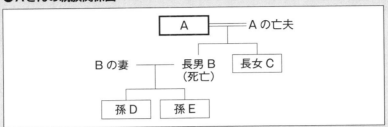

Aさんは、夫の相続の際には当時の2人の子ども達と話し合って、夫の遺産1億3,000万円の大半を相続しています。当時、長男Bさんと長女Cさんには夫や夫の父親が生前贈与をしていて余裕があったこと、配偶者の税額軽減の特例を使えば相続税を支払わないで済むことなどが主な理由です。

Aさん自身も既に子や孫に生前贈与を行っていますが、さらに今年中に住宅を購入する予定がある孫Eさんに住宅取得資金の贈与、長女Cさんには貴金属を贈与しようと考えています。Aさんの生前贈与は次の通りです。

〈Aさんが既に行った生前贈与〉
　　長女Cさん　・7年前に結婚するときの持参金として300万円
　　　　　　　　・5年前に1,000万円の現金贈与
　　孫Dさん　　・8年前に海外留学資金として250万円の現金贈与
　　　　　　　　・2年前に時価700万円の上場株式の贈与
〈Aさんが今後行う予定の生前贈与〉
　　長女Cさん　・時価200万円の貴金属の贈与
　　孫Eさん　　・住宅取得資金として800万円の現金贈与

Aさんは、自分の死後はできるだけ平等に相続できるように、税理士でファイナンシャル・プランナーであるSさんに相談しました。Sさんは遺言を勧めましたが、その前提としてAさんの生前贈与の状況を整理し、現時点で想定できる推定相続人の具体的相続分を算出することにしました。

特別受益について持戻しの対象とする場合、各人の具体的相続分はどのようになるでしょうか。

なお、Aさんはこれまで、遺族年金と資産を少しずつ取り崩して生活資金を賄っており、現在の資産は総額で約1億円となっています。

解説

（1）特別受益に当たるか否か

　特別受益として持戻すものは、被相続人から遺贈を受け、または婚姻もしくは養子縁組のためもしくは生計の資本として贈与を受けた場合です（民法903条1項）。

　婚姻に関する費用については、挙式費用や披露宴の費用などは親のため・家のためという側面もあり、通常、特別受益には当たらないとされています。結納金についてはケース・バイ・ケースですが、たとえば結婚相手の親に渡したものは相続人に対する贈与ではないため、特別受益には当たらないと考えられます。一方、結婚に際しての持参金については、家同士の結びつきや地域の風習などによっては結納金や挙式費用と同様に婚姻のための費用に該当する場合もあるとする意見もありますが、長女Cさんが7年前に結婚するときの持参金として受けた300万円の贈与については額も大きく、通常、特別受益に当たるとされています。

　孫DさんがAさんから受けた贈与については、原則として代襲相続人となった後の分が特別受益となるため、長男Bさんの死亡後に行われた時価700万円の上場株式の贈与が持戻しの対象となります。海外留学資金としての贈与分250万円については、贈与した時点では推定相続人ではないため、特段の事情がなければ持戻しの対象とはなりません。

（2）各人の具体的相続分の額

　被相続人から遺贈や生前贈与を受けた者は、特別受益者として相続分の前渡しを受けたものとして扱い、具体的相続分の算定に当たって、特別受益分を相続財産に持戻して計算します。特別受益者の具体的相続分の計算方法は、特別受益額を相続財産額に合算してみなし相続財産額を算出し、特別受益を受けた人の相続分（一応の相続分）から特別受益額を控除します。

　便宜上、相続開始時の相続財産価額は、現在の1億円から今後の贈与予

定分1,000万円（Ｃさんに200万円、Ｅさんに800万円）を差し引いた額である9,000万円とし、贈与時の価額を相続開始時の評価額として計算すると、各人の具体的相続分の額は、次のようになります。

① **みなし相続財産額＝相続開始時の相続財産価額＋贈与価額の総額**

贈与価額の総額

長女Ｃさん　300万円＋1,000万円＋200万円＝1,500万円

孫Ｄさん　　700万円

孫Ｅさん　　800万円

みなし相続財産額＝9,000万円＋1,500万円＋700万円＋800万円

＝12,000万円

② **一応の相続分＝みなし相続財産額×法定または指定の相続分率**

Ｃさん＝12,000万円×2分の1＝6,000万円

Ｄさん＝12,000万円×4分の1＝3,000万円

Ｅさん＝12,000万円×4分の1＝3,000万円

③ **特別受益者の具体的相続分**

＝一応の相続分－その相続人が受けた贈与または遺贈価額

（各人の具体的相続分の額）

Ｃさん＝6,000万円－1,500万円＝4,500万円

Ｄさん＝3,000万円－700万円＝2,300万円

Ｅさん＝3,000万円－800万円＝2,200万円

なお、相続開始時から10年経過後の遺産分割では、原則として、この具体的相続分による計算方法は適用されず、法定相続分をベースに各人の相続分を計算することになります。

アドバイス

（1）物価変動や贈与財産の価格変動の考え方

持戻しをする際に問題となる特別受益の価額については、相続開始時の

時価で評価することとされています。金銭については、贈与時の金額を相続開始時の貨幣価値に換算します。また、火災などにより生前贈与を受けた財産が滅失したとしても、それが受贈者の行為によって生じた場合は、相続開始時に現状のまま存在するものとして評価することとされています（民法904条）。

Ｄさんが２年前に贈与を受けた時価700万円の上場株式など、財産によっては、贈与時の時価と相続開始時の時価の差が大きくなる場合があることも、認識を共有しておくと無用なトラブル防止につながります。

なお、具体的相続分の計算上マイナスとなる相続人（超過特別受益者）は、単に相続財産からは何も取得できないだけで、超過した受益を返還する必要はありません。

（２）生前贈与は明確に

Ａさんは80歳と高齢であるため、原則として贈与後７年以内に相続が開始した場合（相続開始が2026年までの場合は３年以内、2027年から2030年までの場合は2024年以降の贈与分に適用）には、暦年課税による贈与財産は相続税の生前贈与加算の対象となることは認識しておきましょう。

また、Ａさんから生前贈与を受けた際に、相続人の１人が相続時精算課税制度の適用を受けていた場合（第２章第４節２参照）、その贈与財産の価額を相続財産に加えて相続税額の計算をすることになるため、他の相続人の相続税額にも影響が及びます。

特定の相続人に生前贈与を行ったことを他の相続人が知らなかったがために相続税の申告書に記載漏れとなってしまい、税務署に指摘されて相続人間でいさかいが生じることもあります。

生前贈与は、相続税や贈与税の負担軽減といった節税対策だけでなく、相続争い防止対策が大切です。そのためには、誰に何を贈与したのかを明確にしておきましょう。生前はオープンにしたくなければ、遺言書に特別受益の扱いを明記しておくこともできます。

【事例3】 持戻しの免除

Aさん（80歳）には、2人の子、長女Bさん（52歳）と二女Cさん（50歳）がいます。BさんはAさんと同居していますが、病弱であまり長い時間働くことができず収入も少ないため、自分（Aさん）が元気なうちに財産を贈与していこうと考えています。一方、Cさんは結婚して安定した生活を送っていますが、自分（Aさん）の死後は相続のことで揉めることのないように、Bさんに生前贈与した残りの財産は娘2人が半分ずつ分けられるように遺言をしようかと考え始めました。

ちょうどその頃、自治体が行っている無料法律相談の案内を見つけ、さっそく訪ねて相談したところ、遺言をしても、相続人への生前贈与は特別受益として遺留分侵害額請求の対象になると言われました。そうすると、Bさんにあまり贈与できないのではないかと悩んでいます。

このようなときは、どのような対策が有効でしょうか。

●Aさんの現在の資産状況

自宅	3,000万円
金融資産	5,000万円
債務	特になし

解説

（1） 持戻し免除の意思表示

まずは、生前贈与をせずにこのまま相続が開始された場合に、法定相続分通りに半分ずつ分ける場合を考えます。

事例3の場合、Aさんの相続開始時の財産の額が現在と同じであるとすれば、8,000万円が相続財産なので、長女Bさんと二女Cさんの法定相続分は、4,000万円ずつになります。そのうち、自宅については、同居しているBさんに相続させるのが自然な流れでしょう。ただし、Aさんは高齢ですので、今後判断能力が衰えてきたときのことを考えると、早めの対策が必要です。Aさんが元気なうちに遺言で相続分を指定することもできま

すが、Bさんの状況を鑑み、生前贈与をしておきたいとの希望があります。

　しかし、相続人への生前贈与は持戻しの対象となります。そこで、持戻し免除の意思表示をします（第2章第1節5参照。民法903条3項）。その際に気を付けておきたいことは、遺留分の侵害です。

　また、持戻し免除の意思表示があっても特別受益に当たる生前贈与額が遺留分算定の基礎財産に加えられることは、最高裁判例で示されています。

〈最高裁平成24年1月26日決定（金判1393号36頁）から抜粋〉
　遺留分減殺請求により特別受益に当たる贈与についてされた持戻し免除の意思表示が減殺された場合，持戻し免除の意思表示は，遺留分を侵害する限度で失効し，当該贈与に係る財産の価額は，上記の限度で，遺留分権利者である相続人の相続分に加算され，当該贈与を受けた相続人の相続分から控除されるものと解するのが相当である。持戻し免除の意思表示が上記の限度で失効した場合に，その限度で当該贈与に係る財産の価額を相続財産とみなして各共同相続人の具体的相続分を算定すると，上記価額が共同相続人全員に配分され，遺留分権利者において遺留分相当額の財産を確保し得ないこととなり，上記の遺留分制度の趣旨に反する結果となることは明らかである。

　したがって、有効な対策として、Aさんが生前贈与をする際には、Cさんの遺留分を侵害しない範囲で行うことを前提に、Bさんに贈与した分の持戻し免除を意思表示することになります。

　なお、2018年相続法改正（2019年7月1日施行）により、上記判例の「遺留分減殺請求」は「遺留分侵害額請求」として金銭債権化され、遺留分侵害額請求権を行使する場合は、遺留分の侵害額に相当する金銭を請求することになりました。さらに、遺留分を算定するための財産の価額に算入する生前贈与は、相続開始前10年間という期限が設けられましたが、遺留分権利者自身が被相続人から受けた贈与財産については、贈与の時期を問わず特別受益の対象となることに変わりはありません。

（2） 生前贈与と遺留分

　事例3の場合、Cさんの遺留分は2,000万円（4,000万円×1/2）となるので、生前贈与と遺贈を合わせて6,000万円までBさんに移転することができます。Aさんの相続によって遺産を半分ずつ分けることを前提に、Bさんに4,000万円までは贈与しても、Cさんに2,000万円の財産を残せるので、現時点での計算上は遺留分が侵害されていないことになるからです。

　たとえば、自宅と金融資産のうち1,000万円分をBさんに生前贈与し、資産状況に変動がなければ、相続時に金融資産が4,000万円残ることを想定し、それぞれ2分の1ずつ分けるように遺言することができます。Aさんは、Bさんへの生前贈与を実行したら遺言で持戻し免除の意思表示をしておくとよいでしょう。

（3） 持戻し免除の意思表示の有無による違い

　実際には、遺留分ぎりぎりまで生前贈与することは資産状況の変動リスクもありますし、Aさんの本意ではないかもしれません。

　仮にAさんがBさんに2,000万円分の財産を生前贈与した場合、持戻し免除の意思表示がないときとあるときでは、取得する財産の額が次のように異なります。

　① **持戻し免除の意思表示がないとき**

　　みなし相続財産の額　　3,000万円＋5,000万円＝8,000万円

　　Bさん　生前贈与2,000万円＋相続財産2,000万円＝4,000万円

　　Cさん　相続財産4,000万円

　② **持戻し免除の意思表示があるとき**

　　みなし相続財産の額　　3,000万円＋5,000万円－2,000万円＝6,000万円

　　Bさん　生前贈与2,000万円＋相続財産3,000万円＝5,000万円

　　Cさん　相続財産3,000万円

第**⑤**章

相続対策アドバイス

アドバイス

（1） 持戻し免除の意思表示は遺言で

　被相続人から持戻し免除の意思表示があれば、持戻しは不要です。持戻し免除の意思表示は、明示の意思表示、黙示の意思表示、生前行為、遺言のいずれでも可能です。

　民法では、持戻し免除の意思表示は特別の方式を必要としませんが、黙示の意思表示があったかどうかが争われることがあります。Aさんの趣旨がCさんにも伝わらないと、相続開始後に思わぬトラブルが生じることもあります。Aさんは、Bさんと贈与契約を書面で交わしておくとよいでしょう。そして、贈与分について遺言書で持戻し免除の意思表示をし、その付言事項にAさんが生前贈与をした趣旨を記しておくと気持ちが伝わるでしょう。

（2） 民法上の対策と合わせて相続税法上の対策も

　自宅については、同居しているBさんが相続すれば小規模宅地等の特例を活用できるため、生前贈与は金融資産で行うほうが税務上の効果は高くなります。金融資産を生前贈与した場合は、内容によりますが、株式や投資信託などは相続開始時には価値が変動します。したがって、遺留分の計算上もその変動分を考慮する必要があります。

　また、Aさんが贈与した際にBさんが相続時精算課税制度を選択すれば、2,500万円までは（2023年度税制改正により、2024年以降は相続時精算課税制度を選択後、さらに毎年110万円の基礎控除内の贈与分も）贈与税がかかりませんが、相続時には精算する（ただし、2024年以降の贈与分は基礎控除差引後）ことになります（第2章第4節2参照）。相続時精算課税制度についてCさんに認識がないと、相続税の納税の際にトラブルが生じるおそれがあります。生前贈与について民法上の対策を行う際には、贈与税や相続税に関する認識も必要になってきます。税理士などの専門家に相談するとよいでしょう。

3 生命保険を活用した相続対策

【事例1】 相続放棄と生命保険の活用

　Aさん（73歳）には、妻Bさん（70歳）との間に長女Cさん（40歳）がいます。Aさんは、40代のときに脱サラして事業を立ち上げ、Bさんもその事業を手伝って頑張ってきましたが、近年は経済状況や事業を取り巻く環境が変わり、経営が悪化しています。このため、事業を畳むこともAさんの視野にありますが、設備投資をした際の借入金が残っているため、その返済が終わるまでは続けるつもりです。リタイア後の資金については、公的年金や預貯金の取り崩しで普通の生活ができる程度の資金をかろうじて確保しています。

　しかし、Aさんの事業は、仮にBさんが続けたとしても立て直せるようなものではないため、万一のときにはBさんに老後の生活資金だけは残しておきたいと考えています。さらに、Bさんは、Aさんの債務に係る保証人にはなっていませんが、借入金の返済が終わらないうちにAさんが死亡した場合、資産・負債の状況によってはBさんに相続放棄をしてほしいと思っています。

　また、Cさんは結婚して遠方で生活しており、事業を継ぐつもりもないので、迷惑をかけたくないと思っています。Aさんの親族関係図は次のようになっています。

　このようなときは、どのような対策が有効でしょうか。

●Aさんの親族関係図

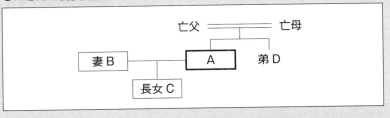

解説

（1） 相続放棄について

　相続が開始されると、相続人の意思にかかわらず、被相続人の財産上の法律関係が承継されることになります。財産上の法律関係には、被相続人の積極的財産（債権）だけでなく消極的財産（債務）も含まれ、相続人は、原則として被相続人の財産上の権利および義務一切を承継します。

　しかし、相続人の立場からすると、いきなり権利義務が承継されましたといわれても困ってしまいます。そこで、民法では、相続人が被相続人の財産上の法律関係を把握し、相続を承認するか放棄するかを判断するために、3ヵ月間の熟慮期間が設けられています。相続の放棄をした者は、その相続に関しては、初めから相続人とならなかったものとみなされます（民法939条）。

　事例1では、Aさんが借入金を完済する前に亡くなった場合、Bさんは相続を放棄すれば借入金の返済を免れます。相続人が被相続人の連帯保証人になっていた場合は、相続を放棄しても保証債務から逃れることはできませんが、BさんはAさんの保証人ではないので、この点は安心です。

　この場合、まずは現在の資産と負債の状況を正確に把握しましょう。仮に資産よりも負債の方が多かったとしても、生前に状況を把握しておくことで心の準備ができます。相続を承認する場合も、単純承認だけでなく、状況によっては、限定承認による方法を検討する必要があります。限定承認は、相続人全員が共同で行わなければなりません。

　こうした準備により、いざ相続が発生しても、その時点の資産と負債の状況を早めに把握でき、相続を承認するか放棄するか落ち着いて判断できるようになります。

（2） 遺言で債務の承継者を決められるか

　Aさんは、債務が残ったまま死亡した場合に備え、その承継者を遺言書に記しておくことができます。また、遺産分割協議で相続債務の負担割合

を決めることも可能です。しかし、債権者は法定相続分で返済を請求することができ、相続人はそれに従わなければなりません。つまり、相続債務の承継者を決めても、BさんとCさんの間では有効ですが、債権者に対しては、その債権者が指定相続分に応じた債務の承継を承認しない限り認められないことに注意が必要です。

〈最高裁平成21年3月24日判決（金判1331号42頁）より抜粋〉
　遺言による相続債務についての相続分の指定は，相続債務の債権者（以下「相続債権者」という。）の関与なくされたものであるから，相続債権者に対してはその効力が及ばないものと解するのが相当であり，各相続人は，相続債権者から法定相続分に従った相続債務の履行を求められたときには，これに応じなければならず，指定相続分に応じて相続債務を承継したことを主張することはできないが，相続債権者の方から相続債務についての相続分の指定の効力を承認し，各相続人に対し，指定相続分に応じた相続債務の履行を請求することは妨げられないというべきである。

　2018年相続法改正（2019年7月1日施行）により、相続分の指定がある場合の債権者の権利の行使について、上記判例に基づいて民法902条の2を新設し明文化していますが、実務上の取扱いは基本的に変わらないものと考えられます。

（相続分の指定がある場合の債権者の権利の行使）
　被相続人が相続開始の時において有した債務の債権者は、遺言による相続分の指定がされた場合であっても、各共同相続人に対し、法定相続分に応じてその権利を行使することができる。ただし、その債権者が共同相続人の1人に対してその指定された相続分に応じた債務の承継を承認したときは、この限りでない（民法902条の2）。

（3）相続放棄しても保険金を受け取れるか

　死亡保険金は、生命保険契約によって受取人が指定されることで、遺産分割協議に左右されることなく、受取人固有の財産となります。たとえ、相続を放棄した者であっても、死亡保険金は受け取ることができます。特

定の受取人が指定されておらず、死亡保険金受取人を単に相続人と指定している場合も同様です。

　事例1の場合、契約者・被保険者がAさん、死亡保険金受取人をBさんとする生命保険に加入した場合、Bさんが受け取った死亡保険金はBさんの固有の財産となります。死亡保険金は民法上の相続財産ではないので、Bさんが相続を放棄すれば、債務を相続することなく死亡保険金を受け取り、老後の生活資金に充てることができます。

　ただし、一般に生命保険は加入年齢の上限が設定されており、健康診断の結果によっても加入できない場合があることは認識しておきましょう。

アドバイス

（1）生命保険の加入は余裕のあるうちに

　被相続人の債務について、相続を放棄して返済を免れる行為が詐害行為（債権者を害する事を知ってした法律行為）に当たらないことは、最高裁判例が示しています。

〈最高裁昭和49年9月20日判決（金判429号9頁）より抜粋〉

　相続の放棄のような身分行為については、民法四二四条の詐害行為取消権行使の対象とならないと解するのが相当である。〜（中略）〜相続の放棄のような身分行為については、他人の意思によつてこれを強制すべきでないと解するところ、もし相続の放棄を詐害行為として取り消しうるものとすれば、相続人に対し相続の承認を強制することと同じ結果となり、その不当であることは明らかである。

　このように相続放棄は、詐害行為取消権行使の対象とはなりませんが、被相続人が生前に債務超過に陥っている状態で相続人に多額の贈与をした場合は、詐害行為取消権行使の対象となります。仮にAさんが債務超過の状態のときに生命保険料を支払って、Bさんを保険金の受取人に指定していた場合、債権者から詐害行為として訴えられる可能性があります。

　Aさんは、余裕があるうちに生命保険に加入し、Bさんが死亡保険金を確実に受け取れるようにしておきたいところです。

（2）相続放棄は早めに伝えること

　相続放棄は自己のために相続の開始があったことを知った時から3ヵ月以内とされており、相続放棄の申述は単独で行うため、他の相続人が気付かないこともあります。通常、次順位以降の相続人であれば、自己のために相続の開始があったことを知った時が遅くなり、その時から3ヵ月間の熟慮期間となりますが、同順位の場合は、一般に熟慮期間の起算点が同じなので他の相続人が想定外の展開に困惑してしまうおそれがあります。

　事例1では、Bさんが相続を放棄すればCさんが権利義務のすべてを相続することになります。もっとも、BさんはAさんの死亡により保険金を受け取れば、資産・負債の状況によっては相続を承認するかもしれません。相続放棄は単独行為ですので、相続人各自が熟慮期間内に決めるものです。とはいえ、CさんはBさんが相続を承認するか放棄するかを早く決断してほしいと願うことでしょう。

（3）相続放棄による影響

　Cさんも相続を放棄した場合、Aさんの両親は既に他界しているため、相続権が弟Dさんに移ることは認識しておきたいところです。

　Dさんは、自分が相続人になったことを知った日から3ヵ月以内に、相続を承認するか放棄するかを決断しなければなりません。DさんがAさんの事業や資産・負債の状況をどの程度把握しているかにもよりますが、Dさんがいきなり相続人になったことを知ると、相続財産の管理をめぐって親族間でもめる原因となります。Cさんが相続を放棄したことをDさんに伝えると、Dさんはその時が自分にとって相続の開始を知った日となりますが、同時に相続財産と債務の状況が分かれば心の準備ができ、相続を承認するか放棄するかを冷静に判断することができます。

　相続人となった者が相続を放棄した場合は代襲相続権も失います。仮に

Ｄさんが相続を放棄すると、Ｄさんに子どもがいたとしても相続権は移りません。これにより、Ａさんの相続人は誰もいなくなります。仮にＡさんの負債が残っていた場合、債権者が債権回収を行うには、家庭裁判所に相続財産の清算人選任の申立てをする必要があります。そして、選任された相続財産の清算人が、相続財産の管理・清算を行うことになります。

なお、相続を放棄した人は、その放棄の時に相続財産に属する財産を現に占有しているときは、相続人または相続財産の清算人に対して当該財産を引き渡すまでの間、自己の財産におけるのと同一の注意をもって、その財産を保存しなければなりません（民法940条１項）。

【事例２】 特定の相続人等に金銭を交付したい場合の生命保険の活用

> 自宅兼店舗でラーメン店を営んでいるＡさん（68歳）は、妻に先立たれましたが、同居して一緒に店を切り盛りしている独身の長男Ｂさん（43歳）と、結婚して別居している二男Ｃさん（38歳）がいます。
> Ａさんは、Ｂさんにこのまま店を継がせたいと考えており、自身に相続が発生した場合の相続税について税理士会が行っている無料相談会で相談したところ、現状では預貯金や株式などほかにも多少の資産があるものの、その割合は自宅兼店舗よりも少なく、小規模宅地等の特例を活用すれば相続税は発生しないことが分かりました。しかし、Ｂさんにこのまま自宅兼店舗を相続させた場合、Ｃさんの相続財産は少なくなってしまいます。今のところ兄弟仲は良好のようですが、自分が亡くなった後はＣさんに不満が生じるのではないかと悩んでいます。
> このようなときに、どのような対策が有効でしょうか。

解説

（1）生命保険を代償金支払いに活用

事例２の場合、ＢさんとＣさんが相続財産を均等に分割する有効な手段として、代償分割による方法があります。代償分割とは、現物分割によっ

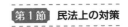

て法定相続分より多くの相続財産を取得した相続人が、その代償として自己の所有する財産を他の相続人に対して交付することで調整を図る方法です。不動産や事業用資産など、分割が困難な資産の割合が多い場合に利用されています。このため、相続財産を多く取得する相続人には相応の資力が求められますが、相続人自身にその資力がなければ代償分割を行うことができません。

　そこで、代償分割の原資として生命保険を活用します。死亡保険金の受取人は、相続財産の現物を取得する相続人とします。この相続人は、遺産分割協議を経ることなく保険金を手にすることができ、他の相続人への代償金の支払いに使えます。

　事例2の場合は、Bさんが相続する予定の自宅兼店舗の評価額と同程度の財産が必要になります。そこで、Aさんが契約者・被保険者となり、Bさんを死亡保険金の受取人とする生命保険に加入しておけば、Bさんに死亡保険金を代償金として残すことができます。つまり、相続分が少ないCさんに対する代償金を、民法上は受取人であるBさん固有の財産として相続財産とはならない保険金で賄うわけです。

（2）遺産が少ない相続人を保険金受取人に

　ほかにも生命保険を利用して遺産分割の紛争リスクを低減させる方法として、不動産や自社株など分割が困難な資産は、遺言によって特定の相続人に遺贈し、他の相続人は死亡保険金の受取人に指定して不足分を得られるようにしておく方法があります。事例2に当てはめると、自宅兼店舗はBさんに遺贈し、死亡保険金の受取人をCさんに指定する方法です。Aさん一家が制度を熟知し認識を共有できるのであれば、資産状況によっては対策の1つとなります。

　遺産分割対策としては、生前に換金できるものは換金して金融機関に預けておく方法もありますが、預貯金等の場合は遺産分割協議が調うまでは、引き出しや相続人等への名義変更が制限されます。死亡保険金については、

第⑤章 相続対策アドバイス

このような制約を受けず、一般に数日から1週間程度で支払われるメリットがあります。

アドバイス

（1）円満な相続に向けて事前準備

　いざ、相続が発生してからの代償分割は、机上の計算のようにはいかないのが現状です。まず、一般に代償分割そのものを理解している相続人は少なく、理解していても相続人に代償金を支払うほどの余裕がなければ、ない袖は振れません。

　円満な相続のためには、遺言書の作成が有効です。事例2のケースでは、Aさんは、店舗兼自宅をBさんに相続させるだけでなく、Cさんに代償金を支払うことも遺言書に書いておきましょう。遺言によってCさんの遺留分を侵すことになれば、Cさんに遺留分侵害額請求権を行使され、せっかくAさんが残そうとした資産をBさんが売却することで得た金銭からCさんに代償金を支払う方法しかとれなくなることも考えられます。そうなると、Aさんの意思とは異なる結果になってしまうからです。

　そのためにまずは、資産・負債の状況を正確に把握しなければなりません。遺言する際には、遺留分を考慮する必要がありますが、1つの目安として、Cさんの遺留分は4分の1なので、仮にほかの資産が自宅兼店舗の3分の1以上あれば「Bさんには自宅兼店舗を相続させ、その他の資産はCさんに相続させる」旨を遺言することも可能です。たとえば、自宅兼店舗が6,000万円で金融資産が2,000万円ある場合、資産総額は8,000万円となるので、Cさんの遺留分は2,000万円（8,000万円×1/4）となり、金融資産だけで確保できます。ほかの資産だけではCさんの遺留分に満たなければ、生命保険を活用してBさんのために代償分割用の資金を確保することを検討できます。

　とはいえ、遺留分の問題はクリアできても相続分に差があると、兄弟が

生前のように仲良くできるとは限りません。万一のときに備えて、事前に対策をする必要がありますが、遺言するだけではなく、生前に話し合って互いの意思を共有しておくことも大切です。

（2）保険金の額によっては特別受益も

死亡保険金は、民法上の相続財産ではないため通常は特別受益に当たりませんが、過去には裁判で争われ、特別受益を認めている判例もあります。

平成16年10月29日の最高裁判例では、死亡保険金請求権は、原則として特別受益に当たらないが、「保険金受取人である相続人とその他の共同相続人との間に生ずる不公平が民法903条の趣旨に照らし到底是認することができないほどに著しいものであると評価すべき特段の事情」があれば、特別受益に準じた取扱いを受ける例外もあるとの判断を示しています。このため、その後の裁判では、この特段の事情があるかどうかが争点になっています。

〈最高裁平成16年10月29日決定（金判1241号31頁）より抜粋〉
　被相続人を保険契約者及び被保険者とし，共同相続人の1人又は一部の者を保険金受取人とする養老保険契約に基づき保険金受取人とされた相続人が取得する死亡保険金請求権は，民法903条1項に規定する遺贈又は贈与に係る財産には当たらないが，保険金の額，この額の遺産の総額に対する比率，保険金受取人である相続人及び他の共同相続人と被相続人との関係，各相続人の生活実態等の諸般の事情を総合考慮して，保険金受取人である相続人とその他の共同相続人との間に生ずる不公平が民法903条の趣旨に照らし到底是認することができないほどに著しいものであると評価すべき特段の事情が存する場合には，同条の類推適用により，特別受益に準じて持戻しの対象となる。

この事件については、死亡保険金の遺産に対する比率が低いことなどにより特段の事情が存するとはいえず、特別受益に準じた持戻しの対象とはならないとして棄却していますが、この最高裁平成16年10月29日決定後には、次のように特別受益性を認めた裁判例があります。

〈東京高裁平成17年10月27日決定（家月58巻5号94頁）〉
　相続人が子2人で、遺産総額は約1億円であったが、死亡保険金の総額約1億円を相続人の1人が受け取った事案について、東京高裁は死亡保険金総額が遺産総額とほぼ同じであるとして特段の事情を肯定し、特別受益性を認めています。

〈名古屋高裁平成18年3月27日決定（家月58巻10号66頁）〉
　相続人が先妻との間の2人の子と後妻で、後妻だけが総額約5,150万円の死亡保険金を受け取った事案について、遺産総額の約61％を占めること、被相続人と後妻との婚姻期間が3年5ヵ月程度であることなどから、名古屋高裁は特段の事情を肯定し、特別受益性を認めています。

（3）保険料の原資は共有を

　相続財産の割に保険金が多いと特別受益として持戻しの対象になることがあります。特に死亡保険金のもととなる保険料の原資によっては、相続人の間での見解の食い違いから相続争いに発展することもあります。

　実際、60歳以降の世代では、相続税対策を兼ねて金融商品から保険商品に乗り換えるケースが少なくありません。しかし、死亡保険金や死亡退職金などのみなし相続財産について、民法と相続税法の違いをきちんと理解している相続人は少ないのが現状で、相続トラブルの一因となっています。

　預貯金や投資信託などを換金して生命保険の保険料に充当した場合は、死亡保険金が相続争いの種にならないよう、生前に話し合うなどして、その趣旨を共有しておくことが大切です。

4 信託を活用した相続対策

【事例1】 特定の相続人等に財産を遺したい場合

　Ａさん（80歳）と妻Ｂさん（78歳）はもうすぐ結婚50年を迎える仲のよい夫婦ですが、子はいません。Ａさんは若い頃に事業を立ち上げ、Ｂさんも事業を手伝い２人で頑張ってきましたが、既に事業を人に譲り、悠々自適の暮らしをしています。また、Ａさんが長男だったこともあって、不動産を中心に父から先祖伝来の遺産を多く受け継いでいます。

　Ａさんは、自分の財産を、ともに苦労した妻Ｂさんに相続させて老後資金に充ててほしいと考えていますが、Ｂさんが亡くなった後に、先祖伝来の遺産もすべてＢさんの妹Ｘや甥Ｙ，姪Ｚに承継され、自分の係累である弟Ｃや甥Ｄ、姪Ｅに何も遺せないことを悩んでいます。

　このようなときは、どのような対策が有効でしょうか。

●ＡさんとＢさんの親族関係図

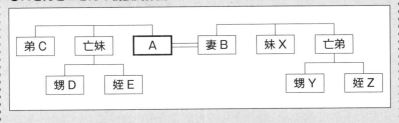

解説

（1） 問題点

　Ａさんは、夫婦で苦労して蓄積した財産以外に、不動産を中心に父から相続した先祖伝来の財産も保有しています。そして、相続における第１順位の子、第２順位の直系尊属が存しない場合、相続人は配偶者と第３順位の兄弟姉妹（甥姪）になり、その法定相続分は妻Ｂさんが3/4、弟Ｃさんが1/8、甥Ｄさんが1/16、姪Ｅさんが1/16となります（民法900条）。この

ため、何らの相続対策を講じない場合、父から相続した先祖伝来の財産も含め、原則としてＡさんの財産の3/4は相続開始によってＢさんに移転し、Ｂさんが弟Ｃさん、甥Ｄさん、姪Ｅさんとの養子縁組や遺言をしていない限り、Ｂさんの相続開始に伴い、これら財産はＢさんの妹Ｘさん、甥Ｙさん、姪Ｚさんに相続されていくことになります。

　明治民法では家督相続と遺産相続が並列していて、「家」制度の下に重要な財産を「家」の財産として戸主に集中させ、家督相続という形でこれを承継させる制度になっていましたが、日本国憲法施行のもと1947年制定の現行民法では「家」制度が廃止されています。しかし、国民感情の中には「先祖伝来の財産を継いでいく」という考え方も根強く、先祖伝来の財産がＢさんの係累に承継されていくことを認めづらい人も多くいます。

　一方、Ａさんに相続が開始した場合、Ａさんの遺産は共同相続人であるＢさん、弟Ｃさん、甥Ｄさん、姪Ｅさん全員参加による遺産分割協議を経なければ分割することができず、Ｂさんにとっては居住している自宅や生計のために活用したいＡさん名義の預貯金も名義を移転することができない状態になります。しかも、Ｂさんには、「自宅の所有権を取得して安心して暮らしたい」「夫名義の預貯金を払戻して生活費に充てたい」など切迫したニーズがあるのに対し、Ｃさん、Ｄさん、Ｅさんは既にそれぞれの安定した生活があり、Ａさんからの新たな遺産の取得についての時間的な切迫感はありません。たとえば甥Ｄさんが仕事で外国に赴任している場合、数ヵ月先でないと日本に戻って遺産分割協議に参加することが困難であり、電話や手紙でのやり取りでは意思疎通が難しく遺産分割協議が調わない可能性があります。さらに遺産分割協議が調わない場合は家庭裁判所の調停で解決することになり、その期間は概ね１年程度必要になります。この遺産分割調停が不成立になった場合は、審判に移行してさらに期間を要することになります。このように、遺産分割に際して共同相続人間で時間的切迫度に差があるため、Ｂさんのみが生活設計等について苦労するリスクが

あります。

アドバイス

（1）信託活用以外の解決策の検討

① 生前贈与、生前売却

　Ａさんが先祖伝来の財産を自分の係累に生前贈与する手法や、生前に換価した後にその金銭を遺贈する手法が考えられますが、それによってＢさんが相続すべき財産が減少するので、Ａさんの「自分の財産を、ともに苦労した妻Ｂさんに相続させて老後資金に充ててほしい」と「自分の係累に先祖伝来の財産を遺したい」の両方の願いを解決することはできません。

② 保険の活用

　Ａさんの資産の一部を一時払終身保険等（保険契約者・被保険者Ａさん、受取人Ｂさん）に代えることで「受取人の固有の権利」としてＢさんに保険金を取得させ（最判昭和40・2・2金法404号29頁）、遺産分割協議が長引いた場合でもＢさんの生活が困らないようにしておく手法が考えられます。この場合、Ａさんの死亡後に保険会社からＢさんに死亡保険金が早々に支払われるので、一時的な生活設計対策としては有効です。ただし、保険金額規模が大きいなど、保険金受取人である相続人とその他の共同相続人との間に生ずる不公平が民法903条の趣旨に照らし到底是認することができないほどに著しいものであると評価すべき特段の事情が存する場合には、保険金を遺産に持戻す場合があるので注意を要します（最決平成16・10・29金判1241号31頁、東京高決平成17・10・27家月58巻5号94頁、名古屋高決平成18・3・27家月58巻10号66頁）。また、Ａさんの両方の願いを根本的に解決することにはなりません。

③ 遺言の活用

　まず、兄弟姉妹に遺留分がないことから、「全財産を妻Ｂに相続させる」趣旨の遺言を作成しておくことがＢさんの老後の生活設計にとって有効で

271

すが、それは同時に、先祖伝来の財産もBさんを経由してBさんの係累に相続されていくことを意味します。

　また、「Bさんには自分たちで築いた財産のみを相続させ、自分の係累であるCさん、Dさん、Eさんに先祖伝来の財産を相続させる」趣旨の遺言を作成しておくことも可能ですが、Bさんの老後を考えた場合、それでは不十分であったり、感情的に多くの財産をともに苦労したBさんに相続させたい気持ちが強いことも多いと考えられます。

　次に、「Bさんに全財産を相続させるが、Bさんが死亡したら先祖伝来の財産はAさんの係累が取得する」という内容の遺言を作成する手法（いわゆる後継ぎ遺贈）が考えられます。最高裁昭和58年3月18日判決（金判696号44頁）はこれに対して4種類の解釈の可能性を示しましたが、その内容が公序良俗に反する、Bさんの相続人・債権者とAさんの係累との法律関係の把握が困難、期限付き所有権の創設は認められない等の理由で、民法上は無効との見解が支配的です。このように、遺言では両方の願いを解決することは困難です。

　なお、2018年相続法改正により2020年4月1日の施行後は、自宅については、遺言でAさんがBさんに配偶者居住権を遺贈し、Cさん、Dさん、Eさんに自宅所有権（配偶者居住権付）を遺贈することが考えられます。配偶者居住権はBさんの死亡により消滅し（民法1030条）、Cさん、Dさん、Eさんは、Bさんの死亡により自宅の完全所有権を取得することができます。ただし、配偶者居住権は譲渡できないので、Bさんが配偶者居住権の譲渡対価で老人ホームに入居することは困難です。そこで、Cさん、Dさん、Eさんと合意の上、Bさんが配偶者居住権を放棄することでCさん、Dさん、Eさんから金銭を取得することも考えられますが、その旨を合意する必要があります。なお、この場合は、取得した金銭に対して譲渡所得課税されます。

（2） 信託を活用した解決策の検討

① 遺言代用信託、受益者連続型信託

　生前の契約（信託法3条1号）によりAさん所有の先祖伝来の不動産等を信託財産とする遺言代用信託（同法90条）を設定する手法が考えられます。委託者兼第1受益者をAさんとし、Aさん生存中はAさんが受益者として信託財産から生活費等の給付を受けます（受給しないことも可能）。そして、Aさん死亡後の第2受益者にBさんを指定することで、Aさんの死亡によりBさんが信託財産から生活費等の給付を受けることができます。第2受益者Bさんの死亡により信託が終了して信託受益権が消滅する規定にし、終了時の帰属権利者としてCさん、Dさん、Eさんを指定することで、自分の係累であるCさん、Dさん、Eさんが最終的に信託財産（残余財産）を取得できます。また、第2受益者死亡後の第3受益者としてCさん、Dさん、Eさんを指定して受益者を連続させることも可能で（受益者連続型信託）、適切な時期に信託を終了させて信託財産（残余財産）をCさん、Dさん、Eさんが取得できるようにしておきます。

　一方、遺言（同法3条2号）により信託（委託者Aさん、受益者Bさん、帰属権利者Cさん、Dさん、Eさん）または受益者連続型の信託（委託者Aさん、第1受益者Bさん、第2受益者Cさん、Dさん、Eさん）を設定する手法も考えられ、この場合はAさんの死亡によって信託または受益者連続型の信託が開始します。ただし、遺言による信託設定の場合、遺言が無効になれば信託を設定できません。

　なお、受益者連続型信託は信託設定後30年を経過した後に最初に受益者となる者が死亡するか受益権が消滅するまで、第1受益者以降何代にもわたって新たな受益者が受益権を取得することができます。

　この信託財産の所有名義は受託者に移転するのでAさんやBさんの死亡時にAさんやBさんの相続財産とはならず、遺産分割協議も不要で、相続手続の外で受託者と受益者間で給付が開始されます。なお、遺言代用信託、

受益者連続型信託であっても遺留分制度に服するものの、本事例では遺留分権利者はBさんのみです。

② Aさん死亡時

受託者は、Aさんの死亡に伴って、自己名義の信託財産（＝従来はAさんの財産）からBさんに給付を開始します。この給付の仕方は、自宅の場合はBさんに占有使用させます。ただし、自宅の所有名義は受託者であってBさんではなく、Bさんには自宅の処分権まではありません。一方、預貯金等金融資産は受託者が所有名義でもって管理運用し、あらかじめ信託契約や遺言の信託条項で定められた金銭を定期的に所定のBさんの口座に振り込むことでBさんの安定的な生活を確保するとともに、悪徳業者等から金融資産を守ることができます。また、あらかじめ指図権者を設置しておいて、インフレやデフレによって現状の給付額が不適切になった場合の給付額を変更させたり、突発的にBさんに多額の金銭が必要になった場合にその支出の指図をすることができるようにしておいたり、信託監督人、受益者代理人を設置して受託者を監督することも考えられます。

なお、契約による信託設定において当初から受益者をBさんとした場合、たとえBさんが何らの給付を受けていなくても相続税法上はBさんに対して信託設定時に贈与税課税される問題があるため（相続税法9条の2）、他益信託（委託者以外の第三者が受益者となる信託）による契約信託の設定は困難です。また、信託財産以外の財産は相続財産として遺産分割協議の対象となるため、これら財産については遺言等の手当てが必要になります。

③ Bさん死亡時

Bさんの死亡により受益者Bさんの信託受益権は消滅し、この受益権についてのXさん、Yさん、Zさんへの相続は起こりません。そして、信託が終了することにより受託者が清算事務を行った後、残余の財産を帰属権利者であるCさん、Dさん、Eさんに交付します。一方、受益者連続型信

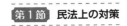

託の場合は新たな受益権をＣさん、Ｄさん、Ｅさんが取得します（法律構成は、新受益者が委託者から直接新受益権を取得する）。

これらの方法により、Ａさんの「自分の財産を、ともに苦労した妻Ｂさんに相続させて老後資金に充ててほしい」願いと「Ｃさん、Ｄさん、Ｅさんに先祖伝来の財産を遺したい」願いの両方を実現することができます。

一方、ＢさんがＡさんから相続していた財産（信託財産を除く）とＢさんの固有の遺産は、Ｘさん、Ｙさん、Ｚさんが相続します。

【事例2】 不動産を長男に承継させたい場合

Ａさん（83歳）には妻Ｂさん（80歳）との間に長男Ｃさん（53歳）、長女Ｄさん（51歳）、二男Ｅさん（49歳）の3人の子がいます。また、Ａさんの家系は何代も続く地主で、自宅以外に数棟の賃貸アパートや貸テニスコート等を所有しており、近隣に住むＣさん夫婦がその管理の手伝いをしています。一方、Ｄさんは他県に嫁ぎ、子が2人いて十分な生活を送っています。Ｄさんが嫁ぐ際には、ＡさんはＤさんに十分な持参金を持たせています。二男Ｅさんは大学を中退して定職に就かず、その後印刷会社を始めたものの経営が厳しく、Ａさんに運転資金の工面を頼みにくることもあります。

Ａさんは妻Ｂさんと相談し、「自分の相続に際し、Ｂさんに自宅等を相続させ、Ｄさん、Ｅさんに一定の金融資産を相続させる以外は、Ａ家の跡取りであり自分を支えてくれているＣさんに残りの不動産や金融資産のすべてを相続させたい」と考えています。

このようなときは、どのような対策が有効でしょうか。

●Ａさんの親族関係図

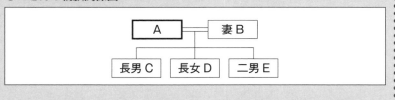

解説

（1）問題点

本事例の場合、何らの対策を行わなければ相続人4人による遺産分割協議が必要になり、たとえば生活に苦しいＥさんから「不動産を相続したい。少なくとも法定相続分を確保したい」との主張があれば、Ａさん夫婦の考えている相続は実現しなくなります。なお、Ｄさん、Ｅさんに遺留分があるので、それを前提に対策を講じる必要があります。

アドバイス

（1） 信託活用以外の解決策の検討

① 生前贈与

　たとえばAさん所有の賃貸アパートをCさんに生前贈与してその収入を
Cさん側で蓄積させる手法は相続税対策として考えられますが、民法上は
持戻し法理があり、このような贈与財産は生計の資本たる特別受益として
遺産に持戻して遺産分割協議することになります（民法903条1項）。した
がって、既にCさんの法定相続分までの贈与を受けている場合、他の共同
相続人の了解がない限り、遺産分割で新たな遺産を取得することはできま
せん。ただし、既に贈与を受けた財産がCさんの法定相続分を超過してい
たとしても、その超過分を実際に他の相続人に返却する必要はなく、受贈
財産をそのまま取得できます。また、相続開始前10年間に受けた生計の資
本等の受贈財産（特別受益）の価額が他の共同相続人の遺留分を侵害して
いて遺留分侵害額請求を受けた場合は、その侵害額に該当する金銭債務を
負担することになります。一方、相続開始前10年を超える時期に受けた受
贈財産は原則として遺留分の対象とならないので、Aさんが比較的若年で
健常な場合は生前贈与が有効でしょう。ただし、当事者双方（Aさん、C
さん）が遺留分権利者に損害を加えることを知っていたときは、この贈与
財産の価額を、遺留分を算定するための財産額に算入することになります。

　なお、AさんがCさんの生前贈与に際して持戻し免除の意思表示をして
いたなら、持戻す必要はありませんが、遺留分制度に服します（同条3
項）。したがって、持戻し免除の意思表示をすることで、AさんはCさん
に対し、他の共同相続人の遺留分を侵害しない限度までの生前贈与を行う
ことで、Aさんの想いを一部実現することができます。

　また、生前贈与財産はCさんの所有名義になっているので、相続開始時
に他の相続人から何らの妨害を受けるおそれはありません。

　しかし、贈与の実行によってCさんに贈与税が課税され、贈与税率の累

進度が相続税率よりかなり高いので贈与税額を加味して対策を検討する必要があるうえに、Cさんが贈与税納税負担に耐えられることが前提になります（相続時精算課税制度も検討する）。

②　生前売却

たとえばAさん所有の賃貸アパートをCさんに時価で生前売却することにより、当該賃貸アパートの所有権を確定的にCさんが取得し、持戻しや遺留分の影響を受けないようにする手法が考えられ、売却後の賃料収入をCさん側に蓄積させることができます。この場合は売買による所有権移転であり、相続開始時にも他の相続人から何らの妨害を受けるおそれはありませんが、売却時にCさんは売買代金を資金調達する必要があるうえに、Aさんについても、当該賃貸アパートに売却益が生じた場合、Aさんに対して譲渡所得税が課税されるので、それも含めて手法の比較を行う必要があります。

③　保険の活用〜Dさん、Eさんを受取人とする保険の活用〜

Aさんが、Dさん、Eさんに相続させたいと考えている一定の金融資産額を死亡保険金額とする保険に加入し（保険契約者・被保険者Aさん、保険金受取人Dさん、Eさん）、2人には、「保険で遺産見合い額を受け取れるようにしたので、遺産分割協議の際は何も取得しないように」と話しておく、またはその趣旨の遺言を作成しておく手法が考えられます。しかし、原則として死亡保険金は受取人Dさん、Eさんの固有の権利であって遺産ではないので、2人が保険金を取得したとしても遺産分割協議で法定相続分を主張することはできるし、遺言についても遺留分を主張することができるので、適切な対応策ではありません。

④　保険の活用〜Cさんを受取人とする保険の活用〜

Aさんが、遺産分割時に賃貸アパート等をCさんが取得した代わりにDさん、Eさんに支払う代償金支払資金見合い額を死亡保険金とする保険や、Dさん、EさんからのCさんに対する遺留分侵害額請求の侵害負担額を死

亡保険金とする保険に加入します（保険契約者・被保険者Ａさん、保険金受取人Ｃさん）。これによって、Ａさんの相続開始に伴いＣさんがこの死亡保険金を受取人の固有の権利として受領し、遺産分割時にＣさんがＤさん、Ｅさんに支払う代償金をこの死亡保険金で充当し（代償分割）、またはＡさんが遺言でＣさんに賃貸アパートを相続させ、それによって生じたＤさん、ＥさんからＣさんに対する遺留分侵害額請求に対し、死亡保険金を充当する手法です（同法1046条１項）。

　この手法は効果を発揮することもありますが、死亡保険金額の取得が保険金受取人であるＣさんとその他の共同相続人Ｄさん、Ｅさんとの間に生ずる不公平が民法903条の趣旨に照らし到底是認することができないほどに著しいものであると評価すべき特段の事情が存する場合には、保険金を遺産に持戻す場合があるので注意を要し（最決平成16・10・29金判1241号31頁、東京高決平成17・10・27家月58巻５号94頁、名古屋高決平成18・３・27家月58巻10号66頁）、さらにＣさんが本来相続する賃貸アパートの価値以上に死亡保険金まで取得するので、ＣさんとＤさん、Ｅさんの取得額の差がより拡大することになります。

　⑤　**遺言**

　Ａさんが「Ｂさんに自宅等を相続させ、Ｄさん、Ｅさんに一定の金融資産を相続させる以外は、Ｃさんに残りの不動産や金融資産のすべてを相続させる」旨の遺言を作成する手法であり、全財産の帰趨を決める手法として優れています。ただし、遺留分制度に服するので、Ｃさんの取得財産額が他の共同相続人の遺留分を侵害する場合、Ｄさん、Ｅさんから遺留分侵害額請求を受けるおそれがあります。また、遺言内容に不満を持ったＤさん、Ｅさんが、Ｃさんの所有権移転登記の邪魔をするために、当該賃貸マンションについて法務局で共同相続登記（各法定相続分通りで登記）を勝手に申請してしまう場合があります。この共同相続登記は処分行為ではなく保存行為とされていて共同相続人の１人が単独で申請することができる

第**⑤**章
相続対策アドバイス

ので、先に共同相続登記されてしまうとＣさんの登記申請は受理されません。Ｃさんはさん、Ｅさんに請求・交渉して登記を抹消させる必要があり、Ｄさん、Ｅさんがこれに応じない場合は民事訴訟を提起しなければならず、時間を空費するうえに、その間の賃貸管理が難しくなります。

　また、2018年相続法改正により特定財産承継遺言（相続させる遺言）の場合であっても、法定相続分を超える部分は登記が第三者対抗要件になるので（同法899条の２）、遺言を作成した場合は遺言執行者を指定しておき、速やかに移転登記申請することが肝要です。たとえば、Ｅさんがさんの所有権移転登記申請より先に共同相続登記を経由したうえで、自分の持分を第三者に売却してこの第三者が所有権移転登記をしたら、Ｃさんはこの第三者に対抗できなくなります（同法899条の２第１項、1013条２項）。

　⑥　その他

　遺産分割協議時の持戻しや遺産分割協議の計算の際、特別受益が不明確な場合や受益者が特別受益の事実を頑なに認めない場合があります。このため、Ｄさんへの持参金の授受、Ｅさんへの運転資金の授受を明確にしておくべきでしょう。

（2）信託を活用した解決策の検討

　Ａさんが委託者兼受益者、ＢさんやＣさん（Ｂさん、Ｃさん等による一般社団法人を組成することもある）または信託会社等が受託者となり、賃貸アパート等を信託財産とする自益信託を設定し、賃貸アパート等の所有名義を受託者に移転します（通常は、賃貸不動産管理に諸経費・修繕費等が必要になるので、金銭も併せて信託財産とする）。そして、①委託者兼受益者死亡時に信託を終了させ、残余財産を交付する帰属権利者としてＣさんを指定し、または②第２受益者としてＣさんを指定し（遺言代用信託）、Ａさん死亡後はＣさんが交付を受けます（ただし、受託者がＣさんのみの場合は、１年間で信託が終了する（信託法163条２号））。

　この信託設定の場合、Ａさんの生前は、受託者が外見上は所有者として

賃貸アパート等のテナント管理、修繕等業者との交渉等を行い、収受した家賃等から必要経費差し引後の金銭を受益者Aさんに交付します（信託配当）。また、Aさんの死亡時には、受託者から帰属権利者または第2受益者であるCさんに賃貸アパート等（受益権）が交付されることになります。そして、これらの手続きが受託者（登記上の所有者）と帰属権利者または第2受益者との間で行われ、Dさん、Eさんの関与する余地がないので、確実に財産をCさんに交付することができます。ただし、遺留分制度に服します。

　なお、Aさんが確定申告している場合、信託による不動産所得の損失は生じなかったものとみなされ、信託設定していない収益不動産との損益通算ができません（租税特別措置法41条の4の2第1項、同法施行令26条の6の2第4項）。

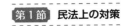

第❺章 相続対策アドバイス

【事例3】 障害のある子に相続させる場合

Ａさん（78歳）、妻Ｂさん（73歳）には長男Ｃさん（44歳）、長女Ｄさん（39歳、独身、会社員）の2人の子がいますが、Ｃさんには先天的な障害があり、1人で身の回りのことができないために施設に入っています。Ａさん夫婦は毎月何回か施設を訪問してＣさんに会っていますが、Ｃさんの入居費用の支払い以外に、Ｃさんが過ごしやすいように施設にも寄附をしています。また、Ｄさんも毎月のようにＣさんを訪問して何かと世話してくれています。

Ａさんは、「自分や妻が元気なうちはＣさんを支えていけるが、自分たちが亡くなった後はＣさんを十分に支えていけるか心配だ。Ｄさんに過度な負担はかけたくないし、結婚して遠隔地に引っ越す可能性もあるし…」と悩んでいます。

このようなときは、どのような対策が有効でしょうか。

●Ａさんの親族関係図

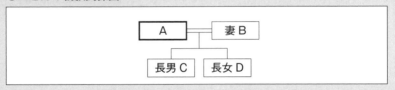

解説

（1）問題点

いわゆる「親亡き後問題」であり、Ａさん夫婦にとっては、自分たちが死亡した後、障害を持つＣさんが無事に安楽に一生を過ごせるかが心配で、死んでも死にきれない気持ちが強いでしょう。このような場合は、単一の対策ではなく、対策を複合的に組み合わせることが重要です。

リスクとしては、①Ａさんが認知症等で判断能力を失った場合、Ｃさんや施設に金銭を給付できなくなる可能性、②Ａさんが死亡した場合、一括で財産を相続させてもＣさんが管理できず、悪徳業者等による横領被害に遭う可能性、③Ａさん夫婦が死亡した後、誰がどのようにＣさんの面倒を

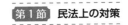

みていくのか、の３点があります。

アドバイス

（１）信託以外の解決策の検討

① リスク①への対応（任意後見制度）

　リスク①に対してはＡさんを被後見人とする任意後見制度の利用を検討します。この場合の任意後見人はＢさん、Ｄさんまたは弁護士、司法書士等の専門職であり、複数後見人とすることも可能です。

　任意後見契約は公正証書で締結しますが（任意後見契約に関する法律３条）、その条項でＡさんがどのような法律行為を任意後見人に委任するかを規定しておきます。任意後見契約が締結されたら、公証役場からの嘱託で東京法務局備付けの後見ファイル（登記簿）に締結の事実が登記されます。そして、実際にＡさんが判断能力を失い、家庭裁判所に申し立てて任意後見監督人が選任されることによって任意後見契約が発効し（同法２条１号）、任意後見人がＡさんの財産管理や療養のための交渉等の法律行為を行うとともに、Ａさんの代理人としてＣさんや施設に給付していくことになります。なお、後見人はＡさんのためにＡさんの財産を使うことが主眼になるため、扶養義務のあるＣさんへの給付はともかく（民法877条１項）、施設への寄附を継続できるか否かは問題があり、少なくとも任意後見契約でＡさんの意向を明確にしておく必要があります。したがって、Ａさんの意向を十分に理解しているＢさんを任意後見受任者として任意後見契約を締結しておくことで、Ａさんの意志が実現しやすくなります。ただし、Ｂさんが高齢であるため、Ｄさんも後見受任者に加えて複数後見人で臨む態勢が必要になります。もっともＤさんは今後結婚して後見事務に携われなくなる可能性もあるので、弁護士、司法書士等の専門職との複数後見で臨むことも考えられます。なお、任意後見人は任意後見監督人の監督に服します。

第**⑤**章

相続対策アドバイス

また、任意後見はＡさんの死亡によって終了するため、その後のＣさん等への給付はできません。

　次にＡさんが判断能力を失ってから法定後見制度を利用することも考えられます。この場合、後見人候補者欄にＢさん、Ｄさんを記入することができますが、家庭裁判所の後見審判で必ずしも親族後見人が選任されるとは限らないので、弁護士、司法書士等の専門職が後見人に選任される可能性があるほか、後見人Ｂさん、Ｄさんに専門職の後見監督人が付される場合があります。いずれにしてもＤさんの協力が不可欠になります。

②　リスク②への対応（法定後見制度と遺言）

　財産をＣさんに一切相続させずに、Ｄさんに負担付遺贈し、ＤさんがＡさんの財産を相続して終生Ｃさんの面倒をみていく手法が考えられます。Ｄさんは常にＣさんを見舞って世話をしてくれているので、安心できそうにみえます。しかし、もしＤさんが結婚して子どもができた後にＣさんより早く死亡した場合、どのような相続が起こるのでしょう。Ａさんの（本来Ｃさんが取得すべきであった）遺産はＤさんを経由してその夫と子が２分の１ずつ取得することになり、Ｃさんのために１銭も使われなくなる可能性があります。したがって、このような手法は大きなリスクがあります。

　これに対し、Ｃさんを被後見人とする法定後見制度を活用したうえで、Ａさんが遺言して財産（金銭）をＣさんにも相続させ、これを成年後見人がＣさんのために使用していく手法の方が適切です。この場合の後見人候補者はＡさんまたはＢさん、Ｄさん、弁護士、司法書士等の専門職が考えられます。なお、Ｃさんのために適切に判断して法律行為をするためには現状でも法定後見人が必要です。ＡさんやＢさんが判断能力を失ったり死亡した場合、さらに緊急度が増すので、早めに家庭裁判所に後見開始の申立てをしておくべきでしょう。

③　リスク③への対応（法定後見制度）

　Ａさん夫婦の死亡後は、Ｄさんが「兄妹」としてＣさんの面倒をみてい

くのか、Ｄさんが成年後見人として面倒をみていくのか、専門職後見人が成年後見人として面倒をみていくのかの選択肢がありますが、Ｃさんの療養看護等で法律行為を行う必要が出てくることも考えられるので、いずれにしても成年後見人の選任が必要となります。後見人候補をＤさんとするのか専門職にするのかは、Ｄさんの事情等を勘案することになりますが、Ｄさんと専門職の複数後見も可能です。

（2） 信託を活用した解決策の検討

① リスク①への対応（贈与税と特定贈与信託）

確実にＣさんに給付を継続していくためには信託銀行等が取り扱う特定贈与信託の活用が考えられますが、他の信託制度を活用してＡさんの生前にＣさんや施設に金銭を給付する場合は信託設定時贈与税課税制度（相続税法９条の２）による贈与税課税の問題があります。

なお、信託は財産管理制度であり、Ａさん自身の財産管理・身上保護のために、別途任意後見制度の検討も必要でしょう（任意後見制度について、本事例アドバイス（1）①参照）。

イ 特定贈与信託

特定贈与信託とは特定障害者に対する贈与税の非課税制度（相続税法21条の４）により、親族等の個人を委託者、信託銀行等を受託者、特定障害者を受益者としてその療養や生活の安定を図るために設定される信託のことをいいます。特別障害者（重度の心身障害者等）については6,000万円まで、それ以外の特定障害者（中軽度の知的障害者や障害等級２級または３級の精神障害者等）については3,000万円までの他益信託設定に際しては贈与税が非課税となります。

委託者が生前に他益信託を設定した場合、設定時に個人の受益者に対してその信託財産額を基に計算された贈与税が課税されるので、委託者生前の他益信託設定は困難ですが（同法９条の２第１項・２項）、特定贈与信託はその例外措置です（同法21条の４）。

Cさんが特定贈与信託の特定障害者（受益者）の要件に該当する場合は、6,000万円または3,000万円の範囲内での特定贈与信託の設定により、Aさんが判断能力を失っても死亡しても特定贈与信託はこの影響を受けずに、受託者がCさんに定時定額で金銭を給付していき、Cさんへの贈与税課税もないので、Cさんへの給付は確実となります。

　一方、施設へ給付するためには施設を受益者とする他益信託の設定が必要となりますが、受益者である施設の課税関係を確認する必要があります。

②　リスク②への対応（信託と法定後見制度）

　特定贈与信託の活用以外にも、Aさんの生前はAさんがCさんや施設に金銭を給付しつつ、認知症等のリスクを任意後見制度で補い、遺言代用信託を活用してAさん死亡後のCさんや施設への定時定額給付を実現することができます。信託の場合は信託財産元本を受託者が管理運用するので悪徳業者等からの横領被害を防止することができます。ただし、信託は財産管理制度であり、定期的に給付される金銭をCさんが活用するためには法定後見制度との併用が必要になります。

イ　特定贈与信託

　前記①イの特定贈与信託の終期は受益者Cさんの死亡時であり、委託者の生前〜死亡〜受益者の死亡まで信託が継続するのが原則です。したがって、信託財産元本を受託者である信託銀行等が保全することで悪徳業者等からの横領被害を防止することができます。

ロ　遺言による信託の設定

　Aさんが作成する遺言の条項で金銭を信託財産とする信託設定を行い、受益者としてCさんと施設を指定します（特定贈与信託では、受益者は障害者のみである）。これにより、信託財産元本を信託で保全しつつ、毎月Cさんと施設に一定額を給付していくことができます。そして、Cさんへの給付を受けて、後見人がその金銭をCさんのために行使することになります。この場合の受託者は、信託銀行等、Dさんが考えられます。ただし、

遺言による信託設定の場合、遺言が無効になれば信託を設定できません。また、Ｃさん死亡時の相続人はＤさんのみになる予定ですが、信託条項に「信託が終了した際の帰属権利者がＤさんである」旨を規定しておけば、Ｃさん死亡後の残余財産をＤさんがスムーズに取得できます。

　ハ　生前の遺言代用信託の設定

　Ａさんの生前にＡさんを委託者兼第１受益者、Ｃさんと施設を死亡後受益者（第２受益者）とする遺言代用信託を設定し、生前は運用のみ行うか、信託配当のみをＡさんが受け取る仕組みです。この場合は、Ａさんの生前は、別途Ａさんがｃさんと施設に給付を行い、Ａさんの死亡後から遺言代用信託で信託財産元本を信託で保全しつつ、第２受益者であるＣさんと施設に給付を行っていきます。そして、Ｃさんへの給付を受けて、後見人がその金銭をＣさんのために行使します。この場合の受託者も、信託銀行等、Ｄさんが考えられます。また、信託条項に「Ｃさん死亡時（信託終了時）の帰属権利者がＤさんである」旨を規定しておけば、Ｃさん死亡後の残余財産をＤさんがスムーズに取得できます。

　このように、信託と後見制度を併用する手法がリスク②には適切でしょう。

　③　リスク③への対応

　信託は財産管理の制度で金銭面からＣさんを支えますが、実際にＣさんの面倒をみていくには成年後見制度の活用が必要となります（第２章第３節１参照）。

第⑤章　相続対策アドバイス

5 　自社株承継対策

【事例1】 株式の承継対策

X社（中小企業）の代表取締役であるAさん（50歳）は、3年前に、A
さんの父であるBさん（78歳）から会社経営を引き継ぎました。X社の経
営は順調に推移しており、Aさんの弟であるCさん（46歳）がX社の営業
本部長としてAさんとともにX社を支えています。Aさんは、Bさんが保
有しているX社株式について自らへの承継を進め、安定的に会社経営に臨
みたいと考えていますが、BさんはAさんへの株式の承継に積極的ではな
い様子です。どうやら、Bさんは、Aさんにのみ株式を承継させるのでは
なく、弟CさんやDさんの子等にも株式を承継させたいと考えているよう
です。Aさんは、Bさんに対して、株式の承継についてどのように話を持
ちかければよいでしょうか。

●Aさんの親族関係図

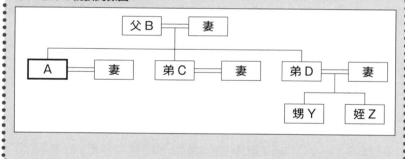

解説

（1）会社の所有と経営

　会社経営者（代表取締役社長）を交代した後も当該会社の株式を前経営
者が保有し続ける場合、所有（株式の保有）と経営（社長として会社を代
表すること）の分離が生じることになります。所有と経営の分離は、上場
企業等においては一般的であり、効率的かつ専門的な会社経営を可能にし

ているといえますが、中小企業において所有と経営が分離することは、現経営者（後継者）の地位を不安定にしてしまいます。所有と経営が分離していると、前経営者が株主総会において議決権を行使することにより、現経営者をやめさせることができるとも考えられます。

　中小企業においては、会社経営者の能力および資産が会社経営を支える背景となっています。会社の借入金について、会社経営者が連帯保証したり、会社経営者が所有する不動産を担保として提供したりすることが一般的になされています。中小企業の経営者は、いわば人生をかけて会社経営をしているといっても過言ではありません。中小企業において所有と経営を分離して現経営者の地位を不安定にすることは、現経営者の経営者としての意欲をそぐ懸念があるといわざるを得ません。また、金融機関等の債権者としても、会社の最高意思決定機関である株主総会が依然として前経営者により掌握されていることから、前経営者が完全に引退したとは考えず、連帯保証人や担保の解消について金融機関等の債権者から理解が得られにくいことも懸念されます。したがって、特に中小企業においては、経営の承継のみならず、所有（株式）の承継を計画的に進めていく重要性が高いといえます。

（2）議決権の集中

　会社経営の観点からは、迅速かつ、確実な意思決定を行うために、経営者（およびその友好的株主）に議決権の相当数を集中させることが好ましいといえます。会社法は、所定の重要事項（特別決議）については、原則として、当該株主総会において議決権を行使することができる株主の議決権の過半数を有する株主が出席し、出席した当該株主の議決権の3分の2以上の多数で決議しなければならないことを規定しています（会社法309条2項）。そこで、過半数の議決権を確保することはもとより、株主総会において重要事項を決議することができる3分の2以上の議決権を目安に、経営者（およびその友好的株主）が議決権を集中的に保有することが好ま

第**5**章

相続対策アドバイス

しく、たとえ親族内であっても議決権が分散することは好ましくありません。また、重要事項を否決することができる3分の1以上の議決権を確保することが経営権確保のための最低ラインであるともいえます。

　しかし、民法は、被相続人の子が複数いる場合の法定相続分は相等しい旨を規定しており、後継者であろうとなかろうと相応の相続分を分け合うことを望む風潮も少なくなく、後継者および友好的株主に議決権の相当数を集中させるためには対策を要するといえます。

　相続を機に株式が分散しないようにするためには、生前贈与により株式を承継することが最も確実ですが、税務上の判断等により、生前に承継が行えない場合も少なくなく、このような場合には遺言を活用することが考えられます。前経営者が、誰に何を相続させるか遺言に記載することにより、相続争いや遺産分割協議を避けつつ、現経営者に株式や事業用資産を集中させることができるメリットがあります。この場合には、現経営者が死亡保険金受取人となる生命保険契約を活用することなどにより、いわゆる代償分割の資金を確保しておくなどの資金面の工夫、また、前経営者が推定相続人等に対して自身の意向を伝えておくなどの紛争回避の工夫が必要であるといえます。

アドバイス

（1）前経営者の意向を確認

　この事例においては、前経営者であるBさんの意向を確認することが最も重要です。Bさんにおいても、X社の永続と将来にわたっての親族の繁栄のために思いを巡らせていると思います。3年前に経営者を交代し、X社の経営が順調に推移していることから、BさんのAさんに対する信頼は厚いと推測されます。しかし、Aさんには子どもがいないことから、Aさんの後の経営者のことも視野に入れて、弟CさんやDさんの子等への株式の承継を検討しているものと推測されます。この事例においては、会社法

の種類株式を活用した対策等も考えられますが、何よりも、ＡさんとＢさんとが胸襟を開いて意見交換する機会を持つことが重要ではないでしょうか。Ａさんとしては、Ｘ社の状況についてＢさんに報告する機会を持つとともに、Ａさんの後の事業承継に関する考えを持ち、Ｂさんと意見交換する必要性があると思います。また、Ａさんとしては、ＡさんのＸ社経営に対する熱い想いをＢさんにぶつけつつ、Ｂさんの協力を真摯に乞う姿勢が重要ではないでしょうか。

（2）前経営者にしかできないことを前経営者に主導してもらう

　中小企業における株式は、様々な経緯により、前経営者ではない人にも分散して保有されている場合があります。この事例においては、Ｘ社株式の現状における持株構成は明らかではありませんが、もしも、Ｘ社株式がＡさんのよく知らないＢさんの知人等に保有されている状況があれば、ＡさんからＢさんにお願いして、Ｂさんに主導的な役割を果たしてもらい、分散保有の状況を改善するべきです。このような過程を通じて、ＢさんにＡさんが真剣に会社経営に臨もうしていることを理解してもらい、また、ＢさんのＡさんに対する信頼がより厚くなることを期待することもできます。

　株式を集約する方法としては、前経営者または現経営者が当該株式を買い取ることが考えられます。前経営者または現経営者において株式を買い取る資金の捻出が難しい場合には、会社が当該株式を買い取ることも考えられます。会社が当該株式を買い取る場合、売買価格は、買取りの効力が生じた日の剰余金の分配可能額以下でなければなりません（会社法461条1項3号）。なお、長期間にわたって連絡がとれない株主がいる場合、当該株主が保有する株式について、一定の要件を満たす場合、裁判所の手続きにより売却することができます（同法197条1項）。裁判所の手続きにより株式を売却することにより、当該株主は株主ではなくなり、見ず知らずの株主が出現して会社の経営に影響が及ぶことを回避することができます。

第 ❺ 章　相続対策アドバイス

（3）会社法の種類株式を活用

　このような事例において活用することができる種類株式として、いわゆる議決権制限株式をあげることができます。議決権制限株式とは、株主総会の決議において議決権の一部または全部の行使を制限された株式をいいます（会社法108条1項3号）。株主総会の決議事項の一部についてのみ議決権を制限することもできます。議決権制限株式を活用することにより、たとえば、現経営者ではない相続人に対しては議決権制限株式を承継させ、現経営者ではない相続人を経営からやや遠ざけ、現経営者に経営権を集中させることができるといえます。この場合、相続が生じる前に新たに議決権制限株式を発行し、または、前経営者が保有している株式の一部を議決権制限株式に変更し、議決権のある株式は現経営者に、議決権制限株式は現経営者ではない相続人に承継させることを予定します。相続開始前に既に株式が分散して保有されている場合には、前経営者以外の人が保有している株式を議決権制限株式に変更し、前経営者の保有する議決権がある株式を現経営者に相続させることを予定します。議決権制限株式を保有することになる人からも会社経営に対して協力を得るためには、議決権制限株式について配当や残余財産分配等に関する権利を優先させる等の工夫も検討しなければなりません。なお、新たに議決権制限株式を発行するためには、定款にその定めを設けることが必要です（後述する拒否権付株式を新たに発行する場合も同様）。定款変更のためには株主総会の特別決議を要します。特別決議は、原則として、当該株主総会において議決権を行使することができる株主の議決権の過半数を有する株主が出席し、出席した当該株主の議決権の3分の2以上の多数で決議しなければなりません（同法309条2項11号）。また、既に経営者が保有している株式の一部を議決権制限株式に変更する場合には、相対的に、他の人が保有している議決権のある株式の議決権の割合が上がりますので留意しなければなりません。

　議決権制限株式のほか、このような事例において活用することができる

種類株式として、いわゆる拒否権付株式をあげることができます。拒否権付株式とは、株主総会や取締役会において決議すべき事項について、その種類の株式の種類株主を構成員とする種類株主総会の決議を必要とすることができる株式をいいます（同法108条1項8号）。拒否権付株式を保有している株主がその決議に賛成しない場合、株主総会や取締役会で決議された事項であったとしても結論を覆すことができるといえます。たとえば、様々な事情により現経営者が保有する株式が過半数に満たない場合において、経営における重要な決断を現経営者が下すことができるようにするために、拒否権付株式を活用することが考えられます。ただし、拒否権付株式は、文字通り、株主総会や取締役会で決定した事項を拒否することができる株式ですが、新たな事項を決定する権限を有するものではありません。そのため、株主総会や取締役会において多数を保有する勢力と拒否権付株式を保有する株主との間に対立が生じた場合、経営における重要な事項を決めることができなくなり、会社の経営が滞ってしまうことが懸念されます。このような観点から拒否権付株式は慎重に活用されなければなりません。

　会社法によれば、上記のほかにも他の株式と特徴の異なる株式を発行することが可能です。さらには、株式譲渡制限会社（非公開会社）においては、一定の事項について株主ごとに異なる取扱いを行う旨を定款で定めることができます（同法109条2項）。たとえば、株式の数によるのでなく1人1議決権とすること、一定数以上の株式を有する株主について議決権を制限すること、配当や残余財産の分配について株主の頭割りで分配すること等が考えられ、これらを事業承継のために活用することが考えられます。なお、一定の事項について株主ごとに異なる取扱いを行う旨を定款で定めるためには、原則として、総株主の半数以上であって、総株主の議決権の4分の3以上の多数で決議しなければなりません（同法309条4項）。

【事例2】 経営承継円滑化法対策

X社（中小企業）の代表取締役であるAさん（50歳）は、3年前に、Aさんの父であるBさん（78歳）から会社経営を引き継ぎました。X社の経営は順調に推移しており、Aさんの弟であるCさん（46歳）がX社の営業本部長としてAさんとともにX社を支えています。Aさんは、Bさんが保有しているX社株式について自らへの承継を進め、安定的に会社経営に臨みたいと考え、そのことをBさんと話し合う機会を持ちました。その結果、AさんとBさんとは、Bさんが保有しているX社株式を漸次Aさんに生前贈与する方針について意見が合致しました。しかし、AさんとBさんは、Bさんが X社株式を除いては高額な資産を保有していないため、他の相続人とのバランスや、相続開始後に遺留分に関する争いが生じることを心配しています。AさんとBさんは、このような懸念に対して、どのように対処することができるでしょう。

●Aさんの親族関係図

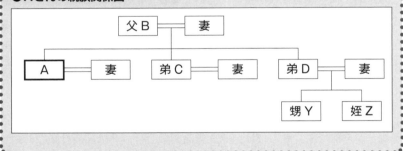

解説

（1） 経営承継円滑化法

経営承継円滑化法（中小企業における経営の承継の円滑化に関する法律）における遺留分に関する民法の特例とは、後継者が経営に尽力することにより株式の価値が増加することが、かえって相続において後継者が不利益を被る要因とならないように、株式等の全部または一部について、遺留分の計算から除外する旨の合意（除外合意）、または、遺留分の計算に

算入すべき価額を固定する旨の合意（固定合意）をいいます。なお、除外合意と固定合意は併用することができます。

① 除外合意

除外合意とは、贈与した株式等を遺留分算定基礎財産から除外する旨の合意です（経営承継円滑化法4条1項1号）。経営者の生前に、経済産業大臣の確認を受けた後継者が、遺留分を有する推定相続人全員との合意内容について家庭裁判所の許可を受けることで、経営者から後継者へ贈与された自社株式その他一定の財産について、遺留分算定の基礎財産から除外することができます。これにより、事業継続に不可欠な自社株式等に係る遺留分侵害額請求と、遺留分侵害額請求による株式等の分散を未然に防止することが期待されます。

② 固定合意

固定合意とは、贈与した株式等の評価額をあらかじめ固定する旨の合意です（経営承継円滑化法4条1項2号）。生前贈与後に、後継者の貢献により株式価値が上昇した場合でも、遺留分の算定に際しては相続開始時点の上昇後の評価で計算されます。このため、経済産業大臣の確認を受けた後継者が、遺留分を有する推定相続人全員との合意内容について家庭裁判所の許可を受けることで、遺留分の算定に際して、生前贈与株式の価額を当該合意時の評価額であらかじめ固定することができます。これにより、後継者が生前贈与を受けた後の株式価値の上昇分を保持できることとなり、経営意欲の阻害要因が排除されるものと期待されます。

③ 遺留分に関する民法の特例を活用するための主な要件

遺留分に関する民法の特例を活用するための主な要件は、図表5-2の通りです。なお、2015年8月の経営承継円滑化法の改正（平成27年法律第61号）により、従前は旧代表者の推定相続人に限定されていた後継者が、推定相続人以外にも拡充されました。

●図表 5 - 2　遺留分に関する民法の特例を活用するための主な要件

会社	合意時点において 3 年以上継続して事業を行っている非上場企業である中小企業者であること（法 3 条 1 項。本表において「法」とは「中小企業における経営の承継の円滑化に関する法律」（経営承継円滑化法）をいう）
旧代表者	過去または合意時点において会社の代表者であること（同条 2 項）
後継者	・合意時点において会社の代表者であること（同条 3 項） ・経営者からの贈与等により株式を取得したことにより、会社の議決権の過半数を保有していること（同条同項）
推定相続人全員の合意	後継者を含む経営者の推定相続人全員（ただし、遺留分を有する者に限る）で合意をし、合意書を作成すること。合意書の主な記載事項は、以下の通り。 ・合意が会社の経営の承継の円滑化を図ることを目的とすること（法 7 条 1 項 1 号） ・後継者が旧代表者から贈与等により取得した自社株式について、遺留分の計算から除外する旨（除外合意、法 4 条 1 項 1 号）、または、遺留分の計算に算入すべき価額を固定する旨（固定合意、法 4 条 1 項 2 号） ・後継者が代表者でなくなった場合等に後継者以外の者がとれる措置（同条 3 項） ・後継者が旧代表者から贈与等により取得した自社株式以外の財産について、遺留分の計算から除外する旨（法 5 条） ・推定相続人間の公平を図るための措置（法 6 条）
経済産業大臣の確認	後継者は、上記合意をした日から 1 ヵ月以内に「遺留分に関する民法の特例に係る確認申請書」に必要書類を添付して経済産業大臣に申請すること（法 7 条）
家庭裁判所の許可	経済産業大臣の「確認書」の交付を受けた後継者は、確認を受けた日から 1 ヵ月以内に家庭裁判所に「申立書」に必要書類を添付して申立てをし、家庭裁判所の「許可」を受けること（法 8 条）。管轄裁判所は、旧代表者の住所地の家庭裁判所。

アドバイス

（1）相続財産の把握

　この事例においては、Ｂさんに係る相続財産について詳しく把握することが不可欠です。Ｂさんが X 社株式を除いては高額な資産を保有していないとの記述がありましたが、まずは、Ｂさんが X 社株式のほかに保有している金融資産、不動産（自宅を含む）その他の資産の内容を詳しく把握しなければなりません。一般には換価価値が高くないと思われる資産であっても、特定の相続人にとっては思い入れの強い資産が存在し、当該資産を当該相続人が承継することで遺産分割の合意形成につながることも期待できます。

（2）相続税評価額と実際の換価価値

　一般に、現経営者（後継者）以外の子（この事例においてはＣさんやＤさん）は、自社株式等の事業用資産を中心に現経営者（この事例においてはＡさん）が独占的に相続することに対しては、不公平感を抱き、相続開始後に相続人間における協議が紛糾すると、遺留分侵害額請求を含む争いごとに発展する場合が多いといえます。しかし、そもそも、現経営者が会社経営を継続している限り、自社株式は換金できる資産ではありません。この事例において、仮に、Ｂさんの相続においてＡさんが独占的に X 社株式を承継したとしても、通常、Ａさんは、X 社株式を換金することはできません。

　特に相続税の申告および納税を伴う場合において、相続人は、相続税の申告をする過程において自社株式等の事業用資産の相続税評価額を知ることとなり、そのことが、現経営者が自社株式等の事業用資産を独占的に相続することに対する不公平感を抱かせるきっかけになってしまうことが多いともいわれています。しかし、相続税評価額と実際の換価価値とは別の問題であり、どのように遺産を承継するのが公平かについて、相続人は冷静に判断する必要があるといえます。

（3） 前経営者の主導による合意形成

　この事例においては、経営承継円滑化法が規定する遺留分に関する民法の特例を活用することが考えられますが、この民法の特例を活用するためには、推定相続人全員による合意形成が必要となります。しかし、実際には、立場や境遇の異なる相続人間の協議では合意形成は難しいのが実情です。そこで、推定相続人全員による合意形成に至るためには、前経営者（被相続人）が主導的役割を発揮しなければなりません。相続問題を先送りせずに、前経営者が主導的役割を発揮してこそ、このような問題を解決することができるといえます。なお、この事例においては、3年前に経営者を交代したとの記述がありましたが、経営者を交代するタイミングは、このような合意形成を図るよい機会であったといえると思います。

（4） 遺留分に関する民法の特例の具体的活用内容

①　遺留分

　この事例においては、Bさんの相続について、CさんとDさんには、それぞれ、遺留分算定基礎財産の12分の1相当の遺留分があると考えられます。また、Bさんの妻がBさんによりも先に亡くなった場合には、Bさんの相続について、CさんとDさんには、それぞれ、遺留分算定基礎財産の6分の1相当の遺留分があると考えられます。BさんとBさんの妻の相続開始の順序は誰にも分かりませんが、BさんとBさんの妻の両者が亡くなった後、両者の財産は、Aさん、Cさん、Dさんの3人が承継することが想定されますので、仮に、BさんとBさんの妻を一体の存在と考えると、CさんとDさんには、それぞれ、遺留分算定基礎財産の6分の1相当の遺留分があると考えられます。

②　遺留分の放棄

　相続開始後に相続人間における協議が紛糾し、遺留分侵害額請求を含む争いごとに発展してしまうことを避けるためには、現経営者（後継者）以外の子（この事例においてはCさんやDさん）が、相続開始前に遺留分の

放棄（民法1049条1項）をすることも考えられます。しかし、遺留分の放棄は、遺留分を放棄しようとする人が自ら個別に家庭裁判所に申立てをして許可を受ける必要があります。現経営者（後継者）以外の子（この事例においてはCさんやDさん）にとっては、何らのメリットもないのに、このような手続きをしなければならないというのは、相当な負担となります。また、遺留分の放棄においては、遺留分をすべて放棄するか、遺留分の一部を放棄する場合であっても特定の財産の全部を放棄するしかなく、推定相続人全員の同意があったとしても、あらかじめ特定の財産について遺留分算定基礎財産に算入すべき価額を固定することはできません。

③ 特例の活用

そこで、BさんとBさんの妻を一体の存在と考えた場合において、BさんおよびBさんの妻の両者の相続が起こった後、Cさん、Dさんに承継させることができる資産が、それぞれ、BさんとBさんの妻の相続財産の6分の1に至らないと想定される場合には、事後的な遺留分侵害額請求がなされることによって現経営者であるAさんによるX社株式の承継が阻害されないように、遺留分に関する民法の特例（除外合意または固定合意、あるいは両合意の併用）を活用することが考えられます。なお、固定合意を活用する場合には、固定合意の基礎となる非上場株式の評価方法については、2009年2月に中小企業庁が発表した「経営承継法における非上場株式等評価ガイドライン」を参考として活用することもできます。

第❺章 相続対策アドバイス

1 不動産を活用した相続対策

【事例1】 不動産を有効活用したい場合

Aさん（66歳）は、Aさんの妻（65歳）と2人で暮らしており、首都圏近郊において不動産賃貸業を営んでいます。Aさんが営んでいる不動産賃貸業の概要は下記の通りです。Aさんは、これまで賃貸アパート事業や貸駐車場事業を営んできましたが、現在は貸駐車場となっている土地を敷地として新たに賃貸マンションを建設することを計画しています。また、Aさんは、Aさんの妻とともに公的年金を受給できるようになったこともあり、不動産賃貸業をAさんの長男であるBさん（42歳）に承継させたいと考えています。AさんとAさんの妻にはBさん以外に子はいません。今般の新たな賃貸マンションの建設、また、不動産賃貸事業のBさんへの承継について、どのようなアドバイスをすることができるでしょうか。

● Aさんが営んでいる不動産賃貸業の概要

・Aさんの賃貸アパートは、東京通勤圏の私鉄の駅から徒歩5分から15分程度の場所に立地している。賃貸アパートは、全8棟（全26室）。
・Aさんの貸駐車場は、同じ駅から徒歩3分の場所（20区画）と徒歩7分（16区画）の場所の2ヵ所に立地している。
・今般、駅から徒歩3分の場所（現状は月極駐車場）について、新たに賃貸マンションを建設したいと考えている。1LDKの間取りを中心として全40室の賃貸マンションを計画している。
・Aさんは、上記のほか、複数の未利用地を所有している。

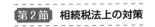

解説

（1）不動産有効活用と相続税対策

　更地において不動産有効活用を図ると、土地や建物の相続税評価額は軽減されます。更地上において貸家（貸家と土地は同一名義）を新築して賃貸すると、土地は貸家建付地として、建物は貸家として評価され、評価額がそれぞれ下がります。これらの評価方法については、第4章第2節1で詳しく取り上げています。なお、借入金により賃貸不動産（この事例においては賃貸マンション）を取得することが相続税対策となるわけではないことには留意しなければなりません。借入金は、事業収支計画において許容される範囲内において活用されるべきであり、相続税対策だからという理由で借入金比率を増大させることに合理性は認められません。この留意点についても、第4章第2節1で詳しく取り上げています。

（2）不動産管理会社と相続税対策

① 不動産管理会社の形態

　不動産有効活用が成功した場合には、家賃等の収入により現金が増加し、相続財産が増大することが考えられ、相続税対策においては懸念事項ともなります。そこで、相続・事業承継対策を併せて考慮して、相続人が中心となる不動産管理会社を設立し、家賃等の収入を不動産管理会社に移転させることにより、家賃等の収入を相続人等に移転させることを検討することができます。これにより併せて世代交代を図ることができると考えられます。不動産管理会社には、形態により、管理委託方式、サブリース方式（一括賃貸借方式）、不動産所有方式があります。これらの手法については、第4章第2節3で詳しく取り上げています。

② 法人化と税務

　不動産管理会社を活用することは、個人事業として行っている不動産賃貸事業を法人化することを意味します。個人事業の場合、個人事業から得られる所得は事業主に集中しがちです。所得税の計算においては、所得の

金額が大きくなるにつれて段階的に税率が上がる超過累進税率が適用されるため、個人事業主に所得が集中すると所得税等の負担が重くなります。これに対して、法人化することにより、親族も含めて当該事業に関与する人に対して給与を支払うことで、当該事業から得られる所得を分散することができ、全体として所得税等の負担を軽減させることができます。また、法人においては法人税等が課税されますが、法人税の税率は一律の税率（比例税率）が適用されるため、所定の税負担により内部留保を図ることができるといえます。内部留保を充実させることにより、安定的に経営を継続することができるといえます。

　ところで、不動産賃貸事業を法人化することにより、個人事業として行っていたときとは不動産の所有形態が変わり、相続税の計算における評価額が変わることがあります。賃貸不動産（建物）を不動産管理会社に売却または不動産管理会社が新たに取得する場合には、土地の所有者と不動産管理会社との間で土地の賃貸借契約を締結することになりますが、この際、「土地の無償返還に関する届出書」を提出することにより、当該敷地の相続税評価額は自用地としての価額の80％相当額とされます。

　③　**法人化のデメリット**

　法人化による一般的なデメリットとしては、会社運営のためのコストがかさむことがあげられます。法人化は、一般に、事業規模の拡大を伴いますので、会社運営のためのコストがかさむことはやむを得ないとも考えられますが、個人事業に比べて、帳簿作成、税務申告、社会保険等の事務負担が増加します。これらの事務を外部（たとえば税理士事務所等）に委託している場合、委託先に支払う報酬や費用は個人事業と比べて高額になることが一般的です。また、会社は、たとえ赤字であったとしても、一定の住民税を負担しなければなりませんし、社会保険料も負担しなければなりません。法人化の検討においては、税務面のメリットに目が行きがちですが、法人化が望まれる事業の状況にあるのかどうか、よく見極めることが

重要です。

（3）賃貸不動産の贈与

　たとえば、親が収益性の高い賃貸不動産を所有している場合において、生前に子に賃貸不動産を贈与すれば、将来の相続財産の増加を回避することができ、子においては家賃収入を蓄えることができます。子において蓄えられた家賃収入は、将来における相続税の納税資金として活用することも期待できます。また、親が賃貸不動産を複数所有しており所得が集中している場合において、賃貸不動産を所得の低い子に贈与することにより所得の分散を図れば、全体としての所得税の負担を軽減することも期待できます。

　他方で、賃貸不動産の贈与については、特に暦年課税による場合は高額の贈与税の負担を覚悟しなければなりません。また、相続による承継であれば、一定の要件に該当する土地については小規模宅地等の特例の適用がありますが、贈与においては小規模宅地等の特例の適用がありません。さらに、不動産の贈与においては、相続による承継と比べて、所有権の移転に係る税負担も大きくなります。不動産を相続（包括遺贈および被相続人から相続人に対してなされた遺贈を含む）により取得した場合には不動産取得税は課税されませんが、贈与により取得した場合には売買等により取得した場合と同様に不動産取得税が課税されます。不動産を相続により取得し所有権移転登記を行う際（受遺者が相続人である場合の遺贈を含む）の登録免許税は売買等により取得した場合と比べて税率が低く設定されていますが、贈与により取得した場合には売買等により取得した場合と同じ税率が適用されます。

　不動産の贈与においては、負担付贈与にも留意しなければなりません。たとえば、建物の賃借人から預かっている敷金がある場合や借入金がある場合、これらを受贈者が承継すると負担付贈与となります。負担付贈与を受けた場合、贈与財産の価額から負担する債務額を控除した価額に対して贈与税が課税されます。具体的には、贈与財産の贈与時における通常の取

引価額に相当する金額（相続税評価額ではない）から負担する債務額を控除した価額に対して贈与税が課税されます。すなわち、贈与税の課税価格となる不動産の評価方法が変わります。不動産を贈与する場合、不動産の相続税評価額は時価を下回ることが多く、現金を贈与する場合に比べて贈与税の負担を軽減することができることがメリットと考えられますが、負担付贈与となり不動産の評価方法が変わるとこのメリットを享受することができなくなります。

アドバイス

（1）法人化の判断と株主

　この事例においては、Ａさんの不動産賃貸事業が比較的大きな規模で行われていること、また、Ａさんの年齢に照らすと（Ａさんは66歳であり、Ａさんが個人事業として不動産賃貸業を継続した場合には、家賃収入がＡさんの財産として蓄積される期間が長いと想定される）、Ａさんに家賃収入が集中するよりは、Ｂさんをはじめとして親族において家賃収入を分散することのメリットが大きいと考えられます。したがって、一般に、不動産管理会社の活用による法人化をアドバイスすることができます。この場合の会社は、Ｂさんが中心となって（Ｂさんが株主となって）設立します。株式をＢさんが保有することにより、Ａさんの相続財産を増やさないようにすることができます。

（2）法人化の形態

　既存の賃貸アパート事業について、賃貸アパートを不動産管理会社の所有に移行させるのかどうかを検討します。不動産管理会社の所有に移行させたほうが（不動産所有方式を採用したほうが）、不動産管理会社を活用するメリットは大きくなりますが、所有者の変更に伴う各種の費用や税負担が生じます。不動産所有方式を採用した場合には、土地の所有者（この事例においてはＡさん）と不動産管理会社との間で土地の賃貸借契約を締

結します。この際、「土地の無償返還に関する届出書」を提出することにより、当該敷地の相続税評価額は自用地としての価額の80％相当額とされます。また、使用貸借と判断されないように、地代は固定資産税相当額の2〜3倍程度の金額を目安に設定します。

　新規の賃貸マンション事業については、不動産管理会社において資金調達を行い、不動産管理会社が所有する賃貸マンションとすることが考えられます。この場合にも、Ａさんと不動産管理会社との間で土地の賃貸借契約を締結すること、「土地の無償返還に関する届出書」を提出すること、地代の授受をすることは、賃貸アパート事業について不動産所有方式を採用する場合と同様です。

（3）資金調達と事業規模

　新規の賃貸マンション事業に必要とされる資金の調達方法についても、検討を要します。不動産管理会社が金融機関からの借入金により資金調達を行う場合には、一般に、当該敷地および当該賃貸マンションについて抵当権等の担保権を設定することとなり、また、不動産管理会社の代表者（この事例においてはＢさん）が保証人となることが想定されます。

　他方で、新たに賃貸マンション事業を開始することは、不動産賃貸業を拡大することとなり、事業リスクを増大することになります。これに対して、たとえば、既存のアパート事業の土地および建物（賃貸アパート）の一部を売却して換金し、この資金を新たな賃貸マンション事業に投入することにより、金融機関からの借入金の低減を図り、不動産賃貸業の規模、事業リスクを調整することも考えられます。不動産賃貸業は30年以上の長きにわたる事業であるため、どの程度の規模の不動産賃貸業を継続することが的確であるかについては（需要予測を含めて）、これまでの経験を有するＡさんと、年齢的にも借家人に近く若い感覚を持ち合わせているＢさんとが相談して、結論を出すことが望ましいといえます。

第⑤章 相続対策アドバイス

【事例２】 小規模宅地等の特例に関する対策

　かつて会社経営をしていたＡさん（75歳）は、自らの相続、そして、遺族が負担することになる相続税に関心があり、将来の相続に備えて相続税額を試算したいと考えています。Ａさんは、下記の通り土地を保有しており、相続が発生した場合のこれらの土地の相続税評価額を知りたいと考えています。これらの土地について、小規模宅地等についての相続税の課税価格の計算の特例を受ける場合、どの土地を選択してこの特例の適用を受けることが最も有利と考えられるでしょうか。

●Ａさんが所有している土地

X土地	Ａさんの自宅の敷地。地積は400㎡、自用地評価額は6,000万円。
Y土地	かつてＡさんが代表取締役を務めていたＣ社が事業を営んでいる敷地。現在は、Ａさんの長男であるＢさん(48歳)がＣ社の代表取締役となり、事業を継続。地積は200㎡、自用地評価額は3,000万円。
Z土地	Ａさんが所有する賃貸アパートの敷地。地積は200㎡、自用地評価額は8,000万円、借地権割合は60％、借家権割合は30％。

解説

（1）小規模宅地等の特例

① 概要

　個人が、相続または遺贈により取得した財産のうち、その相続の開始の直前において被相続人等（被相続人または被相続人と生計を一にしていた被相続人の親族をいう。以下同じ）の事業の用に供されていた宅地等（土地または土地の上に存する権利で、一定の建物または構築物の敷地の用に供されているものをいう。ただし、棚卸資産およびこれに準ずる資産に該当しないものに限られる。以下同じ）または被相続人等の居住の用に供さ

れていた宅地等のうち、一定の選択をしたもので限度面積までの部分（以下「小規模宅地等」という）については、相続税の課税価格に算入すべき価額の計算上、一定の割合を減額します。この特例を小規模宅地等についての相続税の課税価格の計算の特例（小規模宅地等の特例）といいます。なお、相続開始前3年以内に贈与により取得した宅地等や相続時精算課税に係る贈与により取得した宅地等については、この特例の適用を受けることはできません。

② **特例の対象となる宅地等**

特例の対象となる宅地等は、特定事業用宅地等、特定同族会社事業用宅地等、特定居住用宅地等、貸付事業用宅地等があります。これらの適用要件については、第2章で詳しく取り上げています（第2章第4節1参照）。

③ **特例を受けるための手続き**

この特例の適用を受けるためには、相続税の申告書にこの特例を受けようとする旨を記載するとともに、小規模宅地等に係る計算の明細書や遺産分割協議書の写し等の一定の書類を添付する必要があります。

アドバイス

（1）事前の確認と検討

小規模宅地等の特例の適用が受けられるか否かによる相続税の納税額への影響は大きいため、小規模宅地等の特例の適用を受けられないことのないように、事前に対策を講じなければならない場合があります。対策を講じる必要があるか否かを検討するためには、小規模宅地等の特例の対象となる宅地等の詳細をよく知っておかなければなりません。

たとえば、特定居住用宅地等に該当して80％評価減されるためには、当該自宅およびその敷地を取得する予定の相続人と被相続人とは同居していなければならない場合があります。このような場合には、同居を検討する必要があります。また、特定事業用宅地等に該当して80％評価減されるた

第**5**章 相続対策アドバイス

307

めには、相続人が当該事業を継続することが要件となります。小規模宅地等の特例の適用を受けることも視野に入れて、事業承継の準備を検討する必要があります。他方で、相続開始前3年以内に贈与により取得した宅地等や相続時精算課税に係る贈与により取得した宅地等については、小規模宅地等の特例の適用を受けることはできません。相続発生時の承継であれば小規模宅地等の特例の適用を受けることができる宅地等を生前贈与した場合、相続税の負担が増す場合があります。したがって、宅地等の生前贈与に当たっては、将来の相続まで想定したうえで実行する必要があるといえますが、同時に、贈与税における配偶者控除の適用を受けることが相続税対策として有効であることが少なくありません。贈与税における配偶者控除の適用を受けることによる節税効果と比較して、あるいは、併用して、生前贈与と相続発生時の承継を検討しなければなりません。

　ところで、小規模宅地等の特例の適用を受けるためには、相続税の申告書に小規模宅地等の特例を受けようとする旨を記載するとともに、小規模宅地等に係る計算の明細書や遺産分割協議書の写し等の一定の書類を添付する必要があります。小規模宅地等の特例の適用に限りませんが、相続税の計算における各種の特例には、相続税の申告期限までに遺産が分割されていることを要件とするものがあります。遺産分割協議が難航しないように事前に方向付けをしたり、様々な配慮がなされた遺言を準備したりすることも検討しなければなりません。なお、小規模宅地等の特例は、分割の行われていない宅地等については適用を受けることができないことが原則ですが、相続税の申告書に「申告期限後3年以内の分割見込書」を添付し、相続税の申告期限から3年以内に分割された場合には、適用を受けることができます。この場合には、分割が行われてから4ヵ月以内に更正の請求を行います。

（2）評価減額の試算

　この事例において登場するX土地、Y土地、Z土地について、小規模宅

地等の特例の適用が受けられるかどうかは慎重に確認しなければなりませんが、Ｘ土地は特定居住用宅地等に、Ｙ土地は特定同族会社事業用宅地等に、Ｚ土地は貸付事業用宅地等に該当する可能性があるといえます。各土地がこれらの適用要件を満たすと想定して、小規模宅地等の特例の適用を受けることによる評価減額を試算すると、図表5-3のようになります。

　ところで、小規模宅地等の特例の適用において、特定事業用等宅地等（特定事業用宅地等または特定同族会社事業用宅地等）を選択する場合、特定居住用宅地等を選択する場合には、各限度面積の範囲内であれば、両宅地等に係る評価減は併用して適用を受けることができます。すなわち、この事例においては、Ｘ土地とＹ土地について小規模宅地等の特例を併用して適用を受けることができ、合計で6,360万円（3,960万円＋2,400万円）の評価減を受けることができます。この事例においては、このように小規模宅地等の特例の適用を受けることが最も有利と考えられます。

　ちなみに、この事例においては、Ｙ土地の地積は200㎡であり、特定事業用等宅地等に係る限度面積である400㎡に達していないため、Ｙ土地とＺ土地について、小規模宅地等の特例を併用して適用を受けることも考え

●図表5-3
各土地について小規模宅地等の特例の適用を受けることによる評価減額

Ｘ土地 特定居住用宅地等	6,000万円×330㎡／400㎡×80％ ＝3,960万円
Ｙ土地 特定同族会社事業用宅地等	3,000万円×80％＝2,400万円
Ｚ土地 貸付事業用宅地等	貸家建付地としての相続税評価額（賃貸割合が100％の場合） 8,000万円－8,000万円×60％×30％×100％＝6,560万円 小規模宅地等の特例の適用を受けることによる評価減額 6,560万円×50％＝3,280万円

られます。この場合には、両土地に係る評価減額を合計することはできず、まずはY土地について小規模宅地等の特例の適用を受け、限度面積に達していない残りの部分について、Z土地について小規模宅地等の特例の適用を受けることになります。Z土地については、100㎡部分について、小規模宅地等の特例の適用を受けることができると考えられます（200㎡×200／400＋Z土地について小規模宅地等の特例の適用を受けることができる面積≦200㎡）。Y土地とZ土地について小規模宅地等の特例を併用して適用を受ける場合、評価減額は4,040万円となります（2,400万円＋6,560万円×100㎡／200㎡×50％）。

2 生命保険を活用した相続税対策

【事例1】 相続税の納税資金の準備のための生命保険の活用

　Aさん（75歳）は、30年前に父親から相続した土地を活用して個人事業を立ち上げ、その後は拡大してきましたが、今後は、長男のCさん（50歳）に事業を承継させようと考えています。Aさんの推定相続人には、Cさんのほか、妻Bさん（78歳）と長女Dさん（47歳）がいます。

　Aさんの家系は先祖代々、大都市近郊で農業を営んできましたが、市街化区域に指定されて周辺の宅地開発が進み、土地が幹線道路に面している好立地でもあるため、Aさんは、亡父の相続をきっかけに土地を有効活用して事業を展開しています。Aさんの現在の資産は下記の通りですが、事業用の資産と不動産の割合が高いため、相続税の納税資金対策を考えています。

　このようなときは、どのような対策が有効でしょうか。

●Aさんが所有している資産の概要

事業用の土地・建物	37,000万円
事業用資産	5,000万円
自宅の土地・建物	5,000万円
金融資産	25,000万円

解説

（1） 相続税の納税資金対策に生命保険の活用

　相続税は、相続の開始を知った日の翌日から10ヵ月以内の現金納付が原則です。換金しにくい相続財産が多い場合、相続税の納税資金を準備できず、やむなく相続財産を売却しなければならなくなることがあります。先祖代々守ってきた土地を失ってしまうこともあります。そうならないためにも、相続人が納税資金を用意する必要があります。

事例1のように、相続税の負担が想定されるが、資産の大半が不動産などで現金・預貯金が少ない場合は、納税資金を確保する手段として、生命保険が活用されています。

　相続税の納税資金対策を目的に生命保険に加入する場合は、まず、想定される相続税額を算出し、現在用意できる納税資金を把握します。事業から毎年どのくらいの所得を得られるのか、長男Cさんが事業を承継した場合にCさん一家のバランスシートや将来的なキャッシュフローなど検討しなければならないことはたくさんあります。そのうえで、生命保険を活用して相続税の納税資金をいくら確保するのか、その場合の保険料はどのくらいになるのかなどをしっかりと確認し、生命保険への加入を検討しましょう。

　また、契約の仕方により、死亡保険金の受け取り時にかかる税金が異なってきますので注意が必要です。

（2）納税資金対策には終身保険

　被相続人の預貯金がいくらあっても、原則として遺産分割協議がまとまらないと相続人が引き出すことはできません（「預貯金の仮払制度」により一定額までは相続人が単独で払出し可能）。相続税の申告期限までに納税資金を用意できないと延納による利子税などの負担が加わります。そこで、生命保険の活用です。生命保険金は、その受取人が自由に使うことができます。通常、死亡保険金は数日から1週間程度で受取人に支払われますので、葬儀費用など急を要する費用の支払いに充てることができます。

　納税資金対策として生命保険を活用する場合、一般的には、一生涯にわたって保証が続く終身保険に加入します。養老保険や定期保険には満期があるため、相続が発生したときに保険金を受け取れなくなる可能性があるからです。終身保険の保険料は、一般的に「一時払い」「有期払込み」「終身払込み」のどれかを選択しますが、終身払込みの場合、長生きすればするほど保険料の負担が大きくなってしまいます。

●図表5−4 契約形態の違いによる死亡保険金の課税関係

契約者	被保険者	受取人	課税の種類
A	A	Aの相続人	相続税（非課税枠あり）
A	A	Aの相続人以外	相続税（非課税枠なし）
A	B	A	所得税・住民税（一時所得）
A	B	C	贈与税

（3） 一時払い終身保険の活用

　Aさんが加入する保険としては、年齢を考慮すると、一般に80歳までは加入できる一時払い終身保険が適しています。一時払い終身保険は、一般に契約時にあらかじめ定められた利率により運用される定額終身保険で、死亡保険金は一時払い保険料が最低保証されているタイプが主流です。保険料は掛け捨てではなく、中途解約時には解約返戻金も支払われ、保障と貯蓄を兼ね備えた保険ともいわれます。ただし、通常、一定の期間が経過する前に解約すると、解約返戻金が一時払い保険料を下回ることに注意が必要です。

　また、一時払い終身保険は、定額終身保険のほかにも変額終身保険があります。変額終身保険は、保険料を他の保険とは区分して特別勘定（ファンド）で運用し、運用成果に応じて死亡保険金額や解約返戻金額が変動します。ただし、保険商品としての保障機能がありますので、死亡保険金の最低金額は保証されています。さらに、他の条件が同じならば、定額終身保険よりも変額終身保険のほうが、運用リスクを契約者が負う分、一般に保険料は安く設定されています。相続税対策として解約しないことが前提であれば、比較的保険料が安い変額終身保険のメリットを活かせます。

　なお、国内金利は低い状態が長く続いてきたため、一時払い終身保険の販売は、為替リスクのある外貨建てのものが多くなっています。

アドバイス

（1）平等な相続は困難

　Ａさんは、長男Ｃさんに個人事業を承継させようと考えていますが、事業用の資産が土地・建物を合わせて４億2,000万円あり、全資産７億2,000万円の約６割を占めています。残り３億円が自宅と金融資産ですので、仮に遺言により事業用の資産すべてをＣさんに相続させると、ＢさんとＤさんの遺留分（Ｂさん１億8,000万円、Ｄさん9,000万円）は確保できるものの、相続分の差は大きなものとなります。

　また、仮にこのように遺産分割した場合、事業用の資産だけを相続したＣさんは、相続税の納税資金を自己の資産から支払わなければなりません。そのための納税資金対策として、Ｃさんを受取人とする生命保険を活用することが有効ですが、保険料の原資をどうするかという問題は残ります。仮に金融資産を保険料に充当すれば全体の相続財産が減少しますので、相続税対策としてはベターですが、他の相続人に承継させる資産が少なくなり、遺留分を侵害する可能性も生じます。

　さらに、ＢさんはＡさんより年上であるため、Ｂさんの相続が先になった場合も想定し、家計全体の資産を把握しておくことが大切です。

（2）保険金を一時所得とする方法

　生命保険を活用する相続税対策として、保険契約を受取人の一時所得として所得税・住民税が課税される契約形態とする方法があります。どのような方法が税務上有利になるかは一概に比較できませんが、相続税の税率が比較的高くなることが想定されるケースで検討することがあります。

　死亡保険金が一時所得となるのは、保険金の受取人自身が保険料を負担する契約形態です。事例１の場合、Ｃさんが保険契約者（保険料負担者）で受取人、Ａさんを被保険者とします。所得税と住民税を合わせると最高税率は55％となりますが、一時所得の場合は、50万円の特別控除が認められており、さらに一時所得(注)の金額の２分の１を総所得金額に算入して

所得税・住民税の課税対象とするため、税負担が軽減されています。

(注)一時所得＝総収入金額－収入を得るために支出した金額－特別控除額(最高50万円)

(3) 生命保険料の贈与を検討

　死亡保険金が一時所得となる契約形態にする場合、Cさんに保険料を負担する資力がなければ、Aさんから保険料相当額の贈与を受けて保険に加入することを検討しなければなりません。この方法は、贈与税の負担の問題も生じます。保険料の負担に合わせて定期的に贈与を行う際には、贈与の開始時に一括して贈与があったものとして贈与税が課されないように留意しなければなりません。また、贈与の事実が曖昧な場合は、実質的な保険料負担者がAさんであったとして、死亡保険金は相続税の対象とみなされるおそれもあります。

　Cさんは、毎年の贈与契約書や贈与税の申告書等によって、Aさんから確実に現金贈与が行われたことの証拠を残しておきましょう。

(4) 相続税の申告で争わないように

　相続税の申告書は、相続人が共同で提出することが原則ですが、相続人ごとに1人ひとり申告書を提出することも可能です。実際、相続争いになって相続人がそれぞれ別の税理士に依頼して申告することもあります。ただし、相続税は、一定の場合に連帯納付義務が課されています。たとえば、相続人が複数で、ある相続人が相続税の納付を行っていない場合、他の相続人は、原則として相続により受けた利益を限度として他の相続人の未納の相続税を納めなければなりません。さらに、同じ相続なのに内容が異なる相続税申告書が提出されることで税務調査が行われ、相続人の関係がより一層悪化することもあります。

　遺産分割の際には相続税の納税を考慮し、申告・納税をめぐって争わないようにしなければなりません。しかし、何の準備もないままいざ相続が発生すると、そこまで余裕を持てないでしょう。生前にしっかりと準備しておくことが大切です。

第5章 相続対策アドバイス

【事例2】 生命保険の非課税枠の活用

　　Aさん（61歳）は、妻Bさん（56歳）との間に長男Cさん（30歳）と二男Dさん（27歳）の2人の子がいます。Aさんは、38年間勤めた会社が今年3月末で定年となり、一旦3,000万円程の退職金を受け取りましたが、現在は再雇用で勤務を続けています。

●Aさんの現在の資産状況

自宅不動産	3,500万円	（相続税評価額）
金融資産	5,000万円	
（内訳）		
預貯金	4,000万円	（退職金を含む）
個人向け国債	500万円	
投資信託	500万円	

　　Aさんは、定期保険特約付終身保険に加入していましたが、60歳を過ぎて定期保険特約がなくなり、死亡保険金は300万円の終身保険（受取人は妻Bさん）のみとなっています。ほかに加入している保険には、終身医療保険がありますが、医療保障のみで死亡保障はつけていません。

　　Aさんは、手持ちの資産も老後の生活資金等で目減りするから相続税がかかるほどの資産は残らないと考えていましたが、近年は都市部に自宅とある程度の金融資産があれば相続税の課税対象になることを知りました。そこで、相続税のことを調べていると、死亡保険金の非課税枠を活用すれば節税になることが分かりましたが、既に死亡保障が大きい定期保険特約は終了しています。退職金の運用に生命保険や個人年金保険も考えましたが、金利が低いうえ、60歳を過ぎているため保険料が割高になることも気になっています。

　　このようなときは、どのような対策が有効でしょうか。

解説

（1） 相続対策に生命保険の活用

　貯蓄性の高い生命保険は、資産運用と保障の両方を兼ね備えた商品として、個人年金保険を含め、保険会社や金融機関の窓口等で広く販売されていましたが、近年の金利状況等によって販売を休止するものも多く、外貨

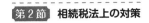

建て保険や変額保険などを除き、生命保険によって資産運用を行うことは難しくなっています。しかし、生命保険が本来的に有する保障機能により、いざというときに手早く保険金を受け取ることができるため、相続対策においては、遺産分割対策や納税資金対策などに有効活用されています。

（2）相続放棄と生命保険の非課税枠

　被相続人が契約者（保険料負担者）および被保険者である死亡保険金は、本来の相続財産ではありませんが、相続税の計算においては、みなし相続財産として相続税の課税対象となります。ただし、相続税の課税対象となる死亡保険金については、受取人が相続人である場合、「500万円×法定相続人の数」に相当する金額が非課税となる税務上のメリットがあります。この非課税限度額の計算における法定相続人の数は、たとえ相続を放棄した人がいても、その相続放棄はなかったものとして計算しますが、相続を放棄した人が受け取った死亡保険金はこの非課税の適用を受けることができません。

　事例2では、相続人Aさんの推定相続人は3人ですので、死亡保険金の額が1,500万円までは、非課税の適用を受けることができます。Aさんが現在加入している生命保険の死亡保険金額は300万円ですので、これから加入する生命保険の死亡保険金額が1,200万円までは非課税枠を活用できます。Aさんが所有する5,000万円の金融資産は、そのまま相続税の課税対象となりますので、相続税対策としては、その一部を生命保険に変えることが有効です。

　死亡保険金に係る非課税限度額は、たとえ、相続人のうちの誰かが相続を放棄したとしても、影響を受けません。仮にAさんの推定相続人3人が死亡保険金を1,000万円ずつ受け取り、妻Bさんが相続を放棄した場合、Bさんは非課税の適用を受けることができないため、長男Cさんと二男Dさんが750万円ずつ非課税の適用を受けることになります。

（3）生命保険の非課税枠と二次相続

　配偶者は、相続税の税額軽減により相続税の負担が軽減されます。相続税の計算における配偶者の税額軽減とは、相続人である配偶者が遺産分割や遺贈により取得した正味の遺産の額が、１億6,000万円または配偶者の法定相続分相当額のいずれか多い金額までであれば、配偶者に相続税の納税額が生じないように税額控除する制度です。このため、配偶者の税額軽減の適用を受けることで配偶者に相続税の支払いが生じなければ、死亡保険金に係る非課税制度は有効に機能しないことになります。

　また、配偶者が受け取った死亡保険金を残したまま二次相続が発生した場合は、現預貯金として配偶者の相続財産に加算されます。一次相続により取得した資産を含めて配偶者が十分な資産を保有する場合、二次相続では相続税の基礎控除額や死亡保険金の非課税限度額も少なくなるため、相続税がかかりやすくなります。事例２のケースでは、二次相続の際に相続税がかかるか否かはＢさんの資産状況にもよりますが、二次相続の際の相続税の負担も考慮して、死亡保険金の受取人は相続税がかかりそうな２人の子を指定するほうが有利になると考えられます。

　現在はＢさんが受取人となっている死亡保険金300万円の終身保険についても、受取人をＣさんまたはＤさんに変更することが可能です。ただし、死亡保険金の目的がどのようなものであったのかは、再度確認しておきましょう。これは、60歳まで定期保険特約の付いた終身保険ですので、当初の目的としては、一家の大黒柱として現役時代の万一に備えて大型の死亡保障を付けたものと考えられます。定期保険特約の満期後は、葬儀費用などのために保障を残したのであれば、受取人を変更する際にその意思を推定相続人全員に伝え、葬儀費用等に適切に活用できるようにすることが大切です。

　さらに、二次相続に備え、Ｂさんについても現在の資産状況や今後の生活などを考慮し、生命保険の活用を検討するとよいでしょう。

アドバイス

（1） 金融商品からの乗換えに注意

　資産運用をしてきた被相続人は、金融機関の説明を受けて相続税対策に生命保険を活用したとしても、相続人にその認識がない場合があります。「父が定年になってから保険に入るとは思わなかった。まさか定期預金が一時払い終身保険になっていたなんて」というように誤認が生じることがあります。当然、金融機関が保険契約者である被相続人にはきちんと説明していても、相続人に伝わっているとは限りません。相続人は、被相続人の保険契約の情報を共有していなければ、保険金を請求できるのかどうか、どこに連絡すればよいのかもわかりません。

　相続税対策等で定期預貯金の満期金や投資信託の解約代金などを使って一時払い終身保険などの保険商品に加入する場合には、遺産分割で揉めることがないように推定相続人にはあらかじめ伝えておくことが大切です。

　なお、実際に相続が開始され、被相続人の生命保険契約の状況を知りたい場合、生命保険契約照会制度（生命保険協会を通じて会員会社であるすべての生命保険会社に保険契約の有無を確認する制度）を利用することができます。利用料は、調査対象となる親族等1名につき、3,000円です。

（2） 相続税対策には認識の共有

　Aさんが現在保有している預貯金や投資信託等の金融資産は、このまま相続財産となります。しかし、仮にAさんが保険契約者兼被保険者となり、死亡保険金の受取人を相続人の1人とする生命保険に加入し、保険料を金融資産から捻出した場合、相続人が受け取る死亡保険金は、相続税法上「みなし相続財産」となりますが、民法上は相続財産ではありません。このため、保険金を受け取った相続人と受け取らなかった相続人との間でいさかいが生じることもあります。

　相続税対策として死亡保険金の非課税制度を活用するには、関係者全員が税制面の優位性について認識を共有することが大切です。

第**5**章

相続対策アドバイス

3　生前贈与を活用した相続税対策

【事例1】 各種贈与税の特例を活用した生前贈与

　　個人事業を営んでいるＡさん（60歳）は、結婚してから32年間連れ添っている妻Ｂさん（61歳）との間に長女Ｃさん（30歳）がいます。Ａさんは、金融機関が主催する生前贈与に関するセミナーに参加し、贈与税に関する優遇制度があることを知りました。そこで、Ｂさんに次の店舗併用住宅のうち、3分の1の持分を贈与することを検討しています。

　　また、結婚が決まっているＣさんに住宅購入資金の援助をすることも考えています。Ａさんは、これまで生前贈与を行ったことはありません。

　　この場合、どのような制度を活用すればよいでしょうか。

●ＡさんがＢさんに贈与を検討している店舗併用住宅

店舗併用住宅の敷地　相続税評価額4,200万円
店舗併用住宅の建物　店舗部分60％、居住用部分40％
　　　　　　　　　　家屋全体の評価額1,500万円

解説

（1）贈与税の配偶者控除

　贈与税の配偶者控除とは、婚姻期間が20年以上である配偶者から居住用不動産または居住用不動産を取得するための金銭を贈与により取得した場合に、それらの財産から2,000万円を控除することができる制度です。居住用不動産にはその敷地も含まれます。

　店舗併用住宅については、店舗部分が居住用不動産に該当しないため、居住用部分のみが対象となる制度の場合、その敷地についても、建物の店舗部分の割合と居住用部分の割合で按分するのが原則です。ただし、事例1のように、店舗併用住宅の夫婦間贈与については、居住用部分から優先

的に贈与を受けたものとして、配偶者控除を適用して申告することができます（相続税法基本通達21条の6−1〜3）。つまり、店舗併用住宅の土地等または家屋の価格に、次の①または②の割合のうち、いずれか少ない割合を乗じて計算した価額が、贈与を受けた居住用不動産の価額となります。

① 贈与を受けた持分の割合
② 居住の用に供している部分の割合

Aさんが店舗併用住宅とその敷地のそれぞれ3分の1の持分をBさんに贈与した場合、この贈与における居住用不動産の価額は次のようになります。

① 1,500万円×1/3＋4,200万円×1/3＝1,900万円
② 1,500万円×40％＋4,200万円×40％＝2,280万円

①1,900万円＜②2,280万円 ∴1,900万円

BさんがAさんから贈与を受けた居住用不動産の価額は1,900万円となります。Aさん夫婦は婚姻期間が32年あり、AさんはこれまでBさんに贈与をしたことがないので、Bさんは、贈与税の配偶者控除の適用要件を満たしており、非課税で贈与を受けることができます。

なお、この制度の適用を受けることにより贈与税の納税が生じない場合であっても、贈与税の申告は必要です。

（2）住宅取得等資金の贈与税の非課税制度

Aさんが長女Cさんに住宅購入資金を援助し、Cさんがその資金で住宅を取得した場合、一定の要件を満たせば「直系尊属から住宅取得等資金の贈与を受けた場合の贈与税の非課税の特例（住宅取得等資金の贈与税の非課税制度）」の適用を受けることができます。

この制度は、2015年1月1日〜2026年12月31日までの間に、父母や祖父母など直系尊属からの贈与により、自己の居住の用に供する住宅用の家屋

の新築、取得または増改築等の対価に充てるための金銭（住宅取得等資金）を取得した場合において、一定の要件を満たすときは、住宅用の家屋の新築等に係る契約の締結日に応じ、一定の金額まで贈与税が非課税となる制度です（第4章第4節3）。

　Cさんは、合計所得金額が2,000万円以下であるなどの受贈者要件を満たし、住宅取得等資金の贈与税の非課税制度の適用を受けた場合、非課税とされた金額は相続税の課税価格に加算されません。また、Aさんの子はCさん1人であるため生前贈与をしやすく、一定の金額まで非課税で贈与できるこの制度は、相続税対策として有効です。

アドバイス

（1）相続税の軽減制度を考慮

　婚姻期間が20年以上の配偶者に対し、居住用財産等を贈与した場合は、一定の要件を満たせば2,000万円までの控除が認められ、暦年贈与による110万円の基礎控除額を合わせると2,110万円までの贈与が可能です。また、贈与税の配偶者控除の適用を受けた贈与分は、生前贈与加算の対象にはならず、いつ相続が発生しても相続財産そのものが減少しますので、相続税の支払いが見込まれるケースでは有効な相続税対策といえます。

　とはいえ、この特例を利用して生前贈与を行わなくても、相続時には配偶者の税額軽減の特例により相続税額をゼロにすることもできること、小規模宅地等の特例を無条件で使えることなど、配偶者の場合は相続税の軽減制度を考慮したうえで贈与税の配偶者控除を検討したいところです。

（2）他の税負担も考慮した総合的な判断

　配偶者に居住用不動産の所有権を移転する際には、不動産取得税や登録免許税等の負担が生じます。一方、相続による不動産の取得では、不動産取得税は非課税となり、登録免許税の税率は、贈与の場合が20/1,000であるのに対し、相続の場合は4/1,000に軽減されます。

　税制面だけで考えると、配偶者への生前贈与に伴う相続財産全体の減少による相続税の節税効果と、贈与により生じる他の税負担とのバランスなどによってケースバイケースとなり、もともと配偶者に相続させるつもりの居住用不動産を生前贈与することが必ずしも有利になるとは限りません。

　しかし、生前贈与により居住用不動産を配偶者の財産として確定させることができれば、相続が発生しても遺産分割の対象とはならないので、たとえ子どもの家族との折り合いが悪くても、配偶者が生活の本拠としていた住居で安心して暮らせるメリットがあります。いずれにしても、配偶者と子が推定相続人の場合は、二次相続も踏まえた相続対策を考慮し、生前贈与を行うかどうか総合的に検討して判断したいところです。

　配偶者への居住用不動産の贈与については、特別受益の問題が生じることがありますが、2018年相続法改正（2019年7月1日施行）により、婚姻期間が20年以上である配偶者の一方が他方に対し、その居住の用に供する建物またはその敷地（居住用不動産）を遺贈または贈与した場合については、遺産の先渡し（特別受益）としての規定（民法903条1項）を適用しない旨の意思を表示したものと推定しています（民法903条4項）。

（3）民法と相続税法の違いは認識を

　相続税法では、原則として相続開始前7年以内（2023年までの贈与分は3年以内）に被相続人から受けた贈与財産の価額は相続税額の計算上相続財産に加算されますが、民法上は贈与時期にかかわらず「みなし相続財産」として被相続人の財産に加算されます。また、加算される財産の評価額は、相続税の計算では贈与時の価額で行いますが、民法上、特別受益の額を算出する際の持戻し財産の価額は、通常、相続開始時の評価額に引き直して計算することになっています。

　このように民法と相続税法に違いがあるため、相続人が解釈を誤って無用なトラブルになることがあります。民法と相続税法の基本的な違いは、認識しておきましょう。

第**5**章

相続対策アドバイス

【事例２】 相続時精算課税制度を活用した生前贈与

　　Ａさん（75歳）は、妻Ｂさん（68歳）との間に長女Ｃさん（43歳）、長男Ｄさん（40歳）、二女Ｅさん（38歳）の３人の子がいます。Ｃさんは夫と２人の娘とともに夫の持家で暮らし、Ｅさんは賃貸マンションで夫婦２人暮らしですが、Ｄさんは独身でＡさん夫婦と同居しています。

　　Ａさんは、子ども達に生前贈与をしようと考えていますが、暦年贈与では贈与税の負担を伴い、相続時精算課税制度は一度選択したら取消しができないため、慎重になっています。

　　このようなときは、どのようにしたらよいでしょうか。

●Ａさんの現在の資産状況

預貯金	2,700万円	
上場株式	1,000万円	
自宅敷地（180㎡）	4,000万円	（相続税評価額）
自宅建物（100㎡）	800万円	（固定資産税評価額）

解説

（１） 相続時精算課税制度を選択したほうがよいか

　まずは、相続時精算課税制度の適用要件について、原則として、60歳以上の者からその年の１月１日時点で18歳以上の推定相続人または孫への贈与とする年齢要件がありますが、いずれも満たしています。この制度は、贈与者ごとに、また受贈者ごとに選択適用ができるので、たとえば、長女Ｃさんと二女Ｅさんは適用を受けるが、長男Ｄさんは適用を受けないとすることもできます。ここで慎重に考えなければならないのは、相続時精算課税制度の適用を受けた後は取消しができず、同じ贈与者からの贈与については二度と暦年課税に戻れないことです。

　では、暦年課税と相続時精算課税制度とではどちらが得でしょうか。暦年贈与の場合、2023年度税制改正により、生前贈与加算の期間が相続開始

前 3 年以内から 7 年以内へと長くなりました。ただし、この改正は、2024年以降に贈与により取得する財産から適用されるため、実際に影響を受けるのは2027年以降に開始した相続からとなり、完全に相続開始前 7 年以内となるのは2031年以降です。2026年までに開始した相続については 3 年以内の贈与が加算対象ですし、また、延長された 4 年間（相続開始前 3 年超7 年以内）に受けた贈与については合計100万円まで相続財産に加算されないという緩和措置もあります。

　相続がいつ発生するかは誰にもわからないため、経済的な損得については結果論になりますが、暦年課税による生前贈与加算期間内の贈与分を除き相続財産に加算しないため、贈与者が若ければ若いほど長い期間をかけて毎年110万円の基礎控除を活用するメリットはあります。

　一方、相続時精算課税制度を選択した場合、相続税がかかるケースでは、2023年まで財産の価値が変わらなければ結果的に相続時には節税効果がなかったのですが、2023年度税制改正により、2024年以降は累計2,500万円の特別控除とは別に申告が不要な年間110万円の基礎控除が新設されたことで、暦年贈与と比較してもその優位性が高くなっています。また、この制度の適用により贈与した年は基礎控除110万円の適用が優先され、そのうえで累計2,500万円の特別控除を超えた部分においても、暦年課税による贈与税のように超過累進税率は適用されず一律20％の贈与税額を納めればよいので、贈与財産の評価額が大きい場合は特に有効です。さらに、この制度では、贈与財産を贈与時の価額で相続財産に加算して相続税の計算を行い、既に納付した贈与税の額が相続税額よりも多ければ還付されますので、相続開始までの期間を心配する必要はありません。

　一般に高齢者で年金以外に収入がなければ、貯蓄を取り崩して生活していますので相続時には資産が目減りし、思ったほど残っていなかったというケースも少なくありません。Aさんの75歳という年齢と資産状況を考慮すると、相続時精算課税制度を活用し、まとまった財産を贈与する効果が

第❺章　相続対策アドバイス

あると考えられます。

　たとえば、長女Cさんが父Aさんからの贈与について相続時精算課税制度の適用を受け、最初の年に2,500万円を贈与された後、翌年以降に毎年100万円を贈与された場合、改正前であれば毎年20万円（＝100万円×20％）の贈与税が発生しましたが、この改正により贈与税は不要となりました。また、いったん相続時精算課税制度を選択すると同じ人からの贈与で暦年課税に戻れない点は改正前と同じですが、新設された基礎控除は暦年贈与の基礎控除とは別枠となりますので、仮に、Cさんが母Bさんから年間110万円までの暦年贈与を受けても、贈与税はかかりません。さらに、相続時精算課税制度にかかる基礎控除内の贈与財産は、暦年課税の場合と異なり、相続税の計算の際に生前贈与加算の対象となりません。

（2）贈与するなら価値が上昇しそうな資産

　受贈者が相続時精算課税制度を選択した場合、贈与時の価額により控除額を超えた分の贈与税額を計算しますので、価値が上昇しそうな資産を贈与すれば、相続税が軽減される効果を期待できます。逆に価値が下落した場合には、結果的に税負担が重くなることもあることは、リスクとして認識しておく必要があります。

　事例2の場合、上場株式は、その値動きにより贈与のタイミングを図ることができます。上場株式を贈与する際の評価方法は相続税と同じで、原則としてその株式が上場している金融商品取引所（証券取引所）における課税時期（贈与があった日）の最終価額（終値）によって評価します。ただし、その最終価額が課税時期の属する月以前3ヵ月間の毎日の最終価額の各月ごとの平均額のうち最も低い価額を超える場合には、その最も低い価額により評価します。

　したがって、将来的に値上がりが見込める上場株式で、その株価が一時的に下落した後の上昇基調に転じた時期が贈与するのに適しています。将来の株価は分かりませんが、過去の株価は明白なので贈与の時期を考える

ことが可能です。たとえば、ある上場株式の株価が次のような値動きだった場合、4月の後半が贈与するタイミングとなります。

　　　　1月の毎日の最終価額の月平均額：1,000円

　　　　2月の毎日の最終価額の月平均額：　800円

　　　　3月の毎日の最終価額の月平均額：　900円

　　　　4月の毎日の最終価額の月平均額：1,000円

　この場合、実際に贈与する月の最終価額の月平均額は、贈与する時点では分かりませんが、4月の後半になって株価が1,000円を超えていても2月の800円で評価できるので、よいタイミングといえます。

（3）自宅の贈与に相続時精算課税制度は不向き

　自宅の贈与で相続時精算課税制度の適用を受けた場合、特定居住用宅地等として「小規模宅地等についての相続税の課税価格の計算の特例（小規模宅地等の特例）」による評価減の適用を受けることができなくなるため、相続人がこの特例の適用要件を満たしている場合は、大きなデメリットとなります。

　Aさんが仮にDさんに自宅の全部または一部を贈与して、Dさんが相続時精算課税を選択すると、現状では逆効果になります。自宅の建物だけを贈与した場合であれば、その敷地に小規模宅地等の特例の適用を受けることはできますが、建物は築年数の経過により、通常、相続時のほうが評価額は低くなります。したがって、事例2の場合、自宅の贈与に相続時精算課税制度は不向きといえます。

（4）自宅以外の贈与に相続時精算課税制度の活用

　自宅敷地は生前贈与をせずにDさんが相続すれば、小規模宅地等の特例の適用を受けることにより、特定居住用宅地等として330㎡まで80％評価減されますので、適用後の自宅の評価額は800万円（4,000万円－4,000万円×80％）となります。仮に、現在の価値のまま相続が開始された場合、相続税の課税価格は次のようになります。

預　貯　金	2,700万円	
上場株式	1,000万円	
自宅敷地	800万円	（小規模宅地等の特例の適用後）
自宅建物	800万円	（固定資産税評価額）
計	5,300万円	

　相続税の基礎控除額は、5,400万円（3,000万円＋600万円×4人）ですので、相続税の申告により小規模宅地等の特例の適用を受ければ、納税額は発生しません。

　したがって、相続時精算課税制度は自宅以外の資産の生前贈与に活用し、自宅については小規模宅地等の特例の適用要件を満たした相続人が相続することで、節税効果が高まります。

アドバイス

（1）相続税対策優先の問題点

　相続税対策を優先するなら、自宅の土地は生前贈与をせずに、相続によって小規模宅地等の特例の適用を受けることができれば、相続税は大幅に軽減されます。事例2の場合、現状ではCさんとEさんは適用要件を満たしていないため、BさんかDさんのどちらかが単独で相続するか、共有の場合はBさんかDさんが取得する部分でなければ、小規模宅地等の特例の適用は受けられません。

　しかし、Bさんが単独で相続した場合は、二次相続の問題が生じます。仮にBさんが亡くなったときにDさんが自宅に住んでいると、自宅を3分の1に分割することもCさんやEさんと共有持分にすることも困難になることが考えられます。

　また、Dさんが単独で相続した場合は、Dさんの相続分の割合が大きくなってしまい、Bさんがそのまま自宅に住み続けることができるのか、さらにCさん・Eさんとの相続分のバランスの問題が生じます。

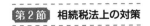

　自宅等の資産は、生前贈与により承継先を確定できますが、相続税対策には逆効果になることもあります。Ｄさんが自宅を相続することを前提に、ＣさんとＥさんに上場株式や預貯金の一部を贈与し、相続時精算課税制度を選択する方法がベターといえます。その際にはＡさん夫婦の生活資金や、いざというときのための資金に余裕をもたせ、子ども達に贈与し過ぎないように注意しましょう。

　なお、2018年相続法改正（2020年４月１日施行）により、配偶者の居住権を保護するための方策として、配偶者短期居住権と配偶者居住権が新設されました（配偶者の居住権を保護するための方策については第２章第１節３参照）。配偶者居住権や「配偶者居住権に基づく居住用建物の敷地の利用に関する権利」は、相続税の課税対象となりますので、相続税対策を検討する際には配偶者居住権を考慮する必要があります。

（2）二世帯住宅の建築資金の贈与

　Ｄさんの今後のライフプランによりますが、Ｄさんが結婚しても地元を離れないのなら、自宅を二世帯住宅に建て替え、Ｄさんが住む部分の資金をＡさんが贈与し、Ｄさんが相続時精算課税制度の適用を受ける方法もあります。

　その場合、自宅の敷地はＡさん名義のまま、建物を共有にします。二世帯住宅については2013年に小規模宅地等の特例の適用範囲が拡大され、玄関が別で建物内部で行き来ができない構造のものであっても、建物を共有にしていれば適用を受けられるようになりました。

　ただし、互いの所有権を明確にしたいからと、建物の不動産登記を、たとえば１階はＡさん、２階はＤさんのように区分所有登記にした場合は、小規模宅地等の特例の適用が受けられなくなるので、注意が必要です。

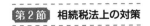

第⑤章 相続対策アドバイス

【事例3】 教育資金の非課税制度を活用した隔世贈与

　会社を経営しているＡさん（75歳）には、妻Ｂさん（70歳）との間に長男Ｃさん（43歳）、長女Ｄさん（40歳）、二女Ｅさん（36歳）の３人の子がいます。Ａさんは最近、事業承継対策と相続対策に頭を悩ませていますが、将来的には孫Ｆさんに事業を継いでもらいたいと思っています。

　しかし、孫Ｆさんはまだ５歳であるため、まずは教育資金を援助しようと考えています。Ａさんの親族関係は次のようになっています。

●Ａさんの親族関係図

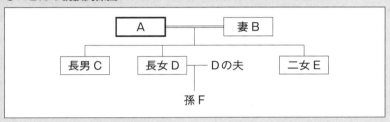

　Ａさんは高校を卒業してすぐに上京、サラリーマン生活の後25歳のときに独立して現在の会社を立ち上げ事業を拡大してきました。また、Ａさんは自分が大学に進学しなかったこともあり、子ども達の教育には熱心で、Ｃさんは大学院、ＤさんとＥさんも有名大学を卒業しています。

　現在、Ａさんの会社は従業員が30人を超える規模になり、Ａさん夫婦の資産も大きくなったため、相続や事業承継のことを真剣に考えるようになりました。しかし、ＣさんとＥさんは自分で決めた道を歩み、Ｄさんは専業主婦として家庭を支えながら長男Ｆさん（Ａさんの孫Ｆ）を私立の小学校受験に向けて幼稚園や塾に通わせており、Ａさんは自分が起こした会社を子ども達に継いでもらう夢から遠ざかっていました。

　こうした中、ふとしたきっかけでＤさんの夫が、近々勤務先を退職して後を継ぐことが決まりました。Ａさんは、将来的には孫Ｆさんが会社を継いでくれるとありがたいと思っており、事業承継に関する税制面などを顧問税理士と相談しているうちに「直系尊属から教育資金の一括贈与を受けた場合の贈与税の非課税の特例（教育資金の一括贈与の非課税）」の制度を知り、この制度を利用して孫Ｆさんに1,500万円を贈与しようと考えています。Ａさんはさらに孫Ｆさんへの贈与を積極的に行いたいと考えていますが、他の子ども達との関係も頭に浮かび悩んでいます。

　このようなときは、どのような対策が有効でしょうか。

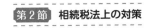

解説

（1）　教育費をまとめて贈与すると課税されるのか

　教育資金の一括贈与の非課税制度は、直系尊属による教育資金の一括贈与について、子・孫ごとに1,500万円まで非課税とする制度です。この制度を活用するメリットは、子や孫に教育資金を「一括」で贈与できるところです。扶養義務がある父母や祖父母から子や孫に生活費や教育費を援助しても、通常、必要と認められるものであれば、贈与税の課税対象とはなりません。贈与税が非課税とされる教育費は、義務教育に限らず、大学進学の際の入学金や授業料、留学の渡航費用等の援助であっても認められます。ただし、贈与税が非課税とされるためには、生活費や教育費として必要とされる都度、その支出が行われるものでなければなりません。前もって一括して贈与したり、受け取った財産を貯蓄したり、資産運用のための資金として活用した場合には、贈与税の課税対象となります。

　そこで、教育資金を前もって一括して贈与したい場合に、教育資金の一括贈与の非課税制度が効力を発揮することになります。

（2）　教育資金の一括贈与の非課税制度の活用

　教育資金の一括贈与の非課税制度は、贈与者に年齢要件はありませんが、受贈者は教育資金管理契約を締結する日において30歳未満でなければなりません。その後、受贈者が30歳に達することなどにより、教育資金口座に係る契約が終了した場合に、非課税拠出額から教育資金支出額を控除した残額があるときは、その残額についてはその契約終了時に贈与があったものとされ、課税対象となります。

　この制度を活用する場合、教育資金の早い段階での贈与が効果的です。また、その都度行う教育費の援助は贈与税の対象とならないことから、贈与者の余命が短いほど効果を発揮することになります。相続税の生前贈与加算期間内の贈与であっても、原則として相続財産に加算されません。

　事例3では、孫のFさんが30歳になるときAさんが生存していれば100

歳ですが、実際に何歳まで生きられるかは誰にも分かりません。また、生存中にその都度贈与しようと思っていても認知症等によって贈与できなくなることもあります。5歳の孫Fさんの教育費がかかる期間は長く、使い道が教育資金に限定されているこの制度は、有効に活用できるものと考えられます。

　なお、この制度は2023年度税制改正により2026年3月31日まで延長されましたが、贈与者死亡時における相続税の課税対象が拡大されるなど、単なる節税目的では利用しにくくなっています。また、教育資金契約が終了した時の残額が課税対象となる場合の贈与税の税率が、改正前は受贈者が18歳以上の場合に特例税率が適用されましたが、受贈者の年齢にかかわらず一般税率が適用されることになりました（第4章第4節4参照）。

（3）生前贈与に関する非課税制度の効果

　生前贈与は、将来財産を承継したい者に対し生前に財産を承継させることができるだけでなく、贈与により相続財産が減少することによって将来の相続税の節税効果も期待される相続対策です。しかし、財産を生前に承継させた場合とそうでない場合とでは、税負担に不公平が生じます。この不公平を防止するためには、相続税で課税されない部分を補完する必要があり、贈与税が設けられています。

　ところが、近年は贈与税がネックになって、個人資産の多くが高齢者に留まっていることも問題になってきました。平均寿命が延び、親からの相続によって財産を取得しても、既に子どもの教育費や住宅購入などの大きな支出を伴うライフイベントが終わっていて、あまり消費に回らないまま、次の相続を迎えるケースが増えていくことが想定されます。

　そこで、子や孫への生前贈与をしやすくして経済を活性化させるために、非課税で贈与できる制度が設けられました。非課税で贈与できれば、贈与税の負担なしに相続税を軽減することができます。その1つが教育資金の一括贈与の非課税制度で、ほかにも「直系尊属からの住宅取得等資金の贈

与税の非課税」や「結婚・子育て資金の一括贈与に係る贈与税の非課税措置」の制度があります。いずれも、直系尊属からの贈与が要件ですが、祖父母から孫への隔世贈与により、相続税の課税を1回免れる効果もあります。

このように税制面では隔世贈与に有利な制度が整ってきましたが、他の孫にも同じように贈与できないと他の子ども達から不公平と思われるのではないかと考え、その結果、贈与し過ぎて自分の老後資金に支障をきたすこともあります。

Aさんは、将来は孫Fさんに事業を継いでもらいたいとの希望や、それに伴う生前贈与が経済的に効果のあることを、CさんやEさんにしっかりと伝え、家族で認識を共有することが大切です。

アドバイス

（1）それぞれの祖父母の認識共有が不可欠

教育資金の一括贈与の非課税制度による非課税限度額は、受贈者1人につき1,500万円であることに注意が必要です。贈与者は直系尊属とされているため両親からの贈与でも可能ですが、一般的には祖父母からの贈与に利用されています。

いわゆるシックスポケットとうらやましがられる話ですが、子の配偶者の両親も健在であれば、祖父母は4人になります。どちらの祖父母にとっても孫は可愛いもので、孫への贈与合戦が始まることがあります。「私たちには唯一の孫だから、贈与しようと思っていたのに先を越された」と娘や息子を通じていわれ、互いの関係が気まずくなってしまうこともあります。教育資金の一括贈与の非課税制度を利用する前に、子ども夫婦が互いの両親（祖父母）を交えて、孫への贈与について話し合い、認識を共有することが不可欠です。

近年、高齢者層の保有する豊富な資産の若年世代への移転を促進し、経済の活性化を図るために贈与しやすくする様々な制度が誕生しています。

教育資金の一括贈与の非課税制度に限らず、各制度の適用要件を考慮し、親族で話し合って贈与計画を立てるとよいでしょう。

（2）節税対策の前に遺産分割対策

　一般に相続対策では節税対策が第一で、二番目に遺産分割対策、三番目に納税資金対策という順に考える傾向にあります。

①　一般的な相続税の節税対策

　相続税の基礎控除額を算出する際の法定相続人の数について、実子がいない場合は養子を2人まで、実子がいる場合は養子を1人、実子と同様に数えることができるため、孫を養子にするなど節税対策で養子縁組をし、相続人の数を増やすことが行われています。

　さらに、相続税は累進課税であり、基本的には課税遺産総額に相続人ごとの法定相続分に対する税率に基づいて相続税額を計算して合計するため、課税遺産総額が同じでも相続税法上の法定相続人の数が多いほど、相続税の総額が少なくなる効果があります。ほかにも、相続税評価額を引き下げるためにアパートやマンションを建てて賃貸するなどの生前対策が広く行われています。

　また、事例3の教育資金の非課税の特例のように、非課税で生前贈与ができる制度を活用したり、贈与税の基礎控除内か贈与税率が低い範囲で子や孫に回数を分けて贈与したりして、相続財産を減らすことも行われています。特に孫への贈与は相続税の支払いを1回節約できるメリットがあります。

②　節税対策が相続争いに

　こうした節税対策が計画通りに進み、円満に相続が行われれば、希望通りに資産を承継させることができ、相続人の納税資金も確保できるはずです。しかし、アパート経営には空室リスクがあり、借入れによりアパートを建てた場合、賃料が当初予想を大幅に下回って資金繰りに窮することもあります。生前贈与も書面できちんと残しておかないと「もらったもらわ

ない」で言い争いになることもあります。

　そして、いざ相続が発生すると、金額の多寡にかかわらず遺産分割をめぐって争いになるケースは少なくありません。節税対策で行った養子縁組が相続争いのもとになることも珍しくありません。また、アパートを相続した人と他の相続人が、アパートの評価方法をめぐって意見の食い違いが生じることもあります。せっかくの節税対策も、相続税の申告期限までに遺産分割がまとまらず、小規模宅地等の評価減や配偶者の税額軽減などの各種特例が利用できなくなると、経済的な損失だけでなく、相続人間に禍根を残すことになりかねません。

③　円満な相続に向けて

　まずは、自分の死後に相続人が揉めないようにすることが肝心です。その手段として、生前贈与や死因贈与によって資産の承継先を事前に明確にしたり、遺言によって遺産の配分をきちんと指示したり、遺産分割対策をしっかりと行います。

　Aさんの場合は、事業承継対策も必要になります。近年は円滑な事業承継を支援するために贈与税・相続税などの特例が拡充しています。事業承継に関する税制上の特例措置を活用すれば経済的に効果があることを、家族で共有することが大切です。

　次に納税資金対策です。相続税の納税方法には現金納付のほか、所定の要件を満たせば延納や物納によることも可能ですが、どちらも制約があります。延納は原則として担保の差し入れや利子税の支払いを伴い、物納は延納によっても納税できない場合の手段であるため財産によっては認められないものもあり、物納ができたとしても通常は物納価額が低くなります。相続人の納税資金を確保するには、換金しやすい資産をある程度残しておく必要があります。

　相続税対策は重要ですが、まずは円満に相続できるように遺産分割対策、そして納税資金対策を講じたうえで節税対策を検討するとよいでしょう。

【事例4】 相続税より贈与税を負担したほうがよい場合

　　Aさん（65歳）は、夫に先立たれ、推定相続人は長女Bさん（37歳）1人です。Aさんは、夫の相続時には配偶者の税額軽減の特例により相続税を負担しなかったのですが、二次相続では長女の相続税負担を心配し、知り合いの税理士でファイナンシャル・プランナーのFさんに生前贈与の相談をしています。

　　Bさんは、夫と共働きで2人の子どもとともに近郊で暮らしていますが、住まいは夫との共有名義の持家で、Aさんと同居する予定はないようです。

　　Aさんは、金融資産7,000万円のうち、定期預金500万円が今年中に満期になるため、まずはその500万円の贈与を検討しています。状況によっては、来年満期を迎える定期預金300万円についても贈与を考えています。Fさんは、相続税より贈与税を負担するほうが有利になるかどうかをシミュレーションしてみました。生前贈与をしたほうがよいでしょうか。

●Aさんの現在の資産状況

自宅マンション　3,000万円（相続税評価額）
金融資産　7,000万円（時価）
　（金融資産の内訳）
　　預貯金　3,000万円（内、今年満期500万円、来年満期300万円）
　　個人向け国債　2,500万円
　　外国債券　300万円
　　投資信託　700万円
　　上場株式　500万円

解説

（1）贈与税と相続税の比較

　　事例4について、生前贈与をした場合としなかった場合の税負担を比較します。便宜上、相続財産額＝相続税の課税価格とし、相続時と贈与時の価値が同じであるとして試算すると、次のようになります。

・相続税の課税価格の合計額

　　　自宅マンション3,000万円＋金融資産7,000万円＝1億円

・遺産に係る基礎控除額

　　　3,000万円＋600万円×1人＝3,600万円

・今年贈与した場合としなかった場合の比較

　①贈与しなかった場合

　　　相続税　　1億円－3,600万円＝6,400万円

　　　　　　　　6,400万円×30％－700万円＝1,220万円

　②今年500万円贈与した場合

　　　贈与税　　500万円－110万円＝390万円

　　　　　　　　390万円×15％－10万円＝48.5万円

　　　相続税　　1億円－500万円＝9,500万円

　　　　　　　　9,500万円－3,600万円＝5,900万円

　　　　　　　　5,900万円×30％－700万円＝1,070万円

　　　合　計　　48.5万円＋1,070万円＝1,118.5万円

　③生前贈与効果　①－②＝1,220万円－1,118.5万円＝101.5万円

●今年500万円の贈与後、さらに翌年満期を迎える定期預金300万円を贈与した場合

　④翌年300万円贈与した場合

　　　贈与税　　300万円－110万円＝190万円

　　　　　　　　190万円×10％＝19万円

　　　　　　　　（今年の贈与にかかる贈与税額　48.5万円）

　　　相続税　　1億円－（500万円＋300万円）＝9,200万円

　　　　　　　　9,200万円－3,600万円＝5,600万円

　　　　　　　　5,600万円×30％－700万円＝980万円

　　　合　計　　48.5万円＋19万円＋980万円＝1,047.5万円

　⑤生前贈与効果　①－④＝1,220万円－1,047.5万円＝172.5万円

第❺章　相続対策アドバイス

●定期預金の満期金をまとめて翌年800万円贈与した場合

⑥翌年800万円贈与した場合

贈与税　　800万円－110万円＝690万円

690万円×30％－90万円＝117万円

相続税　　1億円－800万円＝9,200万円

9,200万円－3,600万円＝5,600万円

5,600万円×30％－700万円＝980万円

合　計　　117万円＋980万円＝1,097万円

⑦生前贈与効果　①－⑥＝1,220万円－1,097万円＝123万円

（2）生前贈与をしたほうが有利か

2015年から贈与税の税率が、一般税率と特例税率に分かれました。贈与年の1月1日時点で18歳以上の子や孫への贈与には原則として特例税率が使えますので、一般税率による贈与に比べて有利になります。

試算によると、課税価格1億円、法定相続人が18歳以上の子1人の場合、生前に一度500万円を贈与することで101.5万円の節税効果が生じています。さらに、翌年300万円を贈与すると税額の差が172.5万円と節税効果が大きくなります。ところが、翌年にまとめて800万円を贈与した場合は123万円の差にとどまります。暦年課税による贈与税は、毎年110万円の基礎控除があり、さらに超過累進税率が適用されるため、このように分割して贈与したほうが有利になります。

（3）相続開始前の生前贈与加算の取扱いに注意

暦年課税により原則として相続開始前7年以内（2023年までの贈与分は3年以内）に贈与された財産は、贈与税の納税の有無にかかわらず相続財産に加算することとされています。このため、基礎控除額110万円以下の贈与財産や相続が開始された日の属する年に贈与された財産の価額も、贈与時の価額により加算されます。ただし、相続税の課税価格に加算された

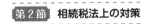

●図表5-5　相続税の速算表

法定相続分に応ずる取得金額	税率	控除額
1,000万円以下	10%	－
1,000万円超　3,000万円以下	15%	50万円
3,000万円超　5,000万円以下	20%	200万円
5,000万円超　1 億円以下	30%	700万円
1 億円超　2 億円以下	40%	1,700万円
2 億円超　3 億円以下	45%	2,700万円
3 億円超　6 億円以下	50%	4,200万円
6 億円超	55%	7,200万円

●図表5-6　贈与税の速算表

基礎控除後の課税価格	一般贈与財産		特例贈与財産 (注)	
	税率	控除額	税率	控除額
200万円以下	10%	－	10%	－
200万円超　300万円以下	15%	10万円	15%	10万円
300万円超　400万円以下	20%	25万円		
400万円超　600万円以下	30%	65万円	20%	30万円
600万円超　1,000万円以下	40%	125万円	30%	90万円
1,000万円超　1,500万円以下	45%	175万円	40%	190万円
1,500万円超　3,000万円以下	50%	250万円	45%	265万円
3,000万円超　4,500万円以下	55%	400万円	50%	415万円
4,500万円超			55%	640万円

（注）直系尊属からの贈与により財産を取得した受贈者（贈与を受けた年の1月1日において18歳以上の者に限る）の場合

第❺章 相続対策アドバイス

贈与財産にかかる贈与税（暦年課税）の額は、相続税と贈与税の二重課税の防止により、加算された人の相続税の計算において控除されることになります。しかし、相続税額が既に納税した贈与税額よりも少なかったとしても、控除しきれなかった贈与税額は切り捨てられ還付されないため、相続開始が想定よりも早くなったときは結果的に税負担が大きくなることもあります。

　ちなみに、相続時精算課税制度を選択した場合は、贈与税額の取扱いが暦年課税と異なり、納め過ぎた贈与税額は還付されます。

　もっとも、生前贈与加算の取扱いは、相続または遺贈により財産を取得した場合のものですので、これにより財産を取得しない人が受贈者となる贈与財産は、相続税の課税価格に加算されません。事例4の場合、孫やBさんの夫に贈与するという方法を検討することができます。また、孫に贈与するのであれば、年齢的に、「教育資金の一括贈与の非課税制度」などの活用を検討するとよいでしょう（第4章第4節参照）。

アドバイス

（1）2024年から相続時精算課税制度が有利な場合も

　Aさんは課税価格1億円の資産があり、Bさんへの贈与に相続時精算課税制度を利用すれば通算で2,500万円までは贈与税がかかりません。さらに、2023年度税制改正により、2024年以降の贈与分には2,500万円の特別控除とは別に年間110万円の基礎控除も適用されます。また、相続時精算課税制度における基礎控除内の贈与分については申告が不要となり、相続時に生前贈与加算の対象にもなりません。

　したがって、2024年以降に定期預金の満期金を贈与し、Bさんが相続時精算課税制度の適用を受けると、年間110万円の基礎控除が適用され、毎年110万円を超える部分に通算2,500万円までの特別控除を適用することになります。これにより、たとえAさんの相続開始が早くなったとしても、

相続時精算課税制度では、毎年110万円までの基礎控除分は生前贈与加算の対象にならないため、定期預金の満期金の贈与後は毎年110万円以内でコツコツと計画的に贈与する場合も暦年贈与より有利になるといえます。

（2）贈与の証拠は残す

　贈与税は、相続税の補完税という目的を持っているため、相続税に比べると基礎控除額が少なく税率も高いという特徴がありますが、一時に財産を相続したときの相続税よりも、長期間にわたって贈与したほうが結果的に税負担の軽減につながる場合もあります。特に、相続税と贈与税の差を計算して毎年小刻みに贈与すれば節税効果を発揮することができます。

　さらに、65歳のＡさんが110万円を超える贈与を長く続けるのであれば、暦年贈与と相続時精算課税制度の有利・不利も比較したいところです。相続時精算課税制度では、贈与年の基礎控除額を超える部分は相続財産に加算するため、結果的に暦年贈与よりも税額が高くなる場合もあります。また、この制度を一度選択すると二度と暦年贈与に戻れなくなります。

　厚生労働省「令和4年簡易生命表」によると、65歳女性の平均余命は24.30歳です。暦年贈与では最後の贈与から相続開始までに7年が経過すれば生前贈与加算はないので、平均余命から計算して70歳代にかけて、実質贈与税負担が相続税の最低税率に匹敵する贈与税率10％に満たないように、年間500万円程度までの贈与を、できる範囲で、何年かに分けて行うのであれば、暦年贈与による節税効果が見込まれます。

　しかし、贈与した人が何歳まで生きられるかは誰にも分からず、Ａさんは、結果的に贈与しきれなくなることもあります。また、長期間にわたって贈与を続ける連年贈与は、定期金に関する権利の贈与とみなされるおそれもありますので、贈与のつど契約書を作成するなど、贈与の証拠を書面で残しておくとよいでしょう。

4 自社株節税対策

【事例1】 評価引き下げと事業承継税制

X社（中小企業）の代表取締役であるAさん（62歳）は、現在も、Aさんの父であるBさん（90歳、X社の取締役会長）とともにX社の経営を指揮しています。最近では、Bさんが経営判断を行うことは少なくなり、Aさんの経営判断の下、X社の経営は順調に推移しています。しかし、Aさんとしては、X社株式のBさんからの承継、また、Aさんから次世代へのX社株式の承継に不安を感じています。このようなAさんに対しては、どのようなアドバイスができるでしょうか。

●Aさんの親族関係図

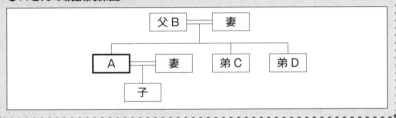

解説

（1） 同族株主等が取得する株式の評価

同族株主等が自社株式を取得する場合の評価は、会社規模により評価方式が異なります。会社規模区分の判定は、その会社の直前期における従業員数、直前期末以前1年間の取引金額、直前期末における総資産価額によることとされています。会社規模が大会社の場合は、原則として、類似業種比準方式または純資産価額方式（いずれか低い額）、会社規模が中会社・小会社の場合は、原則として、類似業種比準方式と純資産価額方式の併用方式または純資産価額方式（いずれか低い額）により評価することとされています。

（2） 類似業種比準方式による評価額と評価引き下げ対策

　類似業種比準方式における配当金額については、特別配当、記念配当等の非経常的な配当金額は除かれることとされています。通常の配当を抑えて特別配当等を活用することにより、配当金額を引き下げ、株式の評価額を下げることができます。

　類似業種比準方式における利益金額については、法人税の課税所得金額を基に計算されますので、法人税の計算において損金となる支出を行うこと等により、利益金額を引き下げ、株式の評価額を下げることができます。退職金を活用することが有効な場合が多いといえます。なお、役員に支給する給与のうち不相当に高額な部分の金額がある場合、修繕費のうちに資本的支出とすべき金額がある場合、貸倒損失の計上基準を満たしていない場合等、損金となる要件を満たさない場合には評価額を引き下げる効果は得られないことになりますので留意しなければなりません。

　類似業種比準方式における純資産価額は簿価とされています。たとえば、帳簿にあらわれていない資産の含み損について、実際に売却するなどして実現化することにより、簿価純資産価額を引き下げ、株式の評価額を下げることができます。

（3） 純資産価額方式による評価額と評価引き下げ対策

　純資産価額方式における純資産価額は相続税評価額とされています。たとえば、建物は、原則として、固定資産税評価額により評価されます。オフィスや工場等として設備投資を行うことにより純資産価額方式における純資産価額を下げることができる場合があります。ただし、設備投資は、株式の評価額を下げるために行うものではないことは改めていうまでもありません。会社の業績、今後の見通し、また、設備投資のための工事代金の動向などを勘案して決定しなければなりません。また、退職金を活用することが有効な場合が多いといえます。

（4）事業承継税制

　事業承継税制は、後継者である受贈者・相続人等が、経営承継円滑化法（中小企業における経営の承継の円滑化に関する法律）の認定を受けている非上場会社の株式等を贈与または相続等により取得した場合において、その非上場株式等に係る贈与税・相続税について、一定の要件の下、その納税を猶予し、また、後継者の死亡等により、納税が猶予されている贈与税・相続税の納税が免除される制度です。2019年度税制改正では、この事業承継税制について、これまでの措置（以下「一般措置」という）に加えて、10年間の措置として、納税猶予の対象となる非上場株式等の制限（総株式数の最大3分の2まで）の撤廃、納税猶予割合の引き上げ（80％〜100％）等を含む特例措置（以下「特例措置」という）が創設されました。

①　非上場株式等についての贈与税の納税猶予制度の特例の概要

　特例経営承継受贈者が、特例認定贈与承継会社の非上場株式等を有していた特例贈与者（その特例認定贈与承継会社の非上場株式等について既にこの特例の適用に係る贈与をしているものを除く。以下「特例贈与者」という）からその特例認定贈与承継会社の非上場株式等を贈与（2018年1月1日〜2027年12月31日までの間の最初のこの特例の適用に係る贈与およびその贈与の日から特例経営贈与承継期間の末日までの間^(注)に贈与税の申告書の提出期限が到来する贈与に限る）により取得した場合において、その贈与が次の（ⅰ）または（ⅱ）に掲げる場合の区分に応じそれぞれ（ⅰ）または（ⅱ）の贈与であるときは、その特例対象受贈非上場株式等に係る納税猶予分の贈与税額に相当する贈与税については、その納税猶予分の贈与税額に相当する担保を提供した場合に限り、その特例贈与者（特例対象受贈非上場株式等が経営承継受贈者または特例経営承継受贈者である特例贈与者の免除対象贈与（その特例対象受贈非上場株式等について受贈者がこの特例の適用を受ける場合における贈与をいう）により取得したものである場合における贈与税については、免除対象贈与をした最初の経営承継

●図表5-7 特例措置と一般措置の比較

	特例措置	一般措置
事前の計画策定等	5年以内の特例承継計画の提出【2018年4月1日〜2026年3月31日まで】	不要
適用期限	10年以内の相続等・贈与【2018年1月1日〜2027年12月31日まで】	なし
対象株式（議決権に制限のない株式等に限る）	全株式	総株式数の最大3分の2まで
納税猶予割合	100%	相続等：80% 贈与：100%
承継パターン	複数の株主から最大3人の後継者	複数の株主から1人の後継者
雇用確保要件	弾力化（雇用確保要件を満たさなかった場合には、要件を満たさなかった理由等を記載した報告書を都道府県知事に提出し、その確認を受ける必要がある）	承継後5年間平均8割の雇用維持が必要
事業の継続が困難な事由が生じた場合の免除	譲渡対価の額等に基づき再計算した猶予税額を納付し、従前の猶予税額との差額を免除	なし（猶予税額を納付）
相続時精算課税の適用	60歳以上の贈与者から20歳（2022年4月1日以後に贈与により財産を取得する者については18歳）以上の者への贈与（租税特別措置法70条の2の7等）	60歳以上の贈与者から20歳（2022年4月1日以後に贈与により財産を取得する者については18歳）以上の推定相続人・孫への贈与（相続税法21条の9・租税特別措置法70条の2の6）

（出所）国税庁「相続税の申告のしかた（令和2年分用）」（一部加工）

受贈者または特例経営承継受贈者にその特例対象受贈非上場株式等の贈与をした者）の死亡の日まで、その納税が猶予されます。

（ⅰ） 特例経営承継受贈者が1人である場合

　　イまたはロに掲げる区分に応じそれぞれイまたはロに定める贈与

　　　　イ　A≦Bの場合 …… A以上の数または金額に相当する非上場株式等の贈与

　　　　ロ　A＞Bの場合 …… Bのすべての贈与

A：「贈与の直前における特例認定贈与承継会社の議決権に制限のない発行済株式または出資の総数または総額」×3分の2－「贈与の直前において特例経営承継受贈者が有していたその特例認定贈与承継会社の非上場株式等の数または金額」

B：贈与の直前において特例贈与者が有していた特例認定贈与承継会社の非上場株式等の数または金額

（ⅱ） 特例経営承継受贈者が2人または3人である場合

　その贈与後におけるいずれの特例経営承継受贈者の有する当該特例認定贈与承継会社の非上場株式等の数または金額が特例認定贈与承継会社の発行済株式または出資の総数または総額の10分の1以上となる贈与であって、かつ、その贈与後におけるいずれの特例経営承継受贈者の有する当該特例認定贈与承継会社の非上場株式等の数または金額がその特例贈与者の有する当該特例認定贈与承継会社の非上場株式等の数または金額を上回る贈与

（注）この特例の適用を受ける前に非上場株式等についての相続税の納税猶予制度の特例の適用を受けている者については、2018年1月1日〜2027年12月31日までの間の最初の相続税の納税猶予制度の特例の適用に係る相続の開始の日から特例経営贈与承継期間の末日までの間となる。

②　非上場株式等についての相続税の納税猶予制度の特例の概要

　特例経営承継相続人等が、特例認定承継会社の代表権を有していた一定の個人（以下「特例被相続人」という）から相続または遺贈によりその特例認定承継会社の非上場株式等の取得（2018年1月1日〜2027年12月31日

までの間の最初のこの特例の適用に係る相続または遺贈による取得および
その取得の日から特例経営承継期間の末日までの間^(注)に相続税の申告書
の提出期限が到来する相続または遺贈による取得に限る）をした場合には、
その非上場株式等のうち特例対象非上場株式等に係る納税猶予分の相続税
額に相当する相続税については、相続税の申告期限までに一定の担保を提
供した場合に限り、その特例経営承継相続人等の死亡の日までその納税が
猶予されます。なお、その相続に係る相続税の申告期限までに、共同相続
人または包括受遺者によってまだ分割されていない非上場株式等は、この
特例の適用を受けることができません。

(注) この特例の適用を受ける前に非上場株式等についての贈与税の納税猶予制度の特例の適用
を受けている者については、2018 年 1 月 1 日〜2027 年 12 月 31 日までの間の最初の贈与税の納
税猶予制度の特例の適用に係る贈与の日から特例経営承継期間の末日までの間となる。

③ 非上場株式等の特例贈与者が死亡した場合の相続税の課税の特例および相続税の納税猶予制度の特例

イ　相続税の課税の特例

　一般贈与税猶予制度の贈与者が死亡した場合と同様に、非上場株式等に
ついての贈与税の納税猶予制度の特例の適用を受ける特例経営承継受贈者
に係る特例贈与者が死亡した場合には、その特例贈与者の死亡による相続
または遺贈に係る相続税については、その特例経営承継受贈者がその特例
贈与者^(注)から相続により非上場株式等についての贈与税の納税猶予制度
の特例の適用に係る特例対象受贈非上場株式等の取得をしたものとみなし
ます。この場合において、その死亡による相続または遺贈に係る相続税の
課税価格の計算の基礎に算入すべき特例対象受贈非上場株式等の価額につ
いては、その特例贈与者から非上場株式等についての贈与税の納税猶予制
度の特例の適用に係る贈与により取得をした特例対象受贈非上場株式等の
その贈与の時における価額を基礎として計算します。

(注) 特例対象受贈非上場株式等が、特例経営承継受贈者である特例贈与者または経営承継受贈
者である特例贈与者からの免除対象贈与（その非上場株式等について受贈者が贈与税の納税
猶予制度の適用を受ける場合における贈与をいう）により取得したものである場合における

その特例対象受贈非上場株式等に係る贈与税については、免除対象贈与をした最初の特例経営承継受贈者または経営承継受贈者にその特例対象受贈非上場株式等の贈与をした者となり、特例対象受贈非上場株式等の価額については、この贈与の時における価額となる。

ロ　相続税の納税猶予制度の特例

　特例経営相続承継受贈者が、相続税の課税の特例により特例対象受贈非上場株式等を特例贈与者から相続または遺贈により取得をしたものとみなされた場合には、特例対象相続非上場株式等に係る納税猶予分の相続税額に相当する相続税については、相続税の申告期限までに一定の担保を提供した場合に限り、非上場株式等についての相続税の納税猶予制度の特例と同様に、その特例経営相続承継受贈者の死亡の日までその納税が猶予されます。なお、非上場株式等についての相続税の納税猶予制度の特例は、相続または遺贈による取得の期限が定められていますが、この特例にはありません。したがって、非上場株式等についての贈与税の納税猶予制度の特例の適用に係る贈与が期限内にされていれば、非上場株式等についての贈与税の納税猶予制度の特例の適用に係る特例贈与者の死亡の時期にかかわらず、この特例の適用を受けることができます。

アドバイス

（1）Ｂさんの相続への対策が喫緊の課題

　この事例においては、Ｂさんの相続への対策が喫緊の課題であることは改めていうまでもありません。Ｂさんが所有している資産の内容を把握し、Ｂさんについて相続が生じた場合の相続税額の試算を早急に行う必要があると考えられます。そのうえで、ＡさんがＸ社経営を継続するために必要とする株式、すなわち、Ｘ社株式の過半数を目処として、また、可能であるならばＸ社株式の３分の２超の株式を承継することを想定して、Ａさんの負担に帰する相続税額の試算を行う必要があると考えられます。Ａさんの負担に帰する相続税について納税の目処が立てばよいのですが、Ａさんにおける相続税の納税が難しい場合、Ａさんに友好的な株主がＸ社株式を

取得してＡさんに協力する体制を模索しなければなりません。たとえば、Ｂさんの妻（Ａさんの母）との関係を良好にし、Ｂさんについて相続が生じた場合に、Ｂさんが保有しているＸ社株式の相当程度をＢさんの妻が承継することとして、Ａさんの相続税の負担を軽減させるととともに、Ｂさんの妻に協力を仰ぎ、Ａさんの友好的な株主としてＸ社経営を支えてくれる存在になってもらうことができるよう、事前の準備をしなければなりません。そのためには、Ｂさん、Ｂさんの妻、また、他の推定相続人の理解も得つつ、Ｂさんにおいて遺言書を作成することも必要でしょう。

（2）従業員持株会の活用

　Ａさんに友好的な株主がＸ社株式を取得することにより、Ａさんにおける相続税の負担を軽減させるという観点からは、従業員持株会を活用することも考えられます。従業員持株会の本来的な目的は、従業員に会社の株式を取得させることにより、資産形成を支援したり、経営への関心を高めたりすることですが、併せて、経営者の相続の対象となる株式を減らしつつ、経営に協力してくれる安定的な株主を構成するという意味において、相続・事業承継対策としても活用することができるといえます。経営者等が保有している株式を従業員持株会に移転するに当たっては、同族株主ではない従業員等が株式を取得することになるため、原則として、原則的評価方式よりも低い評価額になる配当還元方式により評価することとされています。

　従業員持株会を通じて保有された株式については、通常は、経営者に協力的に議決権が行使されることを期待することができますが、慎重を期して、議決権制限株式等の種類株式を活用することも考えられます。また、経営者や一定の親族が従業員持株会から株式を買い戻そうとする場合、配当還元価額によって買い戻したのでは贈与税の問題が生じることが考えられますので、従業員持株会へ移転した株式を、後々、同族株主が買い戻す等ということが生じないように、慎重に検討しなければなりません。

第**5**章

相続対策アドバイス

（3）後継者への株式の承継と税務

　特に中小企業においては、経営（社長として会社を代表すること）と所有（株式を保有すること）が一体であることの重要性が高いため、経営者の交代と株式の承継は、計画的、かつ、並行的に行われることが望ましいといえます。すなわち、株式の承継を相続によって行うのではなく、前経営者の生前に行うことができるよう、計画的に対策を進めていく必要があるのです。そこで、株式の評価額を引き下げることと、事業承継税制の適用を受けることは、両者を視野に入れて対策を計画する必要があるといえます。また、この事例においては、前経営者が既に高齢であるため、贈与税の納税猶予のみではなく、相続税の納税猶予についても視野に入れておく必要があるといえます。

　事業承継税制の適用を受けるためには、都道府県知事の円滑化法の認定を受ける必要があり、事前の準備が必要です。都道府県知事の認定を受ける時期は、贈与税の納税猶予においては贈与を行ってから翌年の贈与税の申告に間に合うように、また、相続税の納税猶予においては相続が生じてから相続税の申告期限に間に合うように、すなわち、贈与または相続の後に認定を受けるための申請を行うことになりますが、先代経営者、後継者、そして、持株状況に係る要件を満たすためには周到な事前準備が必要です。

　この事例においては、BさんからAさんへ、そして、Aさんから次世代へと株式の承継を検討しなければなりませんが、事業承継税制においては、贈与税の納税猶予と相続税の納税猶予を連続して活用することが想定されています。すなわち、先代経営者について相続が生じた場合、贈与税の納税猶予および免除の特例の適用を受けた非上場株式等は、相続または遺贈により取得したものとみなして、贈与の時の価額により他の相続財産と合算されて相続税の課税対象となりますが、その際、都道府県知事の円滑化法の確認を受け、一定の要件を満たす場合には、そのみなされた非上場株式等（一定の部分に限る）について相続税の納税猶予および免除の特例の

適用を受けることができます（非上場株式等の贈与者が死亡した場合の相続税の納税猶予及び免除の特例）。

個人事業者に係る事業承継税制

2019年度税制改正により、個人事業者に係る事業承継税制が10年間の時限措置として創設されました。この事業承継税制は、現行の事業用宅地等に係る小規模宅地の特例と選択適用とされています。事業用の土地、建物、機械等について、適用対象部分の課税価格の100％に対応する相続税および贈与税額を納税猶予する制度です。法人の事業承継税制に準じた事業継続要件を設定すること等により制度の適正性が確保されているといえます。

（1）個人の事業用資産についての贈与税の納税猶予および免除

経営承継円滑化法（中小企業における経営の承継の円滑化に関する法律）の認定を都道府県知事から受けている、一定の要件を満たす後継者である受贈者（特例事業受贈者）が、青色申告に係る事業（不動産貸付業等を除く）を行っていた贈与者からその事業に係る特定事業用資産のすべてを贈与により取得（①2019年1月1日〜2028年12月31日までの間の取得で最初のこの特例の適用に係る贈与による取得および②その期間内の取得で①の取得の日から1年を経過する日までの間の贈与による取得に限る）し、その事業を営んでいく場合には、特例事業受贈者が納付すべき贈与税のうち一定の税額の納税が猶予され、特例事業受贈者が死亡した場合等には、その全部または一部が免除されます。

ただし、免除されるまでに、この特例の適用を受けた事業用資産を特例事業受贈者の事業の用に供さなくなった場合など一定の場合には、その猶予された税額の全部または一部について納税の猶予が打ち切られ、その税額と利子税を納付しなければなりません。

第5章　相続対策アドバイス

●図表5-8　この特例の対象となる特定事業用資産

宅地等	土地または土地の上に存する権利をいい、その宅地等の面積の合計のうち400㎡以下の部分であって、建物または構築物の敷地の用に供されている一定のもの
建物	その建物の床面積の合計のうち800㎡以下の部分であって一定のもの
減価償却資産	・固定資産税の課税対象とされる償却資産（機械装置等） ・自動車税または軽自動車税において営業用の標準税率が適用される自動車 ・その他一定のもの（貨物運送用など一定の自動車、乳牛・果樹等の生物、特許権等の無形固定資産）

※　贈与者の事業の用に供されていた資産で、贈与の日の属する年の前年分の事業所得に係る青色申告書の貸借対照表に計上されていたものでなければならない。
※　個人の事業用資産についての相続税の納税猶予および免除の対象となる特定事業用資産も、贈与者を被相続人、贈与を相続等と読み替えて、同様である。

（2）個人の事業用資産についての相続税の納税猶予および免除

　経営承継円滑化法（中小企業における経営の承継の円滑化に関する法律）の認定を都道府県知事から受ける後継者である相続人または受遺者（特例事業相続人等）が、青色申告に係る事業（不動産貸付業等を除く）を行っていた被相続人からその事業に係る特定事業用資産のすべてを相続または遺贈（以下「相続等」という）により取得（①2019年1月1日〜2028年12月31日までの間の取得で最初のこの特例の適用に係る相続等による取得および②その期間内の取得で①の取得の日から1年を経過する日までの間の相続等による取得に限る）をし、その事業を営んでいく場合には、特例事業相続人等が納付すべき相続税のうち、特例事業用資産に係る課税価格に対応する相続税の納税が猶予され、特例事業相続人等が死亡した場合等には、その全部または一部が免除されます。

　ただし、免除されるまでに、特例事業用資産を特例事業相続人等の事業の用に供さなくなった場合など一定の場合には、その猶予された税額の全部または一部について納税の猶予が打ち切られ、その税額と利子税を納付しなければなりません。

《著者紹介》（五十音順）

川崎　誠（かわさき　まこと）　第2章、第4章、第5章第1節5、第2節1・4

　株式会社ラピュータファイナンシャルアドバイザーズ取締役、事業統轄本部長。

　1975年生まれ。筑波大学第一学群社会学類法学専攻卒業。森・濱田松本法律事務所における国内法務パラリーガル部門勤務を経て、同社に参画。コンサルティング事業のほか、不動産事業、生命保険・損害保険事業を管掌。1級FP技能士、宅地建物取引士。中小企業、医療法人等の相続・事業承継問題に対しては、同社が主導して問題解決を図るほか、横浜みなとみらい法律事務所、税理士延平昌弥事務所と構築する「LFAプロフェッショナルファーム」による法務・税務・その他を含めたワンストップサービスを提供する。

　著書『FP技能士精選問題＆模擬問題』シリーズ（経済法令研究会）。

小林　徹（こばやし　とおる）　第3章第1節、第5章第1節4

　家族法制基礎研究所所長。

　不動産鑑定士、1級FP技能士、CFP®。

　1972年大阪大学卒業後、住友信託銀行（現三井住友信託銀行）入行。企画部門、不動産部門を経たのち、長年にわたり個人部門で相続遺言業務を統括しつつ、後見制度支援信託等の信託商品組成にも尽力してきた。その後、亜細亜大学法学部非常勤講師、家庭裁判所家事調停委員を歴任。

　現在は、大学や公共団体等で相続、信託、成年後見に関するセミナーの講師を数多く実施している。

　『実務家が書いた相続対策』（経済法令研究会・共著）、『遺言信託の現状と課題』（信託フォーラムVol.1）、『民事信託の理論と実務』（日本加除出版・共著）、『成年後見制度と信託制度の連携』（実践成年後見No.58）など著書論文多数。

高橋 政実（たかはし まさみ）　第5章第1節1・2・3、第2節2・3

　株式会社すばるFPサポート代表取締役、高橋行政書士事務所所長。

　行政書士、1級FP技能士、CFP®、証券アナリスト。

　1958年生まれ。東洋大学文学部卒業。銀行系証券会社の営業店、法人部門、企画部門等勤務を経て、2000年独立。2007年株式会社すばるFPサポート設立、2013年行政書士登録。

　資産設計・保険見直し・相続対策等の相談、生活者向けセミナー・金融系資格取得講座等の講師、書籍・雑誌・金融機関向け教材等の執筆活動などを積極的に行っている。

　『はじめての株式投資～失敗しない必須条件』（集文館）、『失敗しない投資アドバイス法』（近代セールス社・共著）、ユーキャンの証券外務員・FP技能士試験対策用の書籍（自由国民社）など著書多数。

両部 美勝（りょうべ よしかつ）　第1章、第3章第2節・第3節

　1968年大阪大学卒業後、三和銀行（現三菱UFJ銀行）入行。同行で18年間金融法務業務に従事し、この間法務室長等を歴任。2005年同行を定年退職後、静岡中央銀行入行。取締役コンプライアンス統括部長、常務取締役を経て同行顧問。2018年同行退職。

　『高齢者との金融取引Q&A』（きんざい）、『信用保証協会保証付融資の債権管理』（金融財政事情研究会）、ビデオで学ぶ実務ポイントシリーズ15巻『ケースで学ぶ高齢者取引（DVD版）』（経済法令研究会）など著書多数。

《参考文献一覧》

新井誠著『信託法 第4版』

犬伏由子、石井美智子、常岡史子、松尾知子著『親族・相続法 第3版』

片岡武、菅野眞一編著『第4版 家庭裁判所における遺産分割・遺留分の実務』

谷口知平、久貴忠彦編集『新版 注釈民法（27）相続（2）』

潮見佳男編集『新注釈民法（19）相続（1）』

堂薗幹一郎、野口宣大編著『一問一答 新しい相続法〔第2版〕』

堂薗幹一郎、神吉康二編著『概説改正相続法 第2版』

道垣内弘人著『信託法－現代民法 別巻 第2版』

吉田恒雄、岩志和一郎著『親族法・相続法〔第6版〕』

相続アドバイザーの実務 2024年度版

2024年7月31日　2024年度版第1刷発行	編　　者　　経済法令研究会

発 行 者　　髙 橋 春 久

発 行 所　　㈱経済法令研究会

〒162-8421　東京都新宿区市谷本村町3-21

電話 代表 03(3267)4811　制作 03(3267)4823

https://www.khk.co.jp/

〈検印省略〉

営業所／東京03(3267)4812　大阪06(6261)2911　名古屋052(332)3511　福岡092(411)0805

カバーデザイン・本文レイアウト／アップライン㈱

制作／松倉由香・酒井友里　印刷／日本ハイコム㈱　製本／㈱ブックアート